Gerência sem Catástrofe ou Catástrofe sem Gerência

Héctor Rafael Lisondo

Gerência sem Catástrofe ou Catástrofe sem Gerência

História de uma vida entremeada por liderança, gerência, *coaching* e incertezas

BRASPORT

Rio de Janeiro
2021

Editor: Sergio Martins de Oliveira
Gerente de Produção Editorial: Marina dos Anjos Martins de Oliveira
Editoração Eletrônica: Abreu's System
Capa: Trama Criações

DADOS INTERNACIONAIS DE CATALOGAÇÃO NA PUBLICAÇÃO (CIP)

L771g Lisondo, Héctor Rafael.
Gerência sem catástrofe ou catástrofe sem gerência : história de uma vida entremeada por liderança, gerência e coaching e incertezas / Héctor Rafael Lisondo. – Rio de Janeiro: Brasport, 2021.
240 p. : il. ; 17 x 24 cm.

Inclui bibliografia.
ISBN 978-65-88431-25-2

1. Liderança. 2. Motivação. 3. Gerência. 4. Administração de pessoal. I. Título.

CDU 316.46:331.101.3

Bibliotecária responsável: Bruna Heller – CRB 10/2348

Índice para catálogo sistemático:
1. Atitude, posicionamento em relação ao trabalho, motivação 331.101.3
2. Liderança e autoridade 316.46

BRASPORT Livros e Multimídia Ltda.
Rua Washington Luís, 9, sobreloja – Centro
20230-900 Rio de Janeiro-RJ
Tels. Fax: (21)2568.1415/3497.2162
e-mails: marketing@brasport.com.br
vendas@brasport.com.br
editorial@brasport.com.br
www.brasport.com.br

Aos meus filhos Cláudio e Valéria,
juntos, lavrando sentidos...

Agradecimentos

Nestas páginas, celebro e valorizo a companhia dos meus colegas na travessia da existência, dando a eles o crédito pela participação na minha vida e obra. A gratidão que aqui expresso reconhece, assume e pacifica minha incompletude, a qual não sinto como uma falta, mas como uma dádiva. Ela me ofereceu a grata oportunidade de compensar e enriquecer as minhas carências com a sabedoria, o conhecimento e a experiência dos meus companheiros e companheiras de viagem e, sobretudo, com o afeto recebido, o que me deu forças para persistir na caminhada. Neste espaço desejo agradecer a muitas pessoas que me inspiraram, estimularam, iluminaram e, de uma ou outra maneira, aperfeiçoaram minha obra.

Agradeço aos companheiros, amigos e colegas que encontrei na jornada da vida corporativa no Brasil e na Argentina, com os quais pude partilhar aprendizados, experiências, esperanças, frustrações e realizações.

Guardo minha gratidão aos meus superiores – especialmente aos que foram exigentes – e às pessoas que me contrataram nas organizações empresariais e acadêmicas onde construí a minha experiência profissional como engenheiro, psicólogo e professor, e que, confiando em mim, me ofereceram oportunidades e desafios nas esferas organizacional e acadêmica.

Agradeço a todos os meus clientes de *coaching* e consultoria, pela sua confiança ao compartilhar sonhos, frustrações e esperanças, pelo muito que me ensinaram, possibilitando valiosas oportunidades para aprender com a experiência, o que me permitiu aprimorar muitos dos conceitos que fundamentam este trabalho.

Como professor, agradeço a todos os alunos pelo muito que com eles aprendi. Como líder corporativo, guardo gratidão aos meus liderados, que, tolerando as minhas falhas, tanto me ajudaram a construir a minha identidade profissional. E, por fim, como pessoa, peço desculpas pelas frustrações que as minhas limitações possam ter causado aos meus companheiros de viagem. Fico feliz com as conquistas com as quais eu, eventualmente, possa ter contribuído.

Devido a terem sido tantas as pessoas a quem eu gostaria de agradecer, é difícil nominar todas neste espaço. No entanto, desejo expressar aqui o meu especial reconhecimento para algumas delas que contribuíram com a sua experiência e conhecimento para iluminar a minha trilha. Ao Prof. Dr. Antônio Muniz de Rezende, pela sua inestimável amizade e pelas suas contribuições no campo da teoria do pensamento e da capacidade negativa de Bion, expressas em várias obras publicadas de sua autoria, nas quais este livro afirma parte da sua sustentação teórica. À Prof.ª Dra. Ana Cristina Limongi-França, minha coorientadora de tese de doutoramento na USP, pela sua amizade, permanente estímulo e pelas suas elogiosas manifestações em um dos prefácios desta obra. Ao Dr. David Leo Levisky, que, como amigo, psicanalista e profícuo escritor, confiou em meu trabalho na organização e escreveu também um rico prefácio para esta obra. Ao Prof. Vicente Falconi Campos, pela ressignificação que ele me inspirou para o papel e o sentido da engenharia. Ao Prof. Dr. Roberto G. Rotondaro (*in memoriam*), meu orientador de tese de doutorado em engenharia na USP, um importante antecedente da construção que este livro cristaliza. Ao Dr. Alfredo Menotti Colucci, amigo e psicanalista que prontamente acreditou na minha escolha da perspectiva psicodinâmica e sistemas, realizando em parceria vários instigantes trabalhos de transformação de organizações e pessoas. À minha amiga Sônia Novaes Rezende, pela sua preciosa amizade, sua fé como importante fortalecedora das minhas escolhas profissionais e pelo seu inestimável estímulo. Ao amigo Luís Oliveira, por ter me acompanhado em campo na busca de luz para os mistérios da gestão de grupos. Ao amigo e ex-aluno Sidney Frattini, pelo afeto e pela comunhão de objetivos na busca de luz para a gestão de pessoas e por ter estimulado a minha disposição para escrever. À Marina Oliveira, Gerente Editorial da Brasport, pela crítica inteligente e certeira que me inspirou um feliz e enriquecedor arremate da obra. À Sra. Maria Luiza de Oliveira, a revisora do livro, pela sua dedicação, paciência e zelo.

Aos meus filhos Cláudio e Valéria, pelo carinho e interesse em conhecer os pensamentos do seu pai e, sobretudo, pelo muito que me ensinaram. Minha esposa e amiga Alicia foi companheira amorosa e incansável na difícil jornada pelas ruas sombrias da capacidade negativa, inspirou-me forças quando elas me eram escassas, celebrou comigo cada conquista e me ajudou a pensar.

Héctor Rafael Lisondo

Prefácio – Contradições complementares

O convite que Héctor me fez para prefaciar seu novo livro "Gerência sem catástrofe ou catástrofe sem gerência", além de me honrar pela profunda admiração, amizade e respeito que tenho por ele enquanto pessoa, despertou em mim receio, surpresa e estranhamento visto que sou psicanalista e, portanto, distante, até certo ponto, das inquietações da vida empresarial. Entretanto, na medida em que lia o seu livro, fui descobrindo que estava diante de um texto humano, fruto e reflexo de um sujeito que conhece as angústias da vida e que, a partir delas, encontrou energia e criatividade na busca da superação pessoal e profissional. Não se trata de um livro de teorias, mas de uma transcrição sutil e elaborada de vivências positivas e negativas no encontro de caminhos ao longo da vida em seus diferentes aspectos.

A gerência institucional sem caos depende de profundo equilíbrio entre vários aspectos, dentre os quais as características das dinâmicas vinculares na vida corporativa. Detectado o fenômeno desesperador, a capacidade dos gestores para suportar tal clima tensional interfere positivamente nas condições psicológicas ligadas à tolerância e ao enfrentamento do caos. Surgem transformações inovadoras portadoras de esperanças. Trata-se do caos criativo, uma condição mental que promove ideias até então inimagináveis, capazes de iluminar caminhos diante da crise institucional. Suportar tais estados de tensão são essenciais para o resgate de uma gestão eficiente.

A "gerência sem catástrofe" depende do "ser e do fazer", que, por sua vez, implica em uma outra aparente contradição complementar, "o sentir e o pensar". São condições mentais que alimentam a reestruturação do sujeito e do grupo diante dos conflitos na busca de meios criativos e de energia para agir, quer seja na vida corporativa, familiar ou individual. São questões essenciais para qualquer sujeito e, mais ainda, para governantes, gestores de grupos que buscam não só organização, produção e lucratividade financeira, mas qualidade de vida e realizações diante de sonhos, desejos e fantasias que dão colorido à vida.

Li, anos atrás, o livro de Lee Iacocca – uma autobiografia – onde ele narra suas aventuras pela psicologia na perspectiva de melhor compreender e integrar aspectos humanos e psicologia de vendas, conhecimentos que pôde aplicar na Ford e como CEO da Chrysler em crise financeira nos anos 80. Héctor vai mais fundo na questão não só da venda ou da produção, mas na gestão, nas questões relacionais, vinculares, que envolvem as interações humanas em seus anseios individuais e coletivos.

O livro "Gerência sem catástrofe ou catástrofe sem gerência" não oferece fórmulas prontas. Ele conduz o leitor a pensar, a olhar para dentro de si e a rever suas próprias experiências diante de conflitos existenciais da vida empresarial em seus diferentes níveis, que podem interferir na vida pessoal e familiar. Sua recíproca também é verdadeira quando, por exemplo, questões de sucessão, da transmissão de legados, de poderes, de funções administrativas, agem e geram conflitos familiares e pessoais que interferem nos processos de gestão, de liderança, de discernimento da realidade. Geralmente, são processos que ocorrem de forma simultânea, interferindo na vida pessoal e profissional, com repercussões na vida corporativa e vice-versa.

A essência do livro está sintetizada em dois pensamentos lapidares, presentes no capítulo denominado "capacidade negativa", quando Héctor aborda um conceito psicanalítico central para a economia psíquica, introduzido na psicanálise por Wilfred Bion:

"O desespero espanta o pensamento e as esperanças".

"As ameaças e o desamparo ficavam menos apavorantes quando ele conseguia manter a posse de si mesmo para poder pensar".

Quem de nós não passou ao longo da vida por experiências emocionais conflitivas, angústias, traumas, indecisões, cegueiras e ações impulsivas, seduções ou mesmo por falta de experiência e erros que interferiram nas capacidades de sentir, de ser, de pensar e de agir? Esses são elementos dos processos de elaboração mental que Héctor capta tão bem na compreensão dos processos de gestão e dinâmica corporativas retratados nos 15 capítulos que compõem a obra e as conclusões. Caminha-se melhor pela vida quando toleramos doses de frustração, suportamos por um certo tempo o não saber, as dúvidas e indecisões, tempos necessários para a maturação das ideias e entrar em contato com os medos. Tempo necessário para se trabalhar a tolerância e se imaginar no lugar do outro, na aplicabilidade das capacidades de reparação, renúncia e adaptabilidade frente às realidades pessoal e coletiva. Héctor capta o subjetivo para colaborar com os gestores nas práticas objetivas ao sinalizar o imponderável dos elementos perceptíveis das relações interpessoais. Trabalho sutil, delicado e certeiro que leva o gestor à introspecção, comparação, elaboração e análise na percepção do Ser antes do Fazer.

Conflitos entre irmãos, ciúmes, invejas, rivalidades e vaidades, lutas narcísicas, seduções e abusos emocionais, sexuais, preconceitos, são afetos que interagem nas práticas relacionais nos diferentes níveis de gestão. Eles interferem nas dinâmicas relacionais, nas qualidades dos vínculos afetivos, nas alianças conscientes e inconscientes presentes nas atividades profissionais e na vida familiar e grupal.

Sabe-se que as relações de poder carregam aspectos da história de cada um, da maneira como ocorreu o processo de desenvolvimento afetivo de cada sujeito, da elaboração dos conflitos edípicos e fraternos, dos temores e desejos explícitos e inconscientes que se carrega e que se manifestam no dia a dia profissional. Héctor, ao retratar suas experiências técnicas, metodológicas e, principalmente, as emocionais vividas como engenheiro e depois como gestor, *coach* e *mentor* procura integrar com humanismo, sensibilidade e inteligência o respeito ao sofrimento humano. Como, a partir dele, pode-se transformar, mudar de vértice e perceber por outros ângulos aspectos até então não percebidos ou ignorados. Condição emocional que possibilita ao sujeito encontrar energias criativas para transformações pessoais, metodológicas e de objetivos a serem alcançados. Trata-se de um processo contínuo de construção, desconstrução e reconstrução que abre caminhos para a reflexão e novas fontes de gratificação.

A leitura de "Gerência sem catástrofe ou catástrofe sem gerência" é um convite que Héctor faz ao leitor, seja ele dono de uma empresa, executivo ou um jovem iniciante, a percorrer e compartilhar das agruras e realizações reais ou imaginárias presentes na complexidade da vida corporativa. Boa leitura.

David Levisky
Psiquiatra. Psicanalista didata da Sociedade Brasileira de Psicanálise de São Paulo, ligada à Associação Internacional de Psicanálise. Especialização nas áreas da infância e adolescência. PhD em História Social (USP). Membro fundador da Associação Brasileira de Psicanálise de Casal e Família. Coordenador geral do projeto "Abrace seu bairro". Autor dos livros: Adolescência – reflexões psicanalíticas; Adolescência e

violências-consequências da realidade brasileira; Caminhos da violência – A psicanálise na prática social; Ações comunitárias na prevenção; Um monge no divã; Entre elos perdidos; A vida?...É logo ali; Dicionário de psicanálise de casal e família (no prelo). Assistente estrangeiro da Faculdade de Medicina de Paris-Hôpital de la Salpétrière e estagiário do Centre Alfred Binet (1973-74).

Prefácio

Em um final de tarde, recebo o honroso convite para prefaciar este livro com o título "Gerência sem Catástrofe ou Catástrofe sem Gerência". Surpreendente texto com relatos empíricos combinados com fundamentos e inspiração da gestão da qualidade por expertises, psicanálise e muito do consultor dedicado e comprometido como o Héctor Rafael Lisondo – que conheci no final dos anos 90, quando produzia sua tese de doutorado sob a sábia orientação do querido professor Roberto Rotondaro, do Departamento de Engenharia de Produção da Escola da Universidade de São Paulo.

O livro, composto por 15 capítulos, escritos e articulados com o propósito de trazer o leitor para o mundo corporativo em seus dilemas de transformação da cultura organizacional, compreensão do poder exercido pelas altas lideranças sob o olhar de um gestor curioso, atento e incansável no enfrentamento das decisões e alcance – metas da carreira de Rafael dentro da empresa. A partir da experiência de vida profissional do autor, encontramos o personagem que acompanha os cenários, assim descrito no primeiro capítulo:

> *Embora Rafael estivesse ávido por modelos inspiradores, sentia que não poderia tomar nenhum dos dois como arquétipos para dirigir a sua própria visão. Eles o levaram a dar-se conta de que o paradigma que havia construído para si até então era um tanto inacabado e nem era realizador. Esses dois homens produziram assim uma inquietação transformadora que viria a desencadear uma mudança catastrófica em sua vida...*

A combinação da biografia do autor com as contribuições de gestão da qualidade e transformação pessoal a partir de conceitos psicanalíticos é inspiradora e envolvente. Conduz a possíveis aprendizados qualificados dos desafios vivenciados cotidianamente nos ambientes organizacionais. Essa motivação e os fatos estão cuidadosamente descritos no Prólogo, que já chama a atenção para a complexidade das transformações organizacionais e pessoais, construídas por atividades de consultorias comprometidas com efetivas entregas, incluindo soluções.

A combinação textual faz com que se vislumbre o percurso de grandes estudiosos como Falconi e experiências relacionadas à evolução da gestão organizacional, desde os modelos sociotécnicos, o TQC, até as composições mais recentes como *coaching* e *mentoring*. Aqui o vínculo pessoa-trabalho-pessoa é o palco das transformações com gestão, metas e resultados efetivos integrados, disruptivos ou com dissociações e catástrofes.

Sobre o protagonista desta obra, o autor descreve: "ocorreu-lhe (referindo-se ao Rafael) decompor a palavra respons-abilidade em resposta e habilidade. Seria então uma questão central do líder a habilidade para escolher a resposta? Se assim fosse, então a realidade demandaria permanentemente do líder escolhas que afetariam o seu destino e o do grupo....". Durante a leitura pode-se verificar que responsabilidade é um substantivo que percorre todo o livro. São mais de cinquenta usos, associações e comentários que vão desde a percepção dos fatos até os caminhos de *coach* e mentoria.

A partir das publicações do semiologista e grande autor Umberto Eco, especialmente em sua obra "Os limites da Interpretação" (1995), destaca-se o dilema da primazia da interpretação. Interpretação esta mediada por fatos, ambientes e culturas, em que um texto – entre outras características – é potencialmente sem fim. Aqui também "Gerência sem Catástrofe ou Catástrofe sem Gerência" é como um "percorrer em uma floresta" sob perspectivas diversas escolhidas intencionalmente ou não para apresentar um cenário com elementos considerados importantes para o que se está escrevendo.

Nesse percurso, indicando o despertar de uma liderança transformacional autêntica e realizadora, no item "Buscando sentidos", o autor relata:

> *Rafael perguntava-se: seriam essas circunstâncias de sua história profissional, ou também poderiam acontecer com outras pessoas na sua vida na organização? Ocorreu-lhe que, pela ótica íntima, a sua história poderia não ser única e nem original, que outras pessoas talvez enfrentassem realidades semelhantes.*

A produção do texto do livro combina a maturidade de um consultor experiente – nas perspectivas filosóficas, combinadas a transformação da cultura organizacional à inquietação de um gestor jovem – em busca de respostas e soluções para o exercício da liderança. Além da erudição para descrever e contextualizar de forma clara, didática, pedagógica e atraente. Trata-se de uma leitura densa e que pode ser retomada várias vezes, pois sempre provocará indagações e reflexões sobre possíveis soluções no contexto da catástrofe sem mudança ou da mudança sem catástrofe.

Aqui temos um livro agradável, erudito, vivencial e completo.

Boa leitura!

Ana Cristina Limongi-França
Professora Titular da Universidade de São Paulo

Sumário

Prólogo

Escrita em terceira pessoa na forma de narrativa, esta obra retrata uma história real, a minha, pessoal, no exercício de funções de engenheiro, de gerente, líder, *coach*, mentor e consultor. Diferentemente dos tratados de administração que abordam as questões da liderança de uma perspectiva teórica, racional ou prescritiva, este trabalho mostra, no teatro da experiência vivida, a influência da história pessoal do protagonista – entremeada no contexto institucional –, na construção e nas oscilações dos seus conceitos sobre a questão gerencial que viveu em diferentes fases de evolução. O relato combina aspectos institucionais, técnicos, psicológicos e existenciais dessa trajetória em empresas e situações também reais, como, por exemplo, as campanhas para implantação de sistemas de qualidade no modelo TQC (*Total Quality Control*).

Realizações, frustrações, sofrimento e conquistas, com as suas repercussões emocionais, são testemunhos do processo de crescimento e desenvolvimento de competências de liderança do autor. Os principais polos da vida corporativa, tais como hierarquia, poder, liderança, trabalho de grupo, mudanças e resistências, não estão presentes na obra apenas como construtos teóricos ou hipotéticos, mas sim integrados com as concomitantes experiências emocionais que têm lugar no entorno do personagem central.

Ao escrever este livro, inspirou-me a intenção de diferenciá-lo das obras técnicas e administrativas de gestão e das abordagens de psicologia institucional que tenho estudado. Ele se situa na fronteira entre esses campos e expõe a minha experiência na complementação entre eles. Como aponta o pensamento sistêmico[1], é nas bordas dos sistemas que se produz o maior desgaste de energia e onde a previsão é mais difícil, mas é também onde têm origem as transformações.

[1] Pensamento sistêmico é uma abordagem que considera os eventos como partes inter-relacionadas de um sistema mais amplo.

Esta obra conversa com meu livro anterior, "Mudança sem catástrofe ou catástrofe sem mudança: Liderando pessoas para o processo de mudanças nas organizações" (LISONDO, 2004), que foi escrito a partir minha experiência profissional e pessoal. O presente trabalho acrescenta muitos conteúdos novos e revisita relatos do trabalho anterior, ora repetindo acontecimentos pura e simplesmente, ora enriquecendo-os com novos ângulos de análise que surgiram no longo intervalo entre um livro e outro. Alguns eventos aconteceram como narrado, outros foram trazidos à tona possivelmente enviesados com os ingredientes resgatados da memória emocional do autor, consciente de que memória é refém do desejo. O escritor ensaísta Carlos Ruiz Zafón, na sua novela "Marina", diz: "somente nos lembramos das coisas que não aconteceram".

Creio que interessará ao leitor a narrativa que descreve a mudança de paradigmas de liderança e gerência que acompanha o processo de maturação pessoal do protagonista. Sobretudo, podem ter ressonância, e por isso ganhar valor, os relatos dos erros cometidos na função e suas consequências, assim como o aprendizado sofrido na experiência a partir deles. Diversos diálogos recuperados dessa história também enriquecem a perspectiva de realidade.

Meu propósito foi apresentar o processo de transformação de Rafael como gestor corporativo e como pessoa, através de algumas experiências da vida como ela foi para mim, numa sucessão de momentos que se escalaram no meu tempo. Em cada capítulo, mais do que oferecer técnicas ou conselhos, quero convidar o leitor a confrontar com as suas próprias vivências o percurso de Rafael, e de outros aqui retratados, para que dessa aventura de espelho possam, talvez, surgir reflexões transformadoras que confirmem ou questionem as decisões relevantes do seu fazer profissional e, quem sabe, amenizem a solidão da gestão ou a angústia da incerteza frente a decisões.

A eficácia gerencial é abordada a partir dos focos técnico e psicológico, assim como são tratadas algumas reflexões e preocupações existenciais inspiradas pela vida corporativa e pouco abordadas nas obras de gestão. Se o foram, vieram na forma de hipóteses racionalistas ou pragmáticas a partir de uma perspectiva cognitiva ou especulativa, com pouca atenção à dinâmica emocional alojada no inconsciente dos atores corporativos, em que a irracionalidade tem um papel importante e às vezes decisivo na gestão.

A obra também apresenta o conceito psicanalítico de **capacidade negativa**, ilustrado por diversas passagens nas quais mostro sua aplicação prática e sua importante utilidade no exercício da gerência em um ambiente de incertezas, dúvidas, provisoriedade e mudanças. Além disso, é exposta a aplicação na vida pessoal do autor, assim como na sua trilha gerencial, do conceito de **mudança catastrófica**, criado por Wilfred Bion no campo da psicanálise. Uma discussão mais aprofundada dessa questão já foi apresentada no outro livro de minha autoria já mencionado, que teve duas edições. Antessalas de profundas transformações, as sucessivas mudanças catastróficas vão tecendo a trama da identidade do protagonista para quem, como resultado desse aprendizado, a questão do **ser** passará a preceder a do **fazer**.

Desafiando o hábito de apreender em série, que prevê cada evento precedendo e fundamentando o seguinte para guardar um compromisso com a racionalidade, convido agora o leitor a iniciar a leitura deste livro pelo Capítulo 15 (Conclusão), onde deparará com uma perspectiva mais concreta do que ele pode esperar ao ler o resto da obra. Confio que a leitura desse capítulo o inspire, o interesse e desperte a curiosidade para retornar depois ao primeiro e iniciarmos juntos esta jornada.

Héctor Rafael Lisondo

Capítulo 1. A palestra

A presença cativante do professor Falconi magnetizava a atenção e inspirava expectativas messiânicas em quase todos os executivos, diretores e gerentes da empresa que assistiam à sua apresentação, numa manhã de agosto de 1985. Ele infundia respeito não apenas pelo conhecimento, mas também pela fama de competência no ambiente empresarial e, sobretudo, pela sua convicção na proposta que expunha: gestão da rotina de trabalho e estratégias para resultados. Na época com uns 45 anos de idade, de figura elegante e esbelta, bem vestido, combinava a sua expressão reflexiva e inteligente com um olhar vivaz e inquisidor. A sua fronte deixava aparecer entradas nas laterais, já com alguns cabelos brancos entremeados com os castanhos.

No auditório da empresa onde ocorria a palestra, estavam executivos, na sua maior parte profissionais formados nas ciências da engenharia e da administração, embora também houvesse alguns oriundos das ciências humanas. A maioria deles tinha pós-graduação em diversos ramos de aplicação da metalurgia – vários em instituições famosas nos Estados Unidos, Canadá, França, Inglaterra. Tratava-se de um grupo experiente na gestão da indústria de ponta no Brasil, capaz de produzir metais de elevada densidade tecnológica, que podia se orgulhar de constantes sucessos no desenvolvimento de tecnologias aplicadas a metais especiais, com sólida base científica. Os seus produtos eram pioneiros na América Latina e competiam com congêneres processados nos países de vanguarda tecnológica.

Essa aptidão contrastava, no entanto, com ineficiências, desperdícios, custos elevados e retrabalhos que assombravam a administração. Parecia até que o grupo estivesse autorizado a conviver com essas falhas por conta do sucesso no campo tecnológico. Por isso, a promessa de gestão de resultados era como ver a luz para um cego. Concentrados na fala do professor, todos ouviam e o observavam com devoção quase religiosa, como se estivessem participando de um casamento ou de um funeral.

A palestra de Falconi eliciava reflexões intensas em Rafael, gerente de produção com 38 anos de idade, um dos executivos presentes à apresentação na Metalead naquela manhã. Ele ouvia absorto as premissas que, como verdades evidentes, inegáveis e quase que ofensivamente simples, eram derramadas na apresentação. Transparências bem organizadas, simples e muito eloquentes alternavam-se em dois projetores simultâneos.

As circunstâncias do momento fariam supor que a atenção e o pensamento de Rafael estivessem comprometidos exclusivamente com a importante filosofia gerencial que estava sendo comunicada. Era como uma revelação que, como exigência crítica, deveria ser logo aplicada na sua gestão.

Não era bem assim, entretanto, o pensamento de Rafael. Durante a exposição de Falconi, outros devaneios se antepunham e uma reflexão soberana lhe ocupava a mente. Sentia na sua trajetória de vida a sucção de dois modelos inspiradores: o Dr. Otávio Belarmino de Assis[2], fundador-presidente e dono da Metalead, e o professor Vicente Falconi Campos.

Um outro modelo instalado no íntimo de Rafael era seu pai, um homem autoritário e narcisista, que teve origem humilde, com ascendentes de escassa cultura e muitas pretensões. Nascido em uma cidadezinha no interior da Argentina, em família de costumes estereotipados, preconceituosos e provincianos, inspirados na inveja e na competição, seu pai era autodidata e capaz de uma admirável persistência para a consecução dos objetivos a que se propunha. Com esse ímpeto, desafiou e abandonou os modelos familiares provincianos confiando apenas na sua garra. Jovem ainda, migrou para a capital Buenos Aires, onde, após dura e persistente luta, conseguiu um avanço notório no domínio patrimonial e na escala social para classe média alta. Sempre o acometeu uma angustiante sede de reconhecimento e admiração pelos outros. Frequentou apenas a escola primária, mas no seu afã solitário de superação leu com voracidade vários clássicos franceses, russos, espanhóis e ingleses que atesourava na sua ampla biblioteca. Gostava de escrever ensaios, discursos e até algumas obras de teatro, sem destaque. Comerciante sagaz nos negócios, poderia se identificar com o modelo de *self made man*, típico da primeira metade do século XX. Educou os filhos na premissa de que tudo pode ser obtido se se trabalhar arduamente, especialmente nos negócios e nas escolhas de vida. O pai plantara para Rafael, sem nenhum dos dois

[2] Nome fictício.

sabê-lo, uma semente do exercício da capacidade negativa – tema que será abordado no livro. Em vários momentos decisivos da vida de Rafael, o modelo lhe serviu como referência inspiradora de princípios e tenacidade. Embora algo tardia, a gratidão fazia parte das recordações que Rafael guardava do pai.

Na época da palestra, Rafael intuía que uma inflexão na trilha de sua história estava se aproximando. Naquela situação, sentia-se compelido a submeter a si próprio a um interrogatório existencial e primordial. Qual modelo pessoal e profissional quereria e poderia construir para si próprio? Nesse momento da sua vida, podia capitalizar alguns logros. Tinha trilhado um duro caminho para construir sua identidade superando a poderosa e opressiva influência do pai. Formou-se engenheiro eletromecânico em Buenos Aires. Casou-se e começou sua trajetória profissional como engenheiro de projetos em uma antiga e tradicional firma siderúrgica de Buenos Aires. Esse trabalho foi para ele uma verdadeira escola onde aprendeu muito da arte da siderurgia com experientes engenheiros projetistas. A sua realização teria sido plena se não fosse pelas condições econômicas muito desfavoráveis da Argentina daquela época. A inflação era astronômica e o seu salário junto com o da esposa mal dava para pagar os gastos domésticos. Antes de transcorrer um ano do casamento, o casal viajou de férias ao Brasil. Durante essas férias, Rafael recebeu duas ofertas de emprego, uma das quais aceitou e, por isso, emigrou com a esposa da Argentina para o Brasil, onde fixou sua residência e teve dois filhos. Algum tempo depois ele se deu conta de que a razão objetiva para a migração, a melhoria econômica, camuflava uma outra, psicológica e mais poderosa, a de se distanciar da sua história de origem. Consolidou-se na profissão como gerente de produção na Metalead, que o contratara sete anos antes da data da palestra de Falconi. Os primeiros anos na empresa foram muito difíceis e Rafael teve de se esforçar muito para se afirmar. Sentia-se orgulhoso do seu percurso, mas no íntimo sua autoimagem não espelhava a realização que almejava.

Na presença daqueles homens eminentes, ficava difícil não ouvir a demanda existencial e não se esforçar para descobrir e instalar um sentido de vida que o orgulhasse. Ele sentia admiração por ambos, Assis e Falconi. As suas vidas lhe ofereciam respostas interessantes para a pergunta existencial de Hamlet. Qual seria a sua própria resposta? Esse era para Rafael, como para a maioria dos mortais, um enigma inacessível, mas a pergunta continuou como companheira onipresente ao longo dos anos que se seguiram. *To be or not to be?* era uma questão sem resposta, mas por isso mesmo inspiradora e guardiã da exigência de buscar sentido para a vida.

A literatura e a história são fartas de líderes e homens notáveis que realizaram grandes feitos, fossem cientistas, militares, políticos, religiosos etc. Essas descrições monumentais, entretanto, não adquiriam na vida e no imaginário de Rafael a relevância da experiência emocional que forjava a presença real, mesmo que menos gloriosa, de homens admiráveis como Assis e Falconi. Era a diferença entre assistir a um concerto e ouvir uma gravação.

Embora Rafael estivesse ávido por modelos inspiradores, sentia que não poderia tomar nenhum dos dois como arquétipos para dirigir a sua própria visão de futuro. Eles o levaram a perceber que o paradigma que havia construído para si até então era um tanto inacabado e nem era realizador. Esses dois homens produziram assim uma inquietação transformadora que viria a desencadear uma mudança catastrófica em sua vida.

Capítulo 2. Metalead

A Metalead S.A.[3], em que Rafael trabalhava como gerente, integrava no seu imaginário lembranças, experiências, narrativas e mitos que modelavam a sua própria concepção a respeito da empresa. Possivelmente sua concepção não fosse exatamente a empresa real, ou a que os outros percebiam, mas sim a que estava nele interiorizada e de cuja perspectiva assistia à palestra. David Armstrong (2005), um estudioso da prática organizacional a partir da perspectiva psicodinâmica, descreveu essa vivência com a expressão *organization in the mind*, que se refere à maneira particular como o indivíduo percebe as atividades e as relações da empresa, além da forma como elas estão organizadas e interconectadas. Trata-se de uma imagem ou concepção interna de como a organização funciona. Tal imagem opera no mundo mental da pessoa a ela relacionada e afirma-se em suas experiências com as interações, relações e atividades em que se engaja, que dão lugar a emoções, valores e respostas que podem influenciar o seu próprio gerenciamento e liderança, positivamente ou adversamente. É na *Metalead in the mind* de Rafael que se desenvolve este relato.

Fundador e dono da Metalead, o Dr. Otávio Belarmino de Assis era um homem brilhante. Engenheiro químico, na época chegando aos 60 anos e com permanente disposição para se atualizar, fundou a empresa em 1966 e a conduziu desde então com mão firme e segura para um incrível crescimento. Baixa estatura, escassos cabelos, pouco cuidado na sua vestimenta, que era muito simples – frequentemente as suas camisas deixavam ver o colarinho desfiado –, olhar inquisidor e penetrante, caminhava sempre inclinado para frente, expressão séria e geralmente insatisfeita. Às vezes era extremamente amável e cortês, outras, agressivo e devastador. Em geral era difícil prever qual das duas atitudes ele iria apresentar.

---

[3] Nome fictício.

Preparou-se para gerir tecnicamente o seu empreendimento estudando ele próprio metalurgia, deformação plástica de ligas especiais e todos os aspectos técnicos relacionados com as interfaces do seu complicado objetivo empresarial. Com o seu esforço físico pessoal ajudou a montar as primeiras máquinas, que comprou usadas, e nos primórdios da Metalead o viram frequentemente cobrindo postos de produção dos operários. Naquele tempo, passava até três dias na usina sem retornar à casa, alimentando-se com sanduíches. Naturalmente, com a exigência que se impôs, o trato com a família ficou postergado, o que sem dúvida provocaria frustrações, a ele e aos seus. Manteve-se fiel à sua criatura, resignando-se a sofrer as consequências da destemida escolha.

As características mais notáveis transmitidas pela personalidade do presidente eram autoconfiança e coragem para aceitar desafios. Por isso escolheu como atividade para a sua companhia a fabricação de metais de alta complexidade tecnológica e aplicações muito severas. A sua estratégia partia da suposição de que poucos poderiam disputar com ele esse campo. E não estava equivocado. Mesmo porque, para poder desenvolver os seus produtos, não hesitava em comprar tecnologia de ponta na Europa, nos Estados Unidos e no Canadá. Rafael fora designado por Assis para várias dessas missões, o que enriqueceu seu repertório técnico e humanístico e fez diferença em sua experiência de vida. Por isso Rafael era muito grato ao fundador.

Assis era um homem muito culto. Falava francês, alemão, inglês, italiano, espanhol e até tinha familiaridade com línguas mortas como o latim. Inúmeras obras centrais de filosofia, literatura clássica universal, literatura latino-americana e brasileira contemporânea compartilhavam com os livros técnicos o grande e repleto espaço de sua vasta biblioteca. E não estavam lá apenas como ornamento. Assis apreciava a arte em várias de suas manifestações, com especial sensibilidade para a pintura e a música. A potência do seu raciocino se manifestava na invulgar profundidade das suas abstrações lógicas e na deslumbrante velocidade associativa, que lhe permitiam uma fecunda criatividade.

Rafael admirava o funcionamento ímpar da mente de Assis e sentia curiosidade para desvelar as características que a diferenciavam dos outros executivos. Rafael intuía ser essa era uma questão relevante e na época não foi capaz de elucidar. Muito tempo depois da sua experiência na Metalead, algumas respostas surgiram na leitura de Elliot Jaques e Stephen Clement (1994), estudiosos dos processos mentais nas organizações. Eles definiram três importantes parâmetros para sua abordagem:

- *Processos cognitivos* – São os processos mentais por meio dos quais uma pessoa é capaz de organizar e disponibilizar informações para realizar um trabalho.
- *Potência cognitiva* – É a força do processo cognitivo e, portanto, o nível máximo de complexidade que alguém pode administrar em dado momento do desenvolvimento pessoal.
- *Horizonte de tempo* – É o mais longo período no futuro dentro do qual uma pessoa é capaz de organizar e realizar projetos e tarefas designados, dando conta dos problemas que vão acontecendo durante a marcha e alcançando a sua meta.

O horizonte de tempo de Assis era bem maior do que o normal e, portanto, acima da média dos seus diretores e gerentes, o que o avalizava na vanguarda do time.

Os tipos de processamento mental para Jaques são, em escala crescente de complexidade:

- *Processamento declarativo* – É o mais simples, formado por associações diretas de informações em modo assertivo relevante apenas para a situação imediata.
- *Processamento cumulativo* – Acumula possíveis informações parciais significativas e as organiza entre si para combiná-las, visando uma conclusão ou decisão.
- *Processamento serial* – Raciocínio que coloca a informação em sequência lógica, como uma cadeia de causa e efeito de eventos conectados no tempo, que conduzem a consequências previstas ou a previsíveis cursos desses eventos.
- *Processamento paralelo* – Raciocínio que organiza a informação em vários processos seriais separados e transaciona com as informações em cada um desses processos em paralelo com os outros, construindo relações entre eles quando relevante. Ou seja, com esse raciocínio o indivíduo nota como os processos paralelos se impactam entre si.

Se o pensamento de Assis fosse classificado nas premissas de Jaques para o processamento mental, seria distinguido como o de uma pessoa que explica a sua posição examinando outro número de posições possíveis também, a cada uma das quais chega por um processo de raciocínio em série. Mantém as diversas linhas de pensamento em paralelo e pode relacionar umas às outras. É capaz não somente de relacionar entre eles os diversos cenários, mas também pode condicionar uns aos outros.

Como consequência, Assis conduzia simultaneamente e com mestria várias missões críticas. Constantemente monitorava os eventuais impactos, assim como as prováveis consequências das mudanças – e os eventos correspondentes – nas atitudes dos clientes, nos competidores, na política comercial, na legislação, nas taxas e impostos, na tecnologia, nos seus próprios programas de P&D (pesquisa e desenvolvimento), no efeito dos juros e indexação nos tempos inflacionários em que a Metalead operava, nas relações com órgãos governamentais, no câmbio, na disponibilidade e no custo de capital, no fluxo de caixa, entre outros. A sua mente era capaz de lidar com essa complexidade utilizando premissas do tipo "se... então...".

No campo dos negócios, Assis geria pessoalmente todas as decisões comerciais da companhia, quer fosse compra de matérias-primas, construções, instalações, máquinas, quer fosse venda dos produtos fabricados pela Metalead. O mesmo acontecia nas áreas financeira e contábil, onde dirigia pessoalmente a estratégia tributária, de investimentos e de aplicações. Isso frustrava os seus executivos, que se achavam transformados em "paus mandados". E com razão. A indesejada intervenção do presidente estava sustentada na sua comprovada competência. Tinha um incrível "faro" para descobrir sempre as melhores oportunidades, obtendo maior proveito para o seu dinheiro.

Detectava as vulnerabilidades dos outros homens de negócios, seus parceiros, e se aproveitava delas até exaurir o último hálito do infeliz. Se o mundo fosse uma selva, ele seria uma das suas mais ferozes e astutas panteras. Diz a fábula que a raposa não pode se defender do leão, mas sabe se defender das armadilhas, coisa que o leão não sabe fazer. Assis conseguia ser leão e raposa. Enquadrava-se muito bem na recomendação que Nicolau Maquiavel fez ao duque Lorenzo de Medici na sua famosa obra "O Príncipe": "convém mais a um príncipe ser temido do que amado pelos seus súditos". E Assis se sentia muito à vontade em ser um homem temido... todavia, a sua experiência e intuição, como a Maquiavel, o alertavam de que não lhe convinha ser odiado. O ódio torna os homens mais perigosos. E a sua habilidade política era utilizada para não ultrapassar a fronteira entre o temor e o ódio. Ela não estava sustentada em princípios morais porque no seu jogo de príncipe, da mesma forma que para Lorenzo de Medici, os fins justificavam os meios.

O TQC (*Total Quality Control*) na Metalead

Visionário, naquela época Assis estava interessado em melhorar o sistema de gestão da Metalead e escolheu o que de melhor existia no mundo no início dos anos 80, o sistema de gestão japonês conhecido como TQC (*Total Quality Control*), ainda pouco conhecido no Brasil. Realizou uma viagem de estudos ao Japão auspiciada pelo Juse (*Japanese Union of Scientists and Engineers*). Ficou fascinado com o que viu e mais tarde custeou a mesma viagem para seus principais diretores e gerentes.

Foi mais ou menos assim que transmitiu, em reunião solene, para a cúpula da empresa, o que assimilou na viagem e as consequências que previa para Metalead:

> *Esta foi uma das viagens mais produtivas que eu já fiz. Os cursos teóricos ministrados pelos professores japoneses foram muito bons e conseguiram transferir os conceitos da nova visão da qualidade tal como é pensada hoje no Japão, e durante as visitas às empresas muito aprendi. Mas eu retornei com a impressão de que não mostraram tudo, como se algo importante faltasse... embora não consiga ainda identificá-lo. Possivelmente faltaria o nexo entre aquelas concepções brilhantes inspiradas por Deming, Ishikawa, Juran e o método para as pôr em prática. É isso... eu conseguia entender a estrutura teórica da proposta... e também comprovei que é possível levá-la à prática. As empresas visitadas e os seus incríveis resultados são um incontestável testemunho, mas pouco ou nada foi mostrado sobre a transposição dessa ponte entre a teoria e a praxe. Infelizmente as perguntas que fizeram muitos dos outros participantes da delegação brasileira foram triviais e às vezes até bobas, por isso perdi oportunidades de fazer boas perguntas: o tempo outorgado para isso era limitado e inflexível. No Japão dos nossos dias o tempo é administrado com sumo rigor e a pontualidade é imprescindível para todos os eventos da vida japonesa. Todas as reuniões têm agenda, horário para começar e para acabar. Como já disse, as poucas oportunidades que tivemos para perguntar foram desperdiçadas com perguntas banais.*
>
> *Por outro lado, receio também que os japoneses não tenham interesse em revelar esta incógnita porque possivelmente ela faça parte do seu know-how empresarial. Caberá então a nós descobri-la, com os nossos próprios recursos.*

O presidente fez uma pausa preparatória para entrar no núcleo da sua comunicação:

> *Como presidente da companhia, é a minha obrigação atentar para esta realidade do nosso tempo e me cabe a responsabilidade de traçar uma estratégia que coloque a Metalead em condições favoráveis para se desenvolver neste novo campo de referências administrativas definidas pela nova visão que passará a ter a qualidade, e que em pouco tempo – disto tenho certeza absoluta – irá se espalhar pelo mundo todo, inclusive nos países subdesenvolvidos como o nosso.*
>
> *Como os senhores sabem, a tática comercial da empresa está atrelada às exportações de diversos dos nossos produtos, principalmente para os mercados americano e europeu. Por isso, deveremos atender às exigências de países altamente industrializados.*
>
> *Nos próximos dias convocarei os diretores para uma reunião na qual os informarei sobre qual será a nossa estratégia. Mas já posso adiantar para os senhores que integram o primeiro escalão quais serão os nossos primeiros passos:*
>
> - *Uma profunda análise e posterior reformulação do departamento de controle de qualidade, tanto no que diz respeito às suas tarefas de inspeção quanto ao número e à alocação de inspetores. Deveremos abandonar a ideia de que controle de qualidade significa inspeção ou supervisão.*
> - *Uma fase intensiva de treinamento nas novas técnicas para todo o pessoal de comando da Companhia. Contrataremos os serviços de especialistas no assunto e programaremos viagens nossas ao Japão se necessário.*
> - *Deflagraremos uma profunda revisão da coerência e racionalidade da nossa política de estoques.*
> - *Aprimoraremos a nossa análise de custos para torná-la eficaz de uma vez por todas, transformando-a numa ferramenta que nos permita tomar decisões.*
> - *Reduziremos drasticamente os nossos ciclos de produção.*
> - *Traçaremos um sério e severo plano de redução de refugos. Tenho certeza de que a nossa quantidade astronômica de refugos é um dos nossos principais disparadores de custos.*
> - *Como o TQC se preocupa em primeiro lugar com o cliente, também passaremos a nos preocupar pela primeira vez seriamente com os nossos clientes. Começaremos com um grande desafio, o de cumprir o prazo de entrega que lhes prometemos no momento da venda.*

Porém, as maiores mudanças ocorrerão na área do pessoal. Estimularemos, e se necessário exigiremos, a participação de todos os funcionários no processo produtivo. Deve ser enorme e valorosíssima a quantidade de ideias e experiências que o nosso pessoal tem e que nunca nos ofereceu apenas porque nós não os estimulamos a fazê-lo ou nem sequer pedimos.

Como primeiro passo nessa direção, tomaremos uma iniciativa que irá trazer ganhos imediatos: implantaremos vários Círculos de Controle de Qualidade pilotos. Os senhores deverão aprender rapidamente sobre a liderança e administração destes CCQs porque muitos dos senhores serão padrinhos de vários deles. Também já estou solicitando ao diretor de RH que me apresente um plano de sugestões individuais. Para isto trouxe do Japão vários livros explicando o seu funcionamento. A minha secretária os enviará hoje a ele. O plano deverá estar funcionando daqui a dois meses.

Os senhores deverão ser ágeis e flexíveis, não devem se amarrar à maneira pela qual administraram até hoje as suas áreas de desempenho. Todos deveremos trabalhar intensamente, muito mais do que já trabalhamos; a qualidade não tolera preguiçosos. Posso adiantar que esta nova filosofia da qualidade não comprometerá apenas as empresas exportadoras de vanguarda como a Metalead, mas em breves anos se disseminará pelo Brasil e também pela América Latina toda. As subvenções e protecionismos estatais de todo tipo tendem a ser cada dia mais tênues, ao mesmo tempo que as barreiras alfandegárias internacionais tendem a desaparecer. E em certa medida é bom que assim seja porque isto irá funcionar como um obstáculo para a improvisação, tão enraizada na cultura das nossas empresas.

Alguém quer fazer alguma pergunta?... Bom dia.

E saiu sem dizer mais nada.

Após a sua saída os rostos dos participantes se encontravam em olhares mútuos de perplexidade e preocupação.

A visita do professor Falconi era uma continuação dessa estratégia. Para Rafael, conhecer Falconi foi outro dos eventos memoráveis da vida profissional. Homens assim são uma raridade muito feliz para o progresso das sociedades e das nações nas quais estão inseridos.

Assis, por sua parte, raramente estava feliz, apresentava permanente insatisfação consigo próprio. Quando presente em grau razoável, esse sentimento direciona os homens para a sua superação. Em Assis, era exagerada. Por esse motivo, invariavelmente mostrava-se descontente com os resultados da companhia. Não era o prazer gerado pela satisfação em atingir um objetivo que o motivava para traçar objetivos mais difíceis. Imaginava Rafael que o que o levava a conduzir sua rutilante empresa na vanguarda comercial e tecnológica era a necessidade de preencher o vazio emocional que o acometia. Nesse vazio eram também tragadas todas as manifestações de admiração com que frequentemente o distinguiam. Bajulação e inveja continuamente o espreitavam.

Como missão para a empresa, tinha definido constante procura e aceitação de soberbos e difíceis desafios tecnológicos na área metalúrgica. Ele tinha disposição permanente para seguir por caminhos nunca trilhados no país, em que se dispunha de pouca ou mesmo nenhuma experiência, pelo menos no âmbito da indústria nacional. Para Rafael, essa missão seria incontestável se não fosse a única, ou seja, se o seu presidente desse igual peso a fatores como realização pessoal dos empregados, construção de esperanças para um futuro melhor e crescimento de todos. Isolada, sua incumbência era sentida como uma missão particular de Assis, e não do grupo. O presidente exalava competição e glória. E, nesse contexto, a nova proposta parecia mais uma medalha para sua coleção de condecorações.

Pensava Rafael que essa onipotência fosse consequência da sua terrível dificuldade em tolerar as frustrações e o provisório, em aceitar limites e em suportar a dor psíquica do abandono de suas preconcepções. Quem o conhecesse superficialmente ficaria com a impressão de que, para o presidente, parecia não haver limites. Embora aparentasse nada temer, talvez a ousadia funcionasse como uma cortina para encobrir um medo que provavelmente ele sentia: o medo da sua própria morte, como todos os mortais, ou talvez mais...

Não parecia se importar com a solidão física e sobretudo emocional em que se enclausurava, porque a quantidade de empreendimentos que se impunha mantinha-o ocupado o tempo todo. Produzia inclusive durante a noite, porque padecia de insônia. Quando manifestava suas decisões estratégicas aos diretores e gerentes, provocava sensações grupais de perplexidade, incredulidade e ironia escondidas na hipocrisia que ele adivinhava em alguns semblantes de servil aprovação. Como não podia ser de outra maneira, a ansiedade era sua companheira constante. Não tinha a paciência necessária para esperar que o pensamento dos outros alcançasse as suas céleres ideias. A ansiedade aliada ao poder que possuía pelo fato de ser o dono da companhia resultava em um homem prepotente. A convicção sobre as limitações dos seus colaboradores terminava em autoritarismo centralizador. E esse caldo de cultivo abastecia sua onipotência – exatamente o contrário do que vinha pregando ao disseminar a necessidade de produzir a mudança cultural condizente com a implantação do TQC, para a qual buscava a ajuda de Falconi.

Mas Assis não parecia perceber, e nem jamais reconheceu, a contradição em si próprio. E os poucos que se atreveram a insinuá-la foram defenestrados. Esperava que todos os seus empregados mudassem. Mas nunca conseguiu esclarecer os parâmetros da mudança de atitude exigida. Os parâmetros ou estavam indefinidos, ou pelo menos incompletos, pois os gestores apenas sabiam que deveriam deixar de ser profissionais como eram, mas nunca conseguiram descobrir, mediante orientações do presidente, ou por eles próprios, o que se esperava que passassem a ser. E, para os seus subordinados, o mais importante preceito que garantia a sobrevivência individual ou grupal era simplesmente não desagradar o dono, fosse fazendo ou deixando de fazer algo que contrariasse as suas expectativas.

Como, muitas vezes, estas eram imprevisíveis, uma tétrica neblina de alienação paranoica envolvia e perturbava constantemente os executivos da Metalead. A experiência anterior nesse campo era abundante e povoava a história da companhia com lembranças da sorte pouco invejável que coubera àqueles que caíram em desgraça com Assis. Às vezes a sobrevivência dependia de passar despercebido por ele. Era preciso evitar o desemprego que, como costuma ser, significava desamparo, humilhação, castigo para a autoestima. Também significava perder a dignidade e a convivência com o grupo e, com isso, a identidade. Dessa forma, os sentimentos do grupo com respeito à proposta do TQC eram ambíguos. Embora pudessem compreender perfeitamente a sua necessidade, na intimidade do ser ficavam com um pé atrás. E assim nunca poderiam mudar, como queria o presidente. Para que a implantação fosse possível e obtivesse pleno êxito, deveriam encontrar o seu significado mais profundo, em vez de pensar em se proteger e se preocupar com o presidente.

Em contraste com o notável desenvolvimento de sua capacidade de raciocínio lógico e da agudeza do seu pensamento abstrato, havia em Assis uma surpreendente inibição na área emocional. Chamava a atenção de quem com ele trabalhasse a sua enorme dificuldade para lidar com as emoções próprias e alheias, uma abismal carência que lhe impedia de entender e aceitar os outros como pessoas diferentes dele. Por isso, frequentemente, deixava de ganhar contribuições espontâneas devido ao ressentimento dos colaboradores. Às vezes parecia querer explicar ou prever o comportamento dos outros por equações. Quando perdia o corrimão da lógica, ficava absolutamente desnorteado. Não sabia "gastar um papo à toa".

Apesar de ser presidente e dono da Metalead, Assis era também subordinado. A que podia ser subordinado um homem de tanto poder? Apenas a um formidável senhorio digno do seu quilate: as limitações próprias da espécie humana, das quais nem ele mesmo com toda a sua energia, e nem ninguém, poderia se evadir. E é característica do ser humano não conhecer a si próprio. Assis tampouco se conhecia. Mas, ao contrário da maioria dos mortais, não estava nem um pouco preocupado em pedir a outros uma confirmação que lhe permitisse construir sua autoimagem. Mesmo assim, tinha consciência clara de que não era querido pelos que ele considerava medíocres, e sua vasta cultura, experiência e intuição o alertavam para o fato de que os medíocres podem ser perigosos. Eles ocupam o seu tempo ruminando inveja e ressentimento. O produto dessa esmerada digestão preocupava Assis. Por isso ele deflagrava sempre o primeiro golpe na forma de agressão, antes que o suposto hostilizador tivesse tempo psicológico para se tornar um incômodo. As investidas vinham sempre materializadas em papel escrito e enviadas pelo correio interno. Jamais eram exteriorizadas frente a frente com a vítima, o que colocaria em contato suas emoções e as do outro. Os seus golpes estavam sempre defasados no tempo e no espaço da gestação em seu misterioso espírito. E repetiam uma característica: a vítima sempre era pega de surpresa. De tempos em tempos e inesperadamente, substituía a cúpula diretiva, precisamente quando ela se achava mais indispensável. Desfrutava intensamente sua prerrogativa de influenciar e alterar o destino dos outros.

Embora os seus diretores e gerentes se queixassem das exigências e criticassem o presidente pela difícil convivência que ele impunha, quase todos deveriam lhe agradecer pelo aprimoramento obrigatório de *skills* que neles se avolumavam e se fortaleciam como consequência da personalidade rigorosa e inflexível de Assis. Mais ainda, vários anos depois, quando derramassem um olhar reflexivo e autocrítico sobre sua própria história, esses executivos iriam reconhecer que as principais competências e realizações profissionais exibidas em seus currículos foram catalisadas pela presença de Assis.

A verdadeira mudança na direção do TQC deveria começar por encontrar um *porquê* consistente, para colocá-lo na frente dos *como* (simbolizados pelas ferramentas).

Como isso não foi feito, toda a estrutura do sistema de qualidade da Metalead parecia mais um conjunto de significantes sem significado, vazio...

Talvez a própria palavra mudança fosse inadequada e mascarasse o desafio que era mais transcendente. O aprofundamento no estudo da questão, no qual Rafael se embrenhou tempos depois, revelou uma palavra mais apropriada para denotar aquele desafio: transformação. Segundo o vértice psicológico, mudança e transformação não são sinônimos. Mudança pauta-se no verbo *fazer*. É um fazer diferente, impulsionado por fatores externos aos indivíduos ou aos grupos, tais como prêmios, castigos ou ameaças. Sob essa ótica, a mudança, o fazer diferente, tem a vantagem da resposta rápida e a desvantagem de que sua duração tem curto prazo – pois em geral desaparece quando é removido o estímulo. A mudança origina-se, então, de *fora* para *dentro*. Já a transformação afirma-se no verbo *ser*. Não depende de condicionantes externos, instala-se *de dentro para fora*. Ao contrário da mudança, a transformação não é rápida, depende de um processo interno de reconstrução de símbolos. No caso dos indivíduos, tem conotação existencial, e no caso dos grupos, transforma a cultura.

Rafael pensava que faltava à Metalead construir o símbolo, ou a missão transformadora. A razão última de todo aquele movimento não poderia ser simplesmente agradar a Assis. É construindo símbolos que se cresce, e o crescimento das pessoas é um dos mais nobres resultados produzidos pelo TQC. Eis onde o auxílio do presidente teria sido valioso. Para poder ajudar, entretanto, ele próprio deveria ter transformado o seu vértice pessoal de apreciação da vida, coisa que ele não fez ou porque não conseguiu ou simplesmente porque não quis. A finalidade era o engrandecimento da Metalead e dele próprio. Para os seus empregados, era manter o difícil equilíbrio indispensável para conservar o emprego.

Algum tempo depois de ter ficado evidente que a proposta da qualidade não tinha vingado na Metalead, Assis vendeu a empresa e afastou-se definitivamente dos empreendimentos industriais. Com o produto da venda incursionou no mercado financeiro, que ocupou seu tempo durante os anos seguintes. Sua vida deixou de ter o brilho que lhe outorgava o poder. Os que com ele se relacionavam dizem que delegou a gestão das posses aos filhos e ficou dependente dos desejos e desígnios deles, que limitaram bastante sua autonomia financeira. A sua impotência contrastava com a potência feroz que exerceu durante os anos de glória. Um dia, quando contava 85 anos, entrou em seu quarto e trancou a porta. Como não respondia aos chamados, teve a porta arrombada. Foi encontrado morto. Deixou escrita sua vontade de que não fosse realizado velório e seu corpo fosse cremado. Seu desejo foi respeitado pelos familiares.

Sua história evoca a do Rei Lear, de Shakespeare, abandonado pelas filhas nu e desamparado na inclemência cruel de uma noite tormentosa. O dramaturgo questiona:

> *O homem é apenas isto?... O homem sem os artifícios da civilização é só um pobre animal como tu, nu, bifurcado. (GHIRARDI, 2011)*

Bifurcado: a glória e a queda, o divino e o miserável, o poder e a dependência, duas faces da mesma moeda.

Capítulo 3. Falconi

A história pessoal do professor Vicente Falconi Campos também provocou na época, e continuaria a provocar muito tempo depois, profunda mobilização na dança de arquétipos que deslumbravam Rafael. As linhas que seguem não são relatos biográficos de Falconi, apenas recuperam a imagem dele composta no imaginário de Rafael. Essa imagem não é neutra e nem objetiva, resulta enviesada pelo filtro emocional de quem a construiu. Também o relato não confronta as ideias sobre o gerenciamento da qualidade que Falconi absorvera dos sistemas japoneses; apenas consigna as reflexões e os desdobramentos no domínio das ciências da administração que tais ideias inspiraram em Rafael. O próprio Falconi e outros que conheceu poderiam muito bem ter percepções diferentes.

Engenheiro com pós-graduação em metalurgia nos Estados Unidos, dedicou boa parte do seu saber e reflexão às teorias de gestão inspiradas no modelo japonês do pós-guerra. Em um momento decisório, encontrou uma bifurcação na estrada profissional. De um lado, as teorias metalúrgicas que lhe ofereciam a oportunidade de pesquisar e descobrir, ou simplesmente trabalhar com metais e ligas com aplicações diversas na tecnologia industrial moderna; de outro, um conjunto de premissas e ferramentas visando a melhoria da gestão de organizações. Seu potencial pessoal era compatível com as duas alternativas. Ele optou pela segunda. Quem sabe tenha sido levado por um sentido de missão ou contribuição social.

De origem humilde, usufruiu orientação amorosa e eficaz do pai, que, tendo tido vida difícil, com privações, estimulou o filho a buscar na educação o sentido da vida e da superação social[4]. Por sua iniciativa, o menino começou a aprender inglês aos oito anos. Aluno muito dedicado e disciplinado, Vicente concluiu com destaque o que seria hoje o ensino médio e, depois, a faculdade de Engenharia Metalúrgica na

---

[4] Alguns fatos da história profissional do Prof. Vicente Falconi foram colhidos na obra de Correa (2017).

UFMG (Universidade Federal de Minas Gerais). Foi o primeiro membro da família a ter diploma universitário. Estagiou na empresa siderúrgica Mannesmann, pela qual foi depois contratado como engenheiro-assistente de forno elétrico. Inquieto e sedento de conhecimento, inscreveu-se em um mestrado em metalurgia na Colorado School of Mines, Estados Unidos, concluído com excelentes notas e seguido depois por doutorado, também no Colorado.

Retornando ao Brasil, dedicou-se à vida acadêmica. A seguir, empregou-se na Acesita (empresa muito importante no contexto siderúrgico brasileiro), que começava a aplicar as técnicas de gestão inspiradas no TQC japonês. Elas partiam de pensadores como Shewhart[5], cuja obra vem dos anos 1930, Deming[6] e Juran[7]. Esses mestres postulavam que, por meio do controle estatístico da gestão, as indústrias poderiam se tornar mais produtivas, reduzir desperdício e aumentar a qualidade dos seus produtos. O componente mais poderoso e eficaz dessa filosofia é o PDCA (*Plan, Do, Check, Act*).

Em 1983, visitou siderurgias e universidades japonesas. Surpreendeu-se com a cultura nacional e empresarial, além do alto nível de educação dos operários japoneses. O profundo interesse pela gestão da qualidade inspirou sua decisão de viajar para Washington e assistir a cursos ministrados pessoalmente por Deming e por Juran.

Falconi percebeu que a proposta para ser eficaz deveria começar pela confiabilidade dos dados e buscar a verdade a partir deles. Identificou-se, nessa linha, com a proposta do filósofo René Descartes, no seu "Discurso do Método", de 1636. A ele se ateve durante toda a vida.

Começou sua experiência de consultoria com a Fundação Christiano Ottoni, aninhada na UFMG, na qual, em conjunto com o professor Jose Martins de Godoy, ex-aluno seu, fechou um acordo de cooperação com o Juse.

Uma circunstância marcante do mercado empresarial brasileiro, que validou a escolha profissional de Falconi, foi a abertura do mercado às importações, ocorrida no governo Collor. Essa realidade fustigou muitas organizações brasileiras, entre elas

[5] Criador do controle estatístico da produção, autor de "Statistical Method from the Viewpoint of Quality Control" e "Economic Control of Quality of Manufactured Product".

[6] Autor de "Qualidade, A revolução da administração" e "Fora da crise".

[7] Autor de "Quality Planning and Analysis" (1980), com Frank Gryna, "Juran on Quality Improvement Workbook" (1981), "Quality Control Handbook" (1988) e outros.

a Metalead, que tomaram consciência do preço das suas ineficiências e da baixa competitividade. Falconi, então, aparecia como o profeta portador da mensagem que iluminaria a noite escura com a projeção das suas transparências (ainda não era comum a projeção de *slides* diretamente do computador), oferecendo caminhos de melhoria simples e promissores, confirmados pelo milagre japonês do pós-guerra.

Sua vida continuou em uma sucessiva e incansável sequência de desafios. Fundou sua própria empresa de consultoria, que conduziu diversos programas de qualidade e gestão para resultados em organizações brasileiras de peso, como Lojas Americanas, Grupo Gerdau, Varig, entre muitas outras de renome nacional, tanto na iniciativa privada como no domínio estatal, e foi membro do conselho de direção da Ambev e da Sadia.

Em 2001, preencheu um importante papel frente à crise energética vivida pelo Brasil por falta de água nos reservatórios que alimentavam os geradores de energia elétrica, ao estabelecer metas de consumo industrial e doméstico que deram certo para resguardar o país da séria ameaça.

Falconi escreveu vários livros ao longo da sua vida: "TQC: Controle da Qualidade Total no Estilo Japonês"; "Qualidade Total, Padronização de Empresas"; "Gerenciamento da Rotina de Trabalho do Dia a Dia"; "O Valor dos Recursos Humanos na Era do Conhecimento"; "Gerenciamento pelas Diretrizes"; "O Verdadeiro Poder". Este último, publicado em 2009, ou seja, mais de 20 anos depois daquela palestra na Metalead, consigna as reflexões construídas ao longo da sua vida sobre a gestão de qualidade nas organizações. Na obra, ele identifica três fatores como pilares para os resultados da gestão: a liderança, o método e o conhecimento do processo. Dessa perspectiva, para ele, liderar é bater metas consistentemente, com trabalho de equipe e fazendo as coisas certas, sendo isso o que descreve a eficácia.

Liderança e motivação

Para Falconi, o líder seria o único agente de mudanças na organização. O método cartesiano, pautado em análise e síntese, é sua referência para o segundo pilar (o método). Por último, o conhecimento em foco seria o técnico específico de cada processo no qual as pessoas trabalham. Embora os três fatores sejam igualmente importantes, Falconi passou a enfatizar como crucial a questão da liderança (para ele, responsável por 70% das chances de resultados da proposta). E estava certo, mas, na experiência de Rafael, a proposta que defendia para a construção do líder foi insuficiente. Falconi afirmava a liderança na capacidade de motivar e referenciava essa capacidade na teoria clássica da motivação de Abraham Maslow (das necessidades básicas à autorrealização). O líder se pautaria no método cartesiano para a resolução de problemas e cuidaria da motivação da equipe usando as premissas de Maslow. Na realidade, o próprio Falconi iria comprovar que se necessita bem mais do que isso. Emoções e sentimentos no exercício da liderança mereceram pouco destaque na sua doutrinação. Talvez, como Descartes, ele também as visse apenas como formas particulares de pensar. E essa racionalização dos sentimentos e emoções limitou o alcance de sua proposta, muitas vezes funcionando como um muro intransponível para as suas inteligentes recomendações. A sua devoção ao estudo não foi suficiente para lhe permitir perceber que a visão cartesiana, associada à razão, é essencial, mas encontra limites que emergem onde a razão fica neutralizada pela emoção.

Para aumentar o alcance das suas realizações, a liderança deve penetrar mais profundamente nos fundamentos da psicologia, pois a vida em geral – inclusive a vida organizacional – não é cartesiana. Mais ainda quando a cultura organizacional enraizada não é hospitaleira para as novas propostas de administração que Falconi pregava. A visão que ele expunha não equilibrava os quatro fatores que, segundo Carl Jung (psicanalista contemporâneo e colega dissidente de Freud), condicionam os indivíduos, e são: pensamento, intuição, sensação e sentimento. Por seu lado, os diretores e gerentes da Metalead também não sentiam essa falta.

Esse obstáculo, no entanto, já era avistado por teorias administrativas contemporâneas que construíram modelos para a organização baseados nas novas ciências não cartesianas ou newtonianas que dirigiram o pensamento científico desde o início do século XX. A curiosidade de Rafael foi estimulada por essas abordagens. As teorias da relatividade, dos sistemas dissipativos, do caos e fractais eram convocadas por pensadores como Margareth Wheatley, Thomas J. Peters e Robert H. Waterman, Karl Weick, Kets de Vries, Gregory Bateson, entre outros, para emigrar do contexto da física clássica e fornecer hipóteses sobre a dinâmica organizacional.

O ponto de partida para esse raciocínio estaria no paradigma da física clássica que classifica os sistemas em fechados e abertos. Sistemas fechados não permitem passagem de massa ou energia através de suas fronteiras. Os abertos, ao contrário, permitem. Adotando essa metáfora, as organizações também poderiam ser pensadas a partir desse paradigma.

Os sistemas físicos e organizacionais fechados pressupõem que, pelo princípio de causa e efeito, seja possível estudar as partes, não importando quantas sejam, para chegar à compreensão de um todo. A maneira de pensar é conformada em variáveis, às quais são conferidas as propriedades de dependente e independente. Para Rafael, as ferramentas elementares da estatística que embasam o método de solução de problemas do TQC se enquadrariam nessa conceição. Por exemplo, o diagrama de "causa e efeito" de Ishikawa, fluxogramas de processos, folhas de verificação, diagramas de Pareto, histogramas etc.

E o pensamento de Descartes, no qual Falconi embasava a sua prédica, era como colírio nos olhos da equipe diretiva da Metalead. Essa filosofia dividia o ser humano em mente, ou *res cogitans*, a "coisa pensante", e corpo ou matéria, ou *res extensa*, "coisa extensa", e os imaginava separados e fundamentalmente diferentes. Combinando adequadamente essas componentes, a pessoa poderia superar seus limites.

> *Pois elas [noções gerais relativas à Física] me fizeram ver que é possível chegar a conhecimentos que sejam muito úteis à vida, e que, em vez dessa Filosofia especulativa que se ensina nas escolas, se pode encontrar uma outra prática, pela qual, conhecendo a força e as ações do fogo, da água, do ar, dos astros, dos céus e de todos os outros corpos que nos cercam, tão distintamente como conhecemos os diversos misteres dos nossos artífices, poderíamos empregá-los da mesma maneira em todos os usos para os quais são próprios, e assim nos tornar como que senhores e possuidores da natureza. (DESCARTES, 1979)*

Se seguisse esses princípios, o homem poderia dominar a natureza, seria quase onipotente. Essa ideologia caía como uma luva para Assis e seus executivos.

Para esses pensadores, o modelo de sistemas fechados na administração seria alicerce para o gerenciamento por resultados, o que também prometia onipotência aos administradores. No entanto, o uso de metas numéricas para julgar e dirigir a performance em organizações autoritárias e centralizadoras causa uma série de problemas, tais como: pensamento a curto prazo, foco mal dirigido, conflitos internos, falseamento dos números, medo, cegueira quanto às preocupações do cliente.

Embora Deming, o líder americano da "revolução da qualidade" que catapultou especialmente a indústria japonesa, exortasse a eliminar fronteiras interdepartamentais na empresa como um dos pressupostos importantes da qualidade sistêmica, isso era muito difícil de acontecer na Metalead, que funcionava como um sistema fechado, movido por uma forte compulsão para definir, e necessitava de bordas capazes de conter e segurar seus pressupostos, que traziam segurança e prometiam repetibilidade e previsibilidade.

Na realidade, pensava Rafael alguns anos depois, as bordas, os limites e as definições preenchiam vazios de identidade. Pela ótica dos sistemas abertos, essas teorias alternativas, segundo Margareth Wheatley, especulavam que, em vez de descrever tarefas, as organizações deveriam facilitar processos, e as pessoas deveriam aprender como construir inter-relacionamentos. Deveriam se habituar a conviver com a incerteza, a ambiguidade e a provisoriedade. E disciplinar-se para não perder de vista o todo, resistir à tendência cultural de focar na análise das partes e, em lugar disso, observar qualidades como ritmo, fluxo, direção, forma e esperar que algo útil ocorresse – embora, *a priori*, não fosse possível precisar o quê -, conectando pessoas, unidades ou tarefas. Essa visão sugeria enfatizar as habilidades para ouvir, comunicar e facilitar o trabalho em grupos, pois seriam essas as condições que construiriam inter-relações vigorosas. Inter-relações não são visíveis e, portanto, têm pouco crédito no paradigma cultural cartesiano que prefere ver para crer... e, frequentemente, a herança desse pensamento limita a visão, como na caverna de Platão[8], apenas às sombras. Esse novo modelo sugeria que as organizações deixassem de se centrar em fatos e dados e, em vez disso, passassem a se preocupar com interações. A partir dessa perspectiva, ninguém existiria independentemente das suas inter-relações com os outros (WHEATLEY, 1994).

A leitura desses autores evocou o aprendizado do Rafael nas aulas de termodinâmica, da escola de engenharia. Recordava que o equilíbrio nos sistemas fechados é o estado final de uma evolução, o ponto no qual o sistema exauriu a sua capacidade para mudar. A energia utilizada na mudança transformou-se em entropia, que não é utilizável, e vai consumindo as possibilidades do sistema fechado para mudar, conduzindo-o gradualmente para o seu repouso final. Seguindo a analogia, para esses sistemas, as mudanças não seriam bem-vindas, elas consomem energia disponível em troca de entropia, ou seja, um passo na direção da sua extinção. Prefeririam então ficar quietos. As entidades vivas, ao contrário, funcionariam como sistemas abertos e se-

[8] O Mito da Caverna, descrito por Platão no Livro VII da "República", fala de pessoas que nasceram aprisionadas em uma caverna e só conhecem o mundo externo por meio das sombras projetadas nas paredes da caverna.

riam parceiras do seu ambiente. Por exemplo, Prigogine demostrou que os sistemas abertos têm a possibilidade de importar continuamente energia livre do ambiente e exportar entropia. Não ficam quietos ao tempo que a sua energia vai-se dissipando. Não procuram o equilíbrio, mas, ao contrário, para serem viáveis, devem conservar um estado de desequilíbrio, mantendo um ativo intercâmbio – especialmente de informação – com o seu meio, utilizando o que lá esteja para sua própria renovação. Esses sistemas são adaptativos.

Rafael defrontou-se então com uma bifurcação, uma disjunção angustiante em seu pensamento. Seriam opostas a abordagem do TQC, preconizada por Falconi, e a visão anunciada pelos novos paradigmas que estavam sendo divulgados à época? Uma estaria certa e a outra errada? Deveria o gerente optar por uma delas e descartar a outra? A resposta não foi imediata e nem fácil, pois as duas perspectivas exalavam consistência.

Para Rafael, a Metalead configurava um paradoxo. Apesar da arrojada personalidade do seu presidente, que sempre estava em busca de novos desafios, ela funcionava como sistema fechado, objetivando o equilíbrio, a estabilidade, a previsibilidade. Possivelmente porque o sistema fechado acena com alguma previsibilidade e continência frente ao desamparo que acometia o grupo.

Na leitura de Rafael, Falconi não hesitou ante a peia que impunha a característica cultural da Metalead. Talvez não a tenha percebido, e nem poderia. Para entendê-la seria necessário fazer parte da sua estrutura e da sua história, decodificar os sinais dos seus labirintos e subúrbios, ter participado dos seus medos, mágoas e esperanças, aproximar-se do seu inconsciente coletivo. Por isso a aliança que a Metalead pretendia tecer com Falconi não conseguia ser sistêmica. Funcionava como se se colocasse um carro de Fórmula 1 para correr em caminho de terra e barro. As rodas patinariam. Para que o carro desempenhasse de acordo com o seu potencial, seria necessário asfaltar previamente a estrada. Mas não cabia a Falconi a preparação do caminho. Essa incumbência vital na Metalead ficou órfã.

Embora não enfatizasse a questão cultural, ele intuíra que um dos maiores desafios para a proposta TQC está na qualidade da liderança. E as suas observações a respeito foram essenciais para Rafael no início do processo de transformação do método de gestão, pois ofereceram um norte consistente para onde encaminhar os esforços da equipe, deram métodos de planejamento eficientes, como o 5W+1H (*what*, *who*, *when, where, why, how*). Sem essa referência, ele se sentia perdido na noite escura. Não haveria como começar. Mas logo depois dos primeiros passos – ou seja, primeiros meses –, para poder continuar o progresso, seriam imprescindíveis o comprometimento e a iniciativa de todos os membros da equipe trabalhando sistemicamente com um objetivo comum.

O objetivo estava bem acima dos interesses individuais. Isso requeria a transformação de pressupostos e de hábitos. O projeto parecia óbvio e fácil de dizer, mas era muito difícil de ser produzido. E Rafael não encontrou nas indicações de Falconi solução para esse formidável repto. Isso também resultou em um efeito positivo na sua vida profissional, pois o arremessou ao estudo, à reflexão e à pesquisa das possíveis alternativas para uma liderança além das recomendações clássicas oferecidas pelos livros e teorias de administração. Valeu a pena o esforço, pois a questão da transformação cultural na organização é um desafio universal e pessoal. É nesse ponto que a perspectiva cartesiana precisa da complementação de outras visões da ciência.

E a busca de outras concepções para a liderança lançou Rafael nas trilhas da psicologia.

Psicodinâmica e sistemas

Alguns dos fundamentos da psicanálise começaram a fazer sentido para ele. Anos depois daquela apresentação, ele conheceu a proposta da escola de Tavistock (Tavistock Institute, de Londres), na qual se aninhou o conceito de sistemas sociotécnicos, na metade do século XX, embasado nos estudos de Wilfred Bion[9] (1970). A escola sugeria que a liderança assumisse uma postura dual conhecida como *psicodinâmica e sistemas*. Essa visão pareceu mais promissora para Rafael.

A componente sistêmica se concentraria no desenho da organização, na divisão de responsabilidades, nos níveis de autoridade, na prestação de contas, na natureza do trabalho, dos processos e das tarefas associadas, na missão e finalidade primária e, em particular, na natureza e no modelo (*pattern*) das tarefas organizacionais, suas

[9] Wilfred Bion, nascido na Índia sob o regime britânico, foi soldado do exército britânico na Primeira Guerra Mundial e psiquiatra do mesmo exército na Segunda Guerra Mundial. Depois foi presidente da Sociedade Psicanalítica Britânica e deixou uma extensa obra escrita. Entre seus livros, estão: "Experiences in Groups", "Learning from Experience", "Elements of Psycho-Analysis", "Transformations", "War Memoirs 1917 – 1919", "Cogitations, Attention and Interpretation" etc.

fronteiras sensíveis e as transações através delas. Aqui caberia a busca da meta – que era a razão de ser da gerência para Falconi.

Já a abordagem psicodinâmica se referiria a uma perspectiva psicanalítica das experiências individuais e dos processos mentais (por exemplo, resistências, transferência, fantasias etc.), assim como os fenômenos do inconsciente grupal e processos sociais – ambos causas e consequências de dificuldades organizacionais não resolvidas e não reconhecidas.

Para Rafael, fazia sentido pensar que a perspectiva psicodinâmica poderia abrir uma porta para aceder à trilha da transformação cultural.

O líder deveria se familiarizar com as duas. Erigiu-se assim para Rafael um desafio novo e considerável. Quando e como escolher qual dessas perspectivas deveria nortear suas atitudes, seus papéis e ações? Deveriam operar juntas? Separadas? Quando passar de uma para a outra? Não haveria nem padrão e nem receita para essas questões. Haveria apenas experiência, sensibilidade e a capacidade de captar o contexto físico e emocional no grupo, que está em constante transformação. Para ser capaz de liderança eficaz, o líder deveria conhecer a si próprio com a maior profundidade possível, sendo capaz de discriminar os seus próprios desejos da realidade, além de controlar e administrar suas emoções.

Sob essa ótica, a liderança emana de dentro para fora. Nessa busca, outro pensador já mencionado, Elliott Jaques (JAQUES; CLEMENT, 1994), influenciou sua noção de liderança e gestão. Jaques desmistifica a concepção popular de líder. Para ele, não existiria algo assim como a liderança absoluta para a qual muitos atribuem características de personalidade, inteligência ou carisma. Para ele, a liderança está referida ao papel que é praticado. Alguém poderia desempenhar-se adequadamente como líder em um determinado papel, mas não ser eficaz em outros. Por exemplo, Churchill foi um bom líder como primeiro ministro na guerra, mas não o foi em tempos de paz.

Jaques também propôs o conceito de complexidade cognitiva associada ao horizonte de tempo: a competência ou capabilidade[10] potencial do líder se manifestaria pelo horizonte de tempo em que ele seria capaz de gerenciar a incerteza própria da complexidade do seu papel. Por exemplo, um supervisor lidaria com um horizonte

---

[10] Capacidade do líder de atingir os seus objetivos em quantidade, qualidade e tempo.

de um mês, um gerente lidaria com um horizonte de incerteza maior, por exemplo, seis meses a um ano; um presidente de empresa, com horizonte de cinco a dez anos etc. Entrariam em jogo para constituir essa competência do líder qualidades cognitivas inatas que se evidenciam pela qualidade do raciocínio, experiência adquirida, valor que o líder confere à sua tarefa, conhecimento técnico específico e ausência de condições psicológicas adversas (psicopatologias disruptivas).

Na percepção de Rafael, a introdução da doutrina profetizada por Falconi na cultura centralizadora e autoritária da Metalead fez emergir furtivas, mas colossais, resistências em quase todos os âmbitos da organização. A matéria-prima das resistências é de substância emocional. Emoções e sentimentos são onipresentes nos relacionamentos e nas interações dos sistemas humanos. São forças poderosas que determinam ações e afetam as inter-relações nos sistemas porque as pessoas fazem parte deles.

Muitos anos depois daquela apresentação na Metalead, Falconi iria sentir na pele que a administração das emoções conta, e muito, na gestão.

Disputas de poder parecem uma questão prosaica ou mesquinha na vida das organizações se confrontadas com os preceitos altruístas do TQC que Falconi pregava, mas podem ser letais. Na empresa de Falconi, a disputa ocorreu entre dois dos executivos mais importantes, o professor Godoy, na época presidente do conselho de administração, e Mateus A. Bandeira, diretor executivo (CEO), resultando em setembro de 2011 no desligamento de Godoy.

Tempos depois, os fatores emocionais continuaram a cobrar o seu preço. Em 2017, a firma perdeu o diretor executivo, Bandeira, um destacado administrador que estava realizando excelente trajetória, mas que não suportou o amor próprio ferido ante uma crítica do *board*. Junto com ele a empresa perdeu mais dois diretores. Isso causou uma grande frustração com reflexos somáticos no professor, que em pouco tempo emagreceu vários quilos e aturou intensas dores na coluna (CORREA, 2017).

A filosofia que Falconi preconizava não se confina nos sistemas fechados. Nos seus livros, especialmente o intitulado "Gerenciamento pelas Diretrizes", ele se vale de alguns dos preceitos dos sistemas fechados para estabilizar as rotinas de trabalho, facilitando assim a delegação de poder às pessoas que operam os processos. Mas como consequência do contínuo desenvolvimento e da competição empresarial, essas rotinas deverão ser sistematicamente revisadas e atualizadas, questionadas e substituídas por outras mais eficazes que surgirão como resultado do processo de melhoria incremental (ou contínua) ou do processo de inovação por rompimento (*breakthrough*). Essas inovações, sim, surgirão de um pensamento próprio dos sistemas abertos.

Esse outro processo de pensar é organizado e facilitado com uma série de ferramentas mais complexas, que seriam apropriadas a um estágio mais avançado de implantação que aquele em que a Metalead se encontrava na época da interação com Falconi. São exemplos as ferramentas: *brainstorming*, diagramas de relações, diagramas de afinidade, diagrama sistemático, diagrama matriz e outras.

A escolha da filosofia organizacional TQC oferecia uma generosa luz para a gestão das empresas a partir da perspectiva da lógica da razão. Infelizmente, o seu potencial não foi suficiente para conseguir a transformação cultural na Metalead. Falconi estava certo ao afirmar que 70% do sucesso depende da qualidade dos líderes. Mas ele não enfatizou que estes deveriam desenvolver aptidões que os capacitassem a lidar não apenas com a lógica da razão, mas também com a lógica da emoção, que existe, é poderosa e opera furtiva nos labirintos da alma humana.

Mesmo assim, Falconi promoveu um importante passo no complexo desafio da gestão empresarial. A experiência vivida por Rafael na Metalead, entretanto, o levou a pensar que deveria correr muita água debaixo da ponte para que se pudesse melhorar a previsibilidade dos sistemas formados por homens e mulheres, recursos, produtos, serviços e resultados.

Anos depois, ele se questionaria até que ponto a previsibilidade seria um objetivo a perseguir no caminho do crescimento das organizações. O desenvolver da sua experiência na vida corporativa e a incursão nas teorias da complexidade, como, por exemplo, o livro de Weick e Stutcliffe "Managing the unexpected" (2001), o levaram a cogitar que talvez as empresas se tornassem mais eficazes, produtivas e humanas se aprendessem a gerenciar o imprevisto.

E as suas reflexões e aprendizado da experiência o levaram à concepção de que as teorias da complexidade organizacional não invalidam e nem se opõem ao pensamento cartesiano, mas, ao contrário, o complementam. É esse pensamento cartesiano que aponta um norte, propõe objetivos e oferece uma bússola para avançar e desbravar a trilha nunca transitada. É inspirador e produz esperança. Também é amigável, pois está fundamentado em conceitos clássicos e não ameaça com o desconhecido. Por isso, abastece a energia mental que sustenta a caminhada, pelo menos nas primeiras fases.

Mas, como todo pensamento humano, também tem limites. Uma vez atingido, o sistema fechado deveria abrir alas para o sistema aberto. Aqui, são decisivas as habilidades da liderança na percepção de pressupostos e mitos do grupo, na administração de emoções, sentimentos, expectativas, orgulho, ciúme, inveja, solidariedade, lealdade e ressentimento, mas estão fora do alcance da predição. Deming percebeu essa realidade. Na sua proposta do *saber profundo* para abordar os sistemas de qualidade, considera a psicologia como uma das quatro perspectivas epistemológicas que o sustentam. As outras três são: variabilidade, teoria de sistemas e teoria do conhecimento (DEMING, 1990).

Por outro lado, as abordagens da complexidade e da psicologia, sem a organização cartesiana, ficariam cegas e desintegradas. Mais ainda, se estas se apoderassem soberanas no pensamento, sem a referência da razão clássica, poderiam conduzir a um estado de confusão e ansiedade paralisante, que somente a razão cartesiana poderia dissipar.

Rafael construiu assim a hipótese de que as duas perspectivas estariam então destinadas ao fracasso se não fossem complementares. A Metalead pagou um alto preço, pois os benefícios esperados na gestão do sistema TQC não se apresentaram, a competitividade e a rentabilidade ficaram cada vez mais deterioradas e, por fim, Assis a vendeu poucos anos depois da tentativa de implantar o TQC, como já foi relatado. O próprio Falconi também não foi poupado. Porém, ele ofereceu à Metalead uma esperança e ao mesmo tempo abriu a porta da jaula para sair um enigma: como construir a cultura necessária para a transformação? O modelo japonês de comprometimento partia de uma história milenar, uma recente e devastadora guerra e uma realidade empresarial diferente da brasileira.

Rafael não acreditava que o modelo pudesse ser importado sem adaptações para a Metalead de Assis. Falconi tampouco. E Rafael aprendeu muito com esses dois homens brilhantes, aprendeu especialmente a considerar as possíveis consequências de sua própria onipotência.

Falconi foi um modelo primordial para Rafael na época da palestra na Metalead. No balanço que ele fez com maior maturidade, muitos anos depois, sobre a atuação profissional do professor, emergia a sua admiração pelas excelentes contribuições à gestão e ao fortalecimento dos empreendimentos, o que representou um importante aporte para o desenvolvimento do país, digno de ser imitado por outras nações. Fator especial foi a aquisição e disseminação de conhecimento de todos que trabalham nas organizações, o que representa uma contribuição social e patriótica – mesmo que nem todos os que a ela aderiram tenham sido coerentes com essa finalidade transcendente. Era notável a admiração universal que sua pessoa inspirava nos públicos afins com sua disciplina.

Naquela época, Rafael não estava habituado a "conversar" com os seus sentimentos íntimos. Por isso, não formulou a si próprio questionamentos importantes que o teriam poupado de correr atrás de ilusões. Seria essa grandiosidade de Falconi que também o jovem Rafael almejaria para sua própria realização pessoal? Caso conseguisse, teria sido impulsionado mais pelo desejo de contribuição social ou por um desmedido sonho narcisista de exaltação, idealização pessoal e admiração popular, como percebia e invejava no professor? Somente com o passar do tempo e a experiência do sofrimento Rafael poderia trazer à tona, no seu consciente, essa pergunta genuína. Já a resposta sincera nunca ficou clara para ele. De qualquer forma, na sua trajetória profissional, a passagem de Falconi foi um ponto de inflexão impulsionador de uma mudança catastrófica em sua vida.

Capítulo 4. Aprendiz de gerente

Na juventude, durante a busca da identidade pessoal e profissional, Rafael internou--se, ou melhor, exilou-se, nos alicerces das ciências positivas que fundamentam as aplicações tecnológicas inerentes à missão da engenharia. Na realidade, sua pretensão, em parte consciente e em parte não, estava impulsionada por um vaidoso apetite de diferenciação. Assim entregava-se com fervor às entranhas das teorias da matemática, da física, da deformação plástica dos metais, da resistência dos materiais etc., como se estivesse buscando nelas uma explicação que desvelasse a relação entre ele e o mundo. Na sua ingênua ousadia, talvez pretendesse descobrir a relação entre o homem e o mundo.

Nessa época, sentia imenso prazer ao resolver problemas de sistemas hiperestáticos sob tensão, de mecânica de fluidos, de termodinâmica ou de dinâmica de sistemas mecânicos. Dentro desse âmbito, para ele, o mundo estava em harmonia e a sua realização pessoal ficava assegurada. A devoção por esse conhecimento, que raramente ele via entre os profissionais do seu entorno, estava dirigida à confirmação de seu valor – ante si próprio e ante os outros. Esperava impor dessa maneira o respeito que ele duvidava inspirar naturalmente nos outros e até em si mesmo. Em um plano mais íntimo e ausente de sua consciência, o empenho estaria impulsionado pela competição com o pai, a quem possivelmente queria demonstrar ser tão capaz quanto ele de assumir o leme de sua vida com determinação em mares desconhecidos e rigorosos, que envolviam riscos e prometiam notabilidade.

As suas primeiras experiências no exercício da engenharia foram projetos e cálculos diversos em instalações industriais, especialmente nas áreas de deformação plástica, como a laminação de metais não planos. Sua primeira paixão na arte da engenharia foi a termodinâmica aplicada à metalurgia. Nesse início de carreira, Rafael imaginava--se pertencendo a uma classe intelectual erudita dentro da indústria, incluído em uma elite pensante.

No entanto, a razão de ser da indústria para a qual ele trabalhava era produzir com qualidade, em quantidade e tempo adequados, os produtos que eram vendidos. E, pensava ele, essa missão prosaica competia aos engenheiros e técnicos de produção, cujo papel era empírico, prático e nada espetacular. Para esses, os cálculos complexos, com equações diferenciais, como Rafael gostava, não tinham vez. Eles deviam enfrentar decisões sucessivas sem ter todos os dados mandatórios e sem dispor da calma e do tempo necessários à pesquisa científica, ou, no mínimo, sem poder desenvolver raciocínios mais elaborados. A atitude deles ante os problemas era de acerto e erro, às vezes com algum aprendizado. Além disso, imaginava Rafael, deviam lidar com um sistema complexo de homens, máquinas, hierarquias e sindicatos. Do fator humano no campo de trabalho dependia o sucesso ou o fracasso de sua missão. Para Rafael, entretanto, a questão humana era uma perturbação na expectativa de uma realidade previsível à qual se chegaria com equações eficazes, na trilha dos estudiosos clássicos como Descartes, Newton, Euler e muitos outros.

As aplicações da ciência que Rafael havia estudado com tanto afã, no entanto, nada tinham para esclarecer ou contornar respostas irracionais advindas de raiva, fanatismo, agressividade, orgulho, ressentimento, inveja, pensamento grupal[11] e outros afetos presentes nos grupos de trabalho, seja como frutos da dinâmica interna, seja por inspiração de entes externos – que, no caso de empresas, seriam clientes, fornecedores, sindicatos. Nenhuma equação, por mais inspirada que fosse, poderia desentranhar esses mistérios. Naquele começo de carreira, Rafael achava que não valia a pena se preocupar com esses conflitos banais, considerava mais produtivo e mais intelectual, ou espiritual, buscar respostas e sentidos na sofisticação da ciência. Orgulhava-se de sua capacidade de aplicar à indústria um sofisticado instrumental de conhecimento. Decididamente, questões como deformação plástica, transmissão de calor e outras eram mais empolgantes que as da vida cotidiana na gestão de produção. Logicamente, a presunção imatura e arrogante do engenheiro novato estava muito errada e ele não se dava conta de que seu afã não estava impulsionado pelo amor à ciência e sim pela busca de identidade.

---

[11] Pensamento grupal (*group thinking*): "efeitos perniciosos do pensamento de grupo e de quanto ele pode conduzir a decisões equivocadas na busca de unanimidade, coesão e harmonia do grupo. As ilusões de concordância e harmonia podem suscitar uma falsa segurança quanto a competências e desempenhos dos grupos. Dilemas de confrontos individuais nas discussões e determinantes externos podem moldar o comportamento dos indivíduos em situações de grupo" (MARQUES, 2009).

Naquela época, Rafael afirmava-se no pressuposto de que a engenharia, nutrindo-se de ciências exatas, também o seria. A experiência na profissão derrubou essa suposição. Ele veria que raramente têm-se todos os dados que, se tratados à luz das ciências positivas, conduzem a soluções exatas, mesmo quando somente variáveis físicas intervêm. Ele iria constatar que, no seu afazer, o engenheiro avalia probabilidades e toma decisões apoiado em conhecimento e bom senso, mas raramente tem certezas. Descobriria que, mais que uma ciência exata, a engenharia é probabilística.

Logo recém-formado, um dos seus primeiros chefes, um engenheiro experiente de manutenção na indústria siderúrgica, na época com uns 50 anos, fez balançar seus pressupostos. Ele encomendou ao subordinado um cálculo de resistência para verificar se um dispositivo de acoplamento suportaria determinada força. A precaução se justificava, pois não havia na fábrica um dispositivo de reserva e, caso aquele quebrasse, iria provocar uma considerável interrupção da produção até que um substituto fosse construído.

O jovem Rafael sentiu-se muito orgulhoso pela importante responsabilidade e pela confiança em sua competência técnica. Era uma carícia na vaidade. Por outro lado, ficou preocupado e com medo de falhar, pois o cálculo envolvia muitas variáveis, algumas delas pouco ponderáveis.

Assim, consagrou-se à missão utilizando todo o seu saber teórico e pesquisando várias referências. Até internou-se, em um fim de semana, na biblioteca da Faculdade de Engenharia para garimpar todos os antecedentes que pudesse encontrar sobre a questão. Assim que chegou ao resultado, repetiu a análise com outras abordagens teóricas. Revisou várias vezes os cálculos e quando esteve seguro levou a conclusão ao seu chefe: o acoplamento não resistiria ao aumento de esforço solicitado.

O superior olhou Rafael de relance e lhe disse, irônico, que ele imaginava que o subordinado, inexperiente e teórico, teria usado no seu cálculo coeficientes de segurança excessivos. Mas que ele tinha experiência de longos anos na laminação e sua intuição lhe ditava que o acoplamento resistiria, até com folga. Rafael ficou frustrado, pois o empirismo do chefe parecia invalidar todo o seu cuidadoso *approach* teórico. Assim, foi aprovado o aumento de esforço no dispositivo de acoplamento nos moldes ponderados pelo chefe para aumentar a produção. Pouco tempo depois, o acoplamento quebrou, provocando o temido contratempo.

Quando Rafael se inteirou, foi imediatamente para o setor da fábrica em questão, onde se encontrou com seu superior. Rafael não pôde evitar esboçar um sorriso. O chefe sentiu o impacto e lhe disse:

— Por que você está me olhando assim? O acoplamento quebrou por sua culpa!

— Como pela minha culpa, se eu previ e o avisei que os cálculos indicavam que falharia!? – respondeu Rafael.

— Pois é – replicou o chefe – mas você não soube me convencer!

Rafael ficou estupefato, mas tomou consciência de que o argumento do chefe, embora irônico, era válido, que a habilidade para convencer era ao menos tão importante para que a teoria servisse na prática quanto a competência para calcular. Muitos anos depois, em um curso que fez no Japão, indicado por Assis e patrocinado pela empresa, essa premissa seria corroborada.

Depois de vários anos de prática, Rafael descobriu que a sua visão da engenharia estava redondamente equivocada. O progresso profissional dos engenheiros, em geral, exige o desenvolvimento de habilidades gerenciais, especialmente na administração de sistemas de homens e máquinas. Quando lhe coube a responsabilidade de assumir uma gerência de produção, Rafael defrontou-se com uma realidade muito diferente da que via na primeira fase de sua atuação.

Mais maduro, assistiu virem à tona as consequências da sua altanaria na vida pessoal. Também descobriu que mesmo tomando consciência de sua empáfia, ela continuava sendo um formidável obstáculo, duro para debelar, e continuaria a provocar aborrecimentos ao longo dos anos, para si e para os outros. Por exemplo, para um temperamento arrogante e pretensioso como o dele naquela fase, era humilhante submeter-se à autoridade de seus superiores.

Frequentemente desgastava-se e estressava o diretor de produção da Metalead, a quem reportava, com discussões pseudotécnicas e estéreis atrás das quais se escondiam a competição e a inveja. É claro que ele não tinha consciência dessa arapuca emocional. Era comum naquele início de carreira sentir-se vítima, incompreendido, injustiçado e mal reconhecido. Passaria tempo até Rafael dar-se conta de que o mundo não girava em torno dele e pudesse transmutar a imagem negativa que tinha criado do diretor. Anos depois, a inveja e a hostilidade da sua fase imatura cederam lugar ao agradecimento pela paciência que o diretor investiu nele.

Com o tempo, veio também a descobrir que a administração da produção pode ser uma aventura emocionante e difícil, uma verdadeira odisseia na qual os eventos se sucedem sem se importarem com preparação, conjuntura ou disponibilidade dos homens e dos recursos. Ele não podia mais fugir das questões humanas com sua componente emocional que frequentemente se subordinava à racional. Aprendeu que o contexto de produção exige muita atenção e sabedoria nas relações humanas e especialmente na liderança. Aprendeu também que na interface dos sistemas de pessoas, máquinas e materiais, Platão, Shakespeare, Cervantes ou Maquiavel podem ser mais úteis que Young, Carnot, ou Bernoulli, o que não invalida a contribuição desses e de muitos outros estudiosos. Eles permitem lidar com o elemento material e previsível do desafio. Mas uma coisa é certa: assim como não se pode aprender a andar de bicicleta estudando em livros, somente se pode aprender a ser gerente vivendo a experiência. Não há livros nos quais o gerente se possa refugiar, eles servem apenas para aumentar o repertório do pensamento, o que já é muito. Mas são, decididamente, insuficientes.

Um momento crucial na sua vida pessoal e profissional aconteceu quando foi apresentado à sua equipe. Esta se compunha de uns 120 homens. O quadro das funções compreendia dois engenheiros chefes de sessão, três supervisores, 26 encarregados, operadores e ajudantes. Sentiu-se intimidado ao tomar contato com a nova realidade que o papel demandaria. Até aquele momento, a sua transação com a profissão havia sido solitária, mas agora deveria interagir com 120 homens, seus subordinados e também seus juízes, que sabiam muito mais do que ele sobre a arte de forjar metais. Eram homens humildes, rudes e fortes, capazes de lidar com a vida sacrificada de fogo, calor, risco e potência física que impõe a arte da forja. Ao mesmo tempo, eram sensíveis e capazes de criar relações de amizade e cooperação. Rafael sentiu o seu olhar expectante sobre ele e o peso da responsabilidade: um grupo então desconhecido que o projetaria na trilha para descobrir facetas ignoradas de si próprio.

Tão logo Rafael assumiu a gerência de produção, concluiu que sua sustentação dependia da capacidade para liderar. E essa conclusão o levou imediatamente à constatação assustadora de que todo o seu conhecimento técnico pouco contribuía para sustentar a competência como líder. Tal situação era ao mesmo tempo assoladora e aterradora. É lógico que o engenheiro conhecia a acepção comum do verbo liderar e do substantivo líder como pessoa especial, capaz de inspirar outras pessoas ou grupos. Amedrontava-o, entretanto, saber-se despreparado para assumir uma responsabilidade que, intuía, iria projetá-lo nos segmentos existenciais.

Uma das primeiras atitudes como líder foi aprender o nome da maior parte dos seus subordinados e até, em alguns casos, das pessoas importantes das suas famílias (esposas, filhos). Cumprimentava-os todos os dias apertando a mão e chamando-os pelo nome. Isso contribuiria, ele pensava, para estreitar vínculos, pois ao chamá-los pelo nome lhes comunicava que eram significativos para ele. Dessa maneira, alguns deles tomaram a iniciativa de lhe confiar problemas, às vezes verdadeiros dramas de caráter pessoal. Rafael se surpreendia duplamente: por um lado, ao sentir quanto essas pessoas se sentiam aliviadas e contidas ao poder revelar o seu sofrimento para ele, um gerente que se importava também com eles, além das exigências operacionais do setor; e por outro, consigo mesmo, pois se descobria com vontade e capaz de interagir em âmbitos até então pouco explorados da sua experiência humana e profissional.

Um dia, um dos melhores operadores de máquina apareceu bêbado no trabalho. O normal em uma situação dessas teria sido uma punição. Mas Rafael sabia, porque o operador lhe revelou, que a esposa estava esperando um transplante de rim e que ele estava com mal de Chagas. Os dois filhos eram pequenos e dependiam dele. Nesse dia, o sofrimento era imenso e a bebida foi um refúgio. Rafael não o puniu, protegeu-o isolando-o discretamente para que não se acidentasse. Ninguém da equipe entendeu essa decisão incomum do gerente como uma fraqueza de disciplina. Pelo contrário, outros substituíram o funcionário nas suas tarefas desse dia. Quando sóbrio, ele agradeceu a Rafael e nunca mais voltou a se embebedar quando devia trabalhar.

Rafael iniciou então sua aproximação do seu conceito pessoal de líder. Para isso, leu inúmeras obras relacionadas à questão. Elas exploravam a história de diversos líderes na guerra, na política, nas empresas – todas tratando de encontrar características que definissem líderes e pudessem prescrever como criar liderança. Quem sabe assim, pensava ele, poderia reconhecer algum modelo no qual se referenciar. Nesse início na trilha, para Rafael, o líder estava claramente relacionado com responsabilidade, segundo os livros diziam. Isso lhe pareceu óbvio. Também lhe parecia óbvio, à primeira vista, o significado do termo responsabilidade. Pensou ele: é claro, ser responsável significa organizar e conduzir um sistema de homens, máquinas e materiais para obter um resultado técnico, que seja econômico em quantidade, qualidade e prazo. Mas uma simples reflexão levou-o a perceber que essa afirmação soava como uma tautologia. Ela falava da consequência da liderança vista pela ótica da responsabilidade, mas não tratava da essência da responsabilidade.

Ocorreu-lhe decompor a palavra respons-abilidade em resposta e habilidade. Seria então uma questão central do líder a habilidade para escolher a resposta? Se assim fosse, então a realidade demandaria permanentemente do líder escolhas que afetariam o seu destino e o do grupo. Essa perspectiva pareceu-lhe instigante e Rafael internou-se no desbravamento dessas duas palavras, aparentemente simples e inocentes.

A escolha de uma resposta teria mais chances de ser adequada, pensava Rafael, se ele detivesse um abundante repertório de respostas. Escasso repertório limitaria as chances. O repertório depende da experiência. Por isso, não se podem atribuir responsabilidades do mundo adulto a uma criança. Como líder, Rafael não tinha experiência e, portanto, o seu repertório era limitado.

Já a questão da habilidade parecia-lhe mais enigmática. Habilidade estaria conectada com decisão – outra palavra assustadora. Rafael havia tomado decisões que afetaram sua vida pessoal. Uma delas foi separar o caminho pessoal da trilha escolhida pelo seu pai. Essa palavra, decisão, sempre lhe havia causado preocupação. Talvez fosse porque a decisão tem consequências emocionais. Com efeito: de-cisão. Cisão significa separação ou perda. Rafael percebeu que ao decidir escolhia uma entre duas ou mais alternativas e, esse era o problema, abandonava as outras, o que pode ser doloroso.

Quando criança, ele não conseguia se desfazer dos brinquedos antigos para dar espaço aos novos, queria conservar todos. Quando jovem, muitas vezes sentiu a decisão como um esvaziamento. Levou tempo até dar-se conta de que a capacidade para conter objetivos e missões é limitada e que a perda pode significar desvencilhar-se de algo com menos valor para deixar espaço a algo mais precioso. Mas isso requer fé e confiança em si próprio, o que é atributo da maturidade. Sendo gerente, tomaria decisões que afetariam sua equipe e, mais ainda, os grupos adjacentes. Teria de aprender a lidar com a perda e aumentar aceleradamente o repertório.

Tempos antes, um enxame de perguntas o inquietara ante a decisão de aceitar o convite para assumir a função de gerente. Como a equipe o receberia? Essas pessoas que iriam julgá-lo, que dependeriam dele e das quais ele também dependeria estariam dispostas a acompanhá-lo na travessia? Deveria agradá-las? Impressioná-las? O que ele queria que pensassem dele? Como gostaria de ser visto? Desejava ser querido? Respeitado? Temido? Teria carisma? Teria ele o temor dos subordinados?

Leituras sobre o poder dos grupos trouxeram ainda mais dúvidas: teria ele tomado consciência do poder do grupo? O que poderia acontecer se esse poder fosse mal dirigido? Existiriam fenômenos subjacentes, misteriosos e silenciosos nas entranhas dos grupos? As experiências que viveu como participante do grupo de meninos do seu bairro poderiam oferecer alguma referência para entender sua equipe? Como ele se comunicaria? Como ouviria a voz da equipe? Haveria acordos tácitos no grupo? Existiriam regras não manifestas? Haveria alguma coisa chamada de identidade de grupo?

Dúvidas mais pungentes ainda surgiam sobre relacionamento interpessoal: para ser líder era necessário gostar das pessoas? Seria ele capaz de administrar sabiamente recompensas? E castigos? Saberia definir limites? E objetivos? Saberia reconhecer os seus próprios limites? Ele gostava de gente? Aprenderia a gostar? Deveria ser severo? Compreensivo? Tolerante? Deveria fingir-se seguro, quando a verdade era oposta? Saberia motivá-los? O que era a motivação? Como se conseguia?

Todas essas questões zanzavam desgovernadas no espaço da incerteza. No entanto, Rafael tinha pelo menos uma certeza, e não necessariamente tranquilizadora: sua decisão ao aceitar a gerência seria irreversível para sua carreira e para sua vida, seria como recomeçar de zero, uma mudança catastrófica.

Por isso, entregou-se à leitura de todos os livros e textos de administração que conseguiu, para buscar algum conhecimento crítico que o curso de engenharia não lhe havia proporcionado. Diversos autores ocuparam esse espaço: Peter Drucker, Taylor, Elton Mayo, McGregor, Reddin, Hersey e Blanchard, Kouzes, Posner, Elliot Jaques, Antony Jay, Maquiavel, Sun Tzu, Peter Scholtes, Kaplan e Norton, Porter e outros mais.

Liderança eficaz, liderança situacional, psicologia aplicada à liderança, administração do tempo, estilos de liderança, motivação, grupos, negociação, mudança eram questões sobre as quais esses autores discorriam. As leituras o levaram a concluir que liderança seria uma questão aberta, com inúmeros *approachs* ou vértices, todos eles fazendo sentido, mas que não lhe permitiram chegar à conclusão única que ele desejava – ou a uma única receita para a liderança eficaz. Também surgiu um desafio antes insuspeito, o descobrimento de uma entidade misteriosa: o grupo. Essa entidade tinha vida própria, nem sempre racional ou previsível, e esforços, comprometimento e resultados da equipe estariam intimamente relacionados à atuação do líder.

As leituras não forneceram o fruto que ele almejava – uma receita para liderar –, mas enriqueceram um dos componentes da responsabilidade: o repertório de respostas. Deveria agora aprender a decidir com eficácia – um desafio muito difícil que o projetava na capacidade negativa.

Será que a expressão **ser líder**, perguntava-se Rafael, estaria sendo usada da mesma maneira que a expressão **ser humano**, acrescida de uma busca de uniformização? De fato, atrás da expressão ser humano pode se esconder a intenção de imaginá-lo previsível. Se for possível construir um conceito uniforme para o líder, será mais fácil "fabricar" líderes, ou prepará-los como o exército prepara seus oficiais. Mas, assim como a expressão ser humano é uma abstração, pois o que existe são pessoas com características peculiares, como Maria, Pedro ou João, também poderia sê-lo a proposta de ser líder. Perguntava-se Rafael: seria possível imaginar algo assim como um líder universal? Na história havia poucos: religiosos e místicos, como Jesus Cristo, Maomé, Buda; militares como Alexandre Magno e Napoleão; políticos como Mahatma Gandhi, Nelson Mandela e Martin Luther King. Enfim, esses seres muito fora do comum e difíceis de se encontrar no mundo corporativo seriam o que para Rafael se aproximariam de líderes universais. Mesmo assim, seria muito difícil encontrar características idênticas entre eles que lhe permitissem imaginar um protótipo.

Dois dos vários autores que lera marcaram Rafael. Um deles, Elliot Jaques, oferecia uma instigante resposta para essa pergunta. Ele distinguia os conceitos de liderança e de gerência. Para Jaques, liderança seria um processo no qual uma pessoa estabelece um propósito ou direção para outras pessoas e consegue que todas o persigam com ela, juntas e mantendo a direção estabelecida com competência e total comprometimento. Ele não identificava o líder como alguém com qualidades ou dons divinos de carisma, magnetismo ou talentos especiais. Mas entendia a liderança como uma função intrínseca ao papel desenvolvido. Dessa forma, não existiria o papel de líder, a liderança se desenvolveria no desempenho de papéis. Para Jaques, a liderança seria apenas um dos atributos que deve ter o gerente. Não teria sentido dizer que alguém é um bom gerente, mas um mau líder, e vice-versa. Por exemplo, questionava Jaques, Churchill não foi um grande líder? Não tinha carisma? Não era um bom comunicador, com personalidade marcante e adequada a seu papel? A resposta que ele mesmo apresentava era: durante a Segunda Guerra sim, mas antes e depois não. Não é que

Churchill tenha ganhado competências durante a guerra e perdido depois. O que aconteceu, no entender de Jaques, é que Churchill identificou-se com seu papel durante a guerra e depois não. Ou seja, foi um primeiro ministro altamente eficaz ao comandar em tempos de guerra, mas não foi eficaz como primeiro ministro em tempos de paz. Rafael, que nunca havia se atentado para o fato de que se esperava dele que cumprisse papéis, achou provocante essa conclusão. As responsabilidades do ocupante seriam as coisas que dele são requeridas como consequência de sua função.

Para isso, era conferida a autoridade, entendida como os aspectos que empoderam a pessoa que está no papel para atuar legitimamente na consecução das responsabilidades que lhe foram delegadas. As ideias de Jaques levaram Rafael a compreender que gerência e liderança não eram coisas separadas, pelo contrário. E liderança era apenas uma das competências exigidas de um gerente. O que Rafael devia aprender era muito mais que liderar, era ser gerente. E refletiu sobre o papel de gerente que o aguardava, ajudado pelo pensamento de Jaques, para quem o gerente deve prestar contas por três responsabilidades críticas:

- pela entrega ou produção de outras pessoas (seus subordinados);
- pela manutenção de uma equipe de subordinados que sejam capazes de produzir as entregas requeridas;
- pela liderança exercida com os subordinados, de maneira tal que eles colaborem com o gerente mostrando competência e comprometimento total, e colaborem também entre si na persecução dos objetivos estabelecidos.

Para cumprir seu papel, caberia ao gerente, de posse dos objetivos que lhe são delegados, desdobrá-los no seu time de subordinados e distribuir trabalho e tarefas, metas e limites para cada integrante da equipe, levando em conta a compatibilidade entre a competência de cada um e a complexidade das tarefas designadas.

Também caberia a ele realizar avaliações periódicas da eficácia, *coaching* e apreciação de mérito, assim como promover a remoção de quem, depois de receber *coaching*, ser alertado e ajudado, não conseguisse entregar os resultados estabelecidos. Da mesma forma, cabe ao líder vetar a incorporação ao seu time de alguém que, no seu entender, não esteja capacitado para a tarefa a ser assumida.

Para a liderança ser eficaz, o líder deveria ter condição psicológica para inspirar pessoalmente a confiança e o respeito dos subordinados.

Nesse quesito, Rafael estava tomado por sentimentos paradoxais: por um lado, o desafio parecia-lhe extraordinário e amedrontador; mas, por outro, em sua mente a missão estava bem mais definida do que antes. Isso era mais tranquilizador que remar na incerteza e, se apontasse os esforços físicos, mentais e emocionais nessa direção, por mais duro que fosse, haveria possibilidades de alcançar o objetivo. Obviamente, muito esforço seria demandado, mas luta e suor não o atemorizavam, as críticas sim.

Outro autor que impactou o aprendiz de gerente foi Antony Jay. Na sua obra "O Homem S. A." (1971), ele introduzia um conceito que impactou Rafael: liderança biológica. A obra tece um paralelo entre a organização arcaica do bando de caçadores no tempo das cavernas e a organização atual da empresa. Em sua tese, os pressupostos fundamentais permaneceriam os mesmos apesar da passagem do tempo. Naquelas circunstâncias, ante alguma ameaça ou necessidade – por exemplo, diante do iminente ataque de uma fera ou de uma oportunidade de caça para fornecer alimentação para o grupo –, o bando não poderia entabular uma discussão democrática para decidir o que fazer. Em vez disso, um deles, que no momento assumia o papel de líder, definia de imediato ações e responsabilidades para os outros membros. Se ele acertasse e as circunstâncias favorecessem, o grupo sobreviveria. Ao contrário, o grupo sucumbiria. Também caberia ao líder a distribuição do espólio distinguindo com as melhores partes os caçadores que melhor – ou mais heroicamente – se desempenharam na caçada. Depois, nas conversas do grupo em torno da fogueira, discutia-se a saga e, assim, eles capitalizavam a aprendizagem com a experiência. A aprendizagem compartilhada foi essencial para a sobrevivência, pois aumentava a eficácia na caçada e, portanto, melhorava a alimentação do grupo. Propunha Jay que o grupo confirmava como líder o indivíduo que inspirasse maiores probabilidades de sobrevivência. O líder que falhava era severamente castigado pelo grupo, possivelmente com a eliminação. Realidade cruel, mas eficaz, pois foi ela que preservou a espécie através dos tempos e das idades. Liderança era, então, uma questão decisiva e transcendente, projetada nas fronteiras entre vida e morte.

Essa hipótese resultava muito provável, lógica e convincente para Rafael. Também estava de acordo com o que, na época, ele conhecia de antropologia e história natural. Para Jay, as condições pré-históricas eram bem diferentes das atuais, pois agora não há leões espreitando na beira da estrada, nem é necessário ir à empresa armado com machado. No entanto, as angústias da condição humana e dos grupos, especialmente o medo da morte, permanecem as mesmas. Não seremos devorados por feras sanguinárias, mas podemos perder o emprego, o que nos arremessaria na rua da amargura, sem recursos, sem proteção da saúde etc. É como ser expulso da nossa "caverna". No seu íntimo, o grupo ainda atribui ao líder a responsabilidade por assegurar sua sobrevivência e segurança. A confiança que o gerente deve inspirar, da qual falava Jaques, tem uma conotação muito mais profunda. E Rafael sentiu um calafrio quando juntou esta reflexão: o papel que ele exerceria estaria associado, na fantasia de sua equipe, à expectativa de assegurar a vida e proteger da morte?

Sua responsabilidade ia se revelando e ficando cada vez mais entranhada. Essas questões transcendentes relativizaram o enxame de perguntas que o inquietara no início. Havendo um norte estabelecido e fixado, as perguntas receberiam respostas adequadas de acordo com as circunstâncias que se apresentassem. Envergar um problema maior (o papel e suas responsabilidades) relativizou para ele o incômodo do problema menor (o enxame de perguntas).

O desdobramento da ideia de responsabilidade do gerente quanto a respostas, repertório e decisão projetou-o em um campo inesperado, que envolvia razão e emoção. A sua missão começava, assim, a ficar definida. Caberia ao gerente organizar funções, responsabilidades, objetivos e limites para os indivíduos de sua equipe de produção.

No entanto, quando ele assumiu, as funções já haviam sido organizadas – ao longo da experiência da empresa, e do *benchmarking* com similares – em chefes, supervisores, operadores e ajudantes, distribuídos nos diferentes equipamentos que compunham o setor. Era como um capitão assumindo uma companhia: as funções dos oficiais, suboficiais e soldados já estão definidas pela experiência e *know-how* do exército.

Pela perspectiva gerencial do trabalho, Rafael decidiu que seu papel se concentraria em primeiro lugar em conseguir que os objetivos de produção em quantidade, qualidade e tempo fossem atendidos. Em paralelo, deveria promover eficiência e produtividade, o que significava aumentar o aproveitamento da matéria-prima, reduzindo desperdício e refugos, assim como otimizar os custos cujo principal componente era o consumo de combustível para reaquecimento dos metais forjados. Para tanto, seriam essenciais: desenvolvimento de competências, treinamento, melhoria dos processos existentes e de novos procedimentos, trabalho com sinergia e integração entre os membros da equipe e com as áreas laterais, assim como integração orgânica com toda a empresa. Também mereciam destaque a inovação nos processos e a sintonia com o setor de P&D (pesquisa e desenvolvimento metalúrgicos), assim como a incorporação ou importação das técnicas de metalurgia que ele vinha aprendendo nas suas viagens ao exterior e em visitas às metalúrgicas com que a Metalead mantinha contratos de transferência de tecnologia.

Pela perspectiva da liderança, Rafael deveria construir a confiança do grupo nele e entre seus componentes. Tinha consciência de que isso não seria conseguido com discursos e promessas, mas com um sentido de compromisso e empatia na alma do grupo. Seria ele capaz de inspirá-la? Também precisaria discutir com a equipe os resultados do trabalho, capitalizar e afirmar o aprendido da experiência. Isso significava empenho no planejamento dos trabalhos e, além disso, imersão na prática da comunicação e do relacionamento inter e extra equipe. Significava também celebrar as conquistas e aprender com os erros.

Ciente do soberbo repto, Rafael decidiu ir à luta e aceitou a responsabilidade.

Logo nos primeiros anos da prática, reconheceu que o seu saber teórico era insuficiente para o desafio que defrontava como gerente e, na procura de mais luz, indagou o que teriam a dizer outras perspectivas de pensamento, como a filosofia, a psicologia, a dramaturgia, a história.

Conheceu a maiêutica de Sócrates no livro sobre a influência dos filósofos clássicos que comprou em um aeroporto e leu durante a viagem. Aprendeu então que essa técnica é um importante recurso pedagógico e consiste em estimular o estudante a construir seu próprio conhecimento por meio do uso e direcionamento de perguntas e respostas formuladas pelo mestre. Sócrates, como muitos gregos, acreditava na reencarnação e se apoiava na reminiscência – um tipo de recordação. Pensava o filósofo que, depois de mortos, os seres renasciam em outros seres, cuja qualidade dependeria do seu comportamento e realizações na vida anterior, uma espécie de prêmio e castigo. Também concluía que todos seríamos produto de muitas reencarnações e que muitas vidas atrás teríamos estado em presença dos deuses e da sabedoria. Ao longo das sucessivas reencarnações, no entanto, esse saber ia sendo esquecido. Mas residiria imanente na alma das pessoas e, portanto, se fossem feitas as perguntas adequadas, a pessoa recordaria. Um dos livros de Platão, "Menon", descreve Sócrates ensinando a um escravo ignorante por esse método maiêutico (ou seja, fazendo as perguntas adequadas) para descobrir o valor da raiz quadrada de 2 pela composição de triângulos retângulos e quadrados geométricos. Ocorreu então a Rafael uma feliz associação com o papel de administrador. Ele observara que às vezes despontavam na sua mente ideias interessantes para aplicar em algumas situações ou problemas do cotidiano na gestão industrial de sua área. Quando as revelava aos seus subordinados, elas eram aceitas e aplicadas, em geral com bons resultados. Mas elas não se sustentavam durante muito tempo, acabavam abandonadas e esquecidas pela equipe.

A maiêutica de Sócrates o inspirou para uma instigante experiência. Um dia, na rotina de acompanhamento da área de produção, observou uma situação problemática e imaginou uma possível solução para ela. A seguir, reuniu a equipe que interagia com o problema e expôs a dificuldade detectada, mas não a solução que havia pensado. Em lugar disso, disse que ele não saberia como resolver e estava apelando à imaginação do grupo. Rafael começou a fazer perguntas que induziram seu pessoal a chegar na solução que ele mesmo já havia pensado. Quando isso aconteceu, ele lhes atribuiu o mérito da ideia e os felicitou. Deixou-os em liberdade para que implantassem a solução, caso eles entendessem que traria benefícios. E assim foi feito. Para sua surpresa, mantiveram essa ação durante muitos anos sem que ele precisasse insistir uma única vez. A sabedoria de Sócrates se mostraria, daí em diante, muito proveitosa para sua gestão. Uma razão psicológica para esse achado da sua experiência gerencial, pensou Rafael, poderia ser que as pessoas estabelecem uma relação emocional de afeto com as ideias que são capazes de produzir. Com elas se identificam e elas lhes conferem uma identidade. Sabia disso por experiência própria.

Esses primeiros tempos de prática como gerente foram difíceis e sofridos para Rafael. Até na perspectiva técnica ele se sentia despreparado. Com efeito, a sua experiência na deformação plástica de metais estava concentrada em aços (compostos de ferro e carbono) de construção civil e de mecânica com baixa liga (aços com baixo teor de elementos químicos que fazem liga). E na Metalead o processamento se concentrava em um sem-número de aços especiais, de alta liga, inoxidáveis, para ferramentas, resistentes a fadiga, assim como superligas – de base níquel com compostos intermetálicos de cromo, alumínio e titânio – que conservam as suas propriedades mecânicas mesmo a altas temperaturas (como turbina de avião, por exemplo) e exigem métodos de aquecimento, deformação e resfriamento particulares, complexos e muito controlados.

Como não se sentia suficientemente seguro no gerenciamento, centralizava boa parte das decisões do dia a dia. Nesses tempos, trabalhava durante o dia, voltava para casa para jantar e frequentemente retornava à noite, internando-se outra vez na área de produção, pois não queria fracassar. O tempo e a experiência logo lhe fizeram ver que essa centralização seria sua própria ruína, porque a complexidade, o fluxo e a frequência das decisões superavam sua capacidade física. A rigor, ele teria de estar presente em vários lugares ao mesmo tempo. Fez então um retrospecto histórico do setor que ele gerenciava, a forjaria. A Metalead tinha na época aproximadamente 13 anos de vida e já haviam passado pela forjaria, sem sucesso, 12 gerentes. O que evitaria que ele fosse o próximo? Descobriu assim que o seu desafio seria capacitar e empoderar os subordinados para que eles aprendessem a decidir. Tarefa difícil, porque a cultura da Metalead era fortemente autocrática. Resolveu começar.

Deparou então com outra surpresa. Imaginava que os colaboradores sentissem frustração por estarem submetidos a um regime de gestão centralizador. Imaginava também que veriam com bons olhos se lhes fosse concedida mais autonomia nas decisões. Outra vez se equivocara.

Nas primeiras tentativas de desenvolver o empoderamento na equipe, chamou alguns dos seus subordinados oferecendo-lhes mais liberdade na decisão e recebeu uma frustrante resposta:

— Doutor, então o senhor está querendo que seja eu que decida em tal ou qual situação?

— É sim.

— Mas..., e se a minha decisão não der bom resultado, eu seria o responsável?

— É claro, pois seria você que decidiu!

— Ah... Então não, doutor. Prefiro que o senhor decida e eu faço o que o senhor mandar.

Tal postura frustrava Rafael por surpreendente e ilógica. Como alguém poderia abrir mão do seu livre arbítrio? Não seria abrir mão da própria identidade? No fundo, a surpresa era causada pela sua própria ignorância sobre si próprio e sobre a condição humana.

Uma recordação imparcial dos seus anos de juventude lhe defrontou com sua própria tendência a transferir a outros as decisões do seu destino – a seu pai, a alguns amigos que lhe inspiravam respeito como líderes, a seus chefes. Foi difícil assumir e exercer a autodeterminação. Reconheceu então que ele também tinha medo das consequências de suas decisões. Percebeu que sentia como se os efeitos negativos de uma escolha errada pudessem desintegrá-lo, como se nem ele mesmo pudesse confiar em si. Como poderia esperar dos outros o que ele, a duras penas, conseguiu construir apenas em parte, depois de combinar sofrimento, pavor, coragem e persistência?

A experiência de Rafael com a operação de grupos ainda era insignificante quando ele teve contato com a obra "Henrique V", de Shakespeare. O dramaturgo descreveu a dinâmica emocional do grupo em perigo quando o rei, disfarçado, dialoga com seus soldados, na noite prévia à batalha de Agincourt. Ele procura motivá-los argumentando que as razões do rei para a guerra eram nobres e justas. Porém, ante a ameaça iminente de morte na batalha, eles preferem não saber os motivos do soberano para batalhar. Preferem obedecê-lo e responsabilizá-lo pelo destino das suas almas. Henrique alega que o súdito deve obediência ao rei, mas é dono de sua alma. O drama deixa antever que, com essa mentalidade dos soldados, a batalha não seria ganha. Henrique, então, profere o famoso discurso de São Crispiniano, uma verdadeira obra de arte da liderança, que muda a direção da história. No discurso, chama os soldados de irmãos e introduz o famoso predicado: *band of brothers*. Deu-se conta Rafael, inspirado no gênio de Shakespeare, que deveria investir muito na relação técnica e emocional com os seus colaboradores para que estes se atrevessem a exercer autonomia. Tal conquista seria um processo e não um decreto. Digladiando-se com desafios que iam aparecendo na sua trilha executiva, um após outro, Rafael foi aprendendo, adquirindo habilidades e fortalecendo-se como gerente. O crescimento não foi, entretanto, um contínuo ascendente. Bem ao contrário, a realidade do dia a dia corporativo aguçava as suas próprias contradições. A sua evolução mais se assemelhava a uma ondulação com cristas de crescimento e sofridos vales de recaídas e retrocessos. A relação de poder na hierarquia e seu papel de subordinado deixavam-no inseguro. Conciliá-los era penoso, sentia-se como subindo em um mastro ensaboado. O poder que lhe outorgava a função acariciava sua vaidade, mas amiúde ela também era frustrada porque sempre havia outros aos quais se subordinava, como se nos porões do inconsciente conspirasse sorrateiro o desejo de não ter que prestar contas para ninguém, como se fosse ele o dono da Metalead. Às vezes, respondia e se comportava com rebeldia e em outras ocasiões, no outro extremo do espectro, mostrava-se submisso e passivo, dependendo do temperamento que albergasse no dia. Tal dicotomia resultava em uma confusão de sentimentos que, por vezes, ofuscava seu critério de realidade. A força de sucção desse vórtice emocional era tal que em uma ocasião surpreendeu-se desejando que a produção baixasse, sendo que era ele próprio o gerente de produção. Esse conjuro funcionava na sua fantasia como vingança que imporia à empresa e aos diretores que o frustravam. Claro que também era uma compulsão autodestrutiva dirigida a atacar seu próprio trabalho, como se a formulação emocional fosse: "já que não me valorizam, destruirei os interesses importantes da empresa, embora isso também me destrua". A incômoda dinâmica emocional parecia evocar o episódio bíblico de Sansão que, cego e no desespero da impotência, derruba as colunas do templo matando a si próprio junto com os odiados filisteus.

Naturalmente, Rafael teve a prudência de confinar esses sentimentos confusos na cripta mais reservada de seu íntimo. Mas também teve a sensatez de não os ignorar, e sim trazê-los à tona na consciência. Surpreendeu-se envergonhado ao notar que, na sua íntima expectativa, o mundo deveria girar em torno de si. E deu-se conta de que a fúria por ser contrariado antepunha-se à realidade e ofuscava sua capacidade de pensar.

Embora bastante sofrida, a experiência de tomar contato com as próprias emoções permitiu-lhe aprender com as incoerências e absurdos que se alojavam em sua alma. Passou a confiar mais nas pessoas, ficou mais à vontade para lidar com os sentimentos, seus e dos outros. Cogitou então, e confirmou logo depois, que poderia ser ele mesmo quem causava a si próprio o mal-estar que atribuía aos outros. Esse foi um dos atalhos que o levaram a ressignificar (dar novo significado) e corrigir sua autoimagem, admitindo suas limitações e assumindo uma postura mais humilde.

Nessa epopeia, desenrolou-se outra importante aquisição que faria grande diferença positiva na vida de Rafael: saber ouvir. Essa capitalização surgiu também como produto de aprender da experiência. Depois de sofridas análises e reflexões sobre as causas do fraco desempenho do setor, ele chegou à conclusão de que para melhorá-lo seria necessário conseguir participação maior e mais decisiva da equipe que, até então, embora muito disciplinada, era francamente passiva. As pessoas eram muito mais afins a cumprir ordens do que a tomar iniciativas. Decidiu então oferecer a todos os seus funcionários a oportunidade de falar com ele a qualquer momento, sobre qualquer assunto e sem necessidade de nenhum tipo de requisição ou permissão prévia. Ufanou-se secretamente da sua ideia cândida e pretensiosa, sem imaginar que a proposta poderia arremessá-lo a situações bizarras das quais não poderia desertar. Passou algum tempo até que um dia um homem apareceu na porta de sua sala, com postura muito humilde. De capacete na mão e olhando para o chão, assim lhe falou:

— Doutor, estou precisando falar com o senhor.

Rafael o reconheceu como um dos mais experientes operadores de uma máquina operatriz crítica para o processo de produção, difícil e perigosa de operar, porque uma manobra infeliz poderia produzir danos graves e de reparos demorados. Rodney era analfabeto, mas muito hábil na operação da máquina. Rafael sabia que a confiabilidade da operação do setor em muito dependia desse funcionário e de alguns outros poucos que faziam tarefas similares. Embora no momento em que foi procurado Rafael estivesse preocupado e ocupado com outros assuntos do setor, teve a lucidez de atendê-lo na hora. Convidou-o a entrar e sentar-se à sua frente. Ouviu, então:

— Doutor, eu queria que o senhor faça a cabeça da minha mulher, porque ela anda querendo se separar de mim, e eu não quero.

A primeira reação do gerente foi de perplexidade ante a inesperada situação para a qual não estava preparado de maneira alguma. Ocorreu-lhe, então, desincumbir-se do problema alegando que não era da sua alçada; afortunadamente não o fez, porque teria perdido uma oportunidade singular para aprender. Também ocorreu-lhe encaminhar Rodney para a assistente social da Metalead. Mas logo desistiu, ao considerar que o funcionário era muito antigo na empresa e sabia do trabalho da assistente social, que Rodney conhecia. Não, era com ele mesmo que o subordinado queria falar, concluiu Rafael, e resignou-se a enfrentar a situação estranha para um engenheiro com pretensões técnico-científicas. Reservou um horário e uma sala de reuniões para o dia seguinte e convidou o funcionário e a esposa para conversarem.

No dia seguinte, ambos estavam pontualmente na sala de Rafael e a entrevista assim se desenvolveu: a esposa do Rodney, com quem ele tinha um filho de três anos, tomou a palavra e fez um longo e emocionado depoimento sobre as dificuldades que o casal enfrentava e poderiam ser resumidas como permanentes desencontros que provocavam muita dor a ela e ao filhinho. Ela era enfermeira diplomada, detentora de uma cultura muito mais elevada que a do companheiro, e, portanto, tinha gostos e inquietações muito diferentes e verdadeiramente incompatíveis com os dele. Para Rafael, as coisas ficaram logo muito claras, pensava que esse casal não teria condições para conviver, pelo que ia sendo exposto. A única solução para aliviar a aflição seria a separação. E foi o que aconteceu. Pouco depois da entrevista eles se separaram, ela voltando com o filho para o nordeste do Brasil, de onde era originária. Ele uniu-se a outra companheira e ficou naquela região.

Quando houve a reunião com Rafael, depois de monopolizar a palavra durante uns vinte minutos, a mulher fez uma pausa e Rodney passou a falar sobre o seu sofrimento com a permanente frustração e a percepção de que nada do que fazia era o bastante para agradar à esposa. Transcorreram outros vinte minutos e Rodney concluiu sua fala, olhou nos olhos de Rafael e, para sua surpresa, eles agradeceram a atenção, levantaram-se, despediram-se e foram embora, aparentemente aliviados, e sem pedir que Rafael se exprimisse. Perplexo, Rafael viu que não houve necessidade de opinar, nem de assumir o lugar de juiz ou de conselheiro matrimonial, como receara. Mal abriu a boca para falar. Ao sair da entrevista, continuou confuso, sem entender qual teria sido o seu papel, e duvidando se teria sido útil.

Após alguma reflexão, compreendeu melhor. Rodney, no íntimo, já sabia que sua situação matrimonial não tinha solução, mas queria estar seguro, possivelmente em consideração ao filho, de que havia feito tudo ao seu alcance para manter o casamento. Como conhecia suas limitações, sentiu que precisava de algo como uma confirmação de que estava obrando bem. Dessa maneira, ele teria identificado o gerente como um modelo a quem respeitava pelo conhecimento e estudo, em quem confiava como pessoa capaz de se sensibilizar com seu sofrimento, com aptidão para ver além do que ele via, que falaria se notasse que ainda algo poderia ser feito.

Rafael tomou consciência do processo de identificação de sua pessoa com modelos – bons ou ruins – que inevitavelmente ocorria na interioridade dos seus liderados, em cujo inconsciente não raro assumiria o papel do pai amoroso e compreensivo ou, ao contrário, malvado e castrador. Entendeu as expectativas de confirmação que neles inspirava e, obviamente, a tremenda frustração que sua indiferença poderia lhes causar. Rodney não esperava que Rafael falasse, mas que o ouvisse, e, à medida que ia sendo ouvido, Rodney ia organizando as ideias e chegando à sua decisão.

A relação com Rodney foi, a partir de então e durante muitos anos, uma das melhores em termos de lealdade e confiança que Rafael conseguiu ao longo da sua trajetória profissional. Por sua vez, esse fato ensinou-lhe uma importante lição, a de que escutar o outro ensina também a se ouvir e descobrir a si próprio. Essa experiência permitiu-lhe ressignificar o uso do poder por meio da fala autocrática que algumas pessoas, modelos significativos, gravaram na sua história pessoal e, mais ainda, reconheceu-se contaminado por essas posturas e percebeu o perigo de imitá-las. Muito tempo depois, quando lia a obra de Martim Buber "Eu e Tu" (1979), compreendeu a importância da presença completa na construção da relação líder-seguidor.

Esse e outros achados foram consolidando sua liderança e lhe permitiram passar pelo duro período de fragilidade inicial até atingir alguma sabedoria, o que trouxe estabilidade na sua gestão. Tal conquista se devia tanto ao aprendizado da experiência e convivência com os outros quanto ao que absorveu dos mestres das ciências aplicadas à engenharia, assim como a imprescindível complementação dos filósofos, dramaturgos e historiadores como Toynbee, por exemplo, que argumentava ser o progresso dos povos propulsionado pela adversidade. A facilidade, ao contrário, resultaria em estagnação. Uma das contribuições mais significativas que a psicanálise lhe ofereceu para aprimorar o papel como líder foi a proposição de que estar presente junto aos liderados, no sentido de ser continente nas frustrações, facilita o desenvolvimento e a criatividade.

Esses pilares projetaram o jovem engenheiro nos labirintos da complexidade humana. Era nesse momento da sua vida que Rafael estava ouvindo a apresentação do professor Falconi.

Capítulo 5. Odisseia cultural

Assim como Platão entendia que as ideias, embora sejam inúmeras, estariam todas subordinadas à ideia do bem supremo, Falconi enfatizava que nas empresas todos os esforços devem estar subordinados a atingir a meta, embora exista diferença de abrangência entre bem supremo e meta da empresa.

De acordo com essa teoria, em toda organização há uma meta global que se desdobra em inúmeras metas a ela vinculadas. E cada executivo deve empenhar todo o seu esforço e conhecimento na consecução de sua meta. Obviamente, em toda gestão aparecem problemas que dificultam ou impedem o atingimento das metas. Precisamente, resolver tais problemas seria a principal missão do gerente. Para isso, ele mesmo e sua equipe deveriam aprender a utilizar ferramentas estatísticas simples e eficazes, além de trabalhar com sistematicidade e persistência.

O alicerce da teoria estava na aplicação de uma metodologia de solução de problemas atribuída a Deming e identificada como PDCA (*Plan, Do, Check, Act*) – como já foi explicado. Na realidade, o próprio Taylor já havia concebido essa ideia ao propor a racionalização da produção nas fábricas mais de um século antes. A essência do PDCA, também bastante simples de entender, consiste em: *planejar* (identificar o problema; observar suas características; analisar as possíveis causas e elaborar um plano de ação), *executar* (concretizar o plano, treinando a equipe e registrando os resultados), *verificar* (conferir se o resultado obtido é o que foi planejado); e *empreender uma ação* (padronizar se o resultado for satisfatório, ou rever o planejamento iniciando um novo ciclo PDCA caso o almejado não seja atingido). Abalizava a proposta o extraordinário sucesso que estavam obtendo as companhias japonesas na conquista de mercados mundiais na época. Para os comandantes de empresas como a Metalead, tal proposta convertia-se em objeto de desejo, uma vez que oferecia um norte claro e alcançável com instrumentos singelos, embora exigisse muito trabalho. E ninguém nesse grupo fazia corpo mole. A experiência viria mostrar depois que a labuta era a parte mais fácil do desafio. Mais difícil era promover a mobilização emocional que a proposta consubstanciava e a transformação cultural que requeria. Falconi se concentrava, naquela palestra, principalmente no conteúdo lógico, equacionável, planejável... convincente. Embora ele afirmasse reconhecer a relevância dos aspectos emocionais e culturais, estes não receberam, naquela ocasião, consideração equivalente à que foi dada aos componentes técnicos. Nesse particular, Rafael, durante a primeira fase da sua vida profissional, identificava-se com o palestrante.

Falconi avisou que a transformação do modo de gestão vigente para o modo novo, fundado em premissas feitas pelos japoneses, não seria instantânea, obviamente. Tratava-se de um processo e não de um conjunto de episódios.

Sua proposta provocou um formidável impacto positivo em Rafael. Frustrado, ele reconhecia que todo o seu sofisticado conhecimento das ciências afins com a engenharia pouco contribuíra para organizar os esforços da equipe de produção. Teria ajudado apenas na melhoria do conhecimento técnico dos processos, mas quase nada na liderança e na afirmação rotineira do método de trabalho. A proposta apresentada por Falconi concentrava-se na aplicação de estatística elementar e acenava como alternativa interessante e coerente, composta de ferramentas técnicas singularmente simples, porém capazes de fornecer objetivos e métodos dignos de crédito, ao menos em teoria. É claro que o conhecimento científico (em metalurgia, por exemplo) é indispensável em áreas como pesquisa e desenvolvimento, pois somente com P&D podem ser desenvolvidas e produzidas novas ligas metálicas. Lá, como em todo laboratório de pesquisas, a ciência é a referência que ilumina o pensamento. Na área de produção, entretanto, o contexto é outro. Aqui, os achados da ciência são aplicados e devem produzir resultados práticos. Poucas referências científicas auxiliam eficazmente o gerente no desafio de conseguir resultados em grupo. É aí que a proposta de Falconi se mostrava promissora. Rafael sofreu com resignação o tapa na vaidade, engoliu seu orgulho e decidiu empreender essa caminhada com seu grupo.

Experiências anteriores indicavam grande risco de a equipe enxergar a nova visão como mais uma moda que, como tantas, teria vida curta. Isso havia acontecido com os ensinamentos de metalurgistas e especialistas em deformação plástica estrangeiros, contratados para assessorar seu setor. Rafael passou um tempo matutando sobre a forma de apresentar o conjunto de ferramentas, métodos e rotinas que aprendera com Falconi e, mais tarde, no Juse, Japão. Em coerência com o que já sabia sobre liderança, compreendeu que primeiramente deveria investir no convencimento.

Decidiu então começar o trabalho de transformação cultural ministrando uma palestra para toda a equipe. Ele mesmo aprenderia na palestra, que, em resumo, teve o seguinte conteúdo:

> *Estamos reunidos para falar dessa nova maneira de encarar o trabalho, na filosofia da qualidade, da qual todos já ouviram falar. Quero compartilhar com vocês o que penso a respeito, depois de ouvir o professor Falconi, os professores japoneses durante a visita ao Japão e também depois de estudar o que prega o professor Deming, criador do modelo de trabalho que agora tencionamos implantar.*
>
> *Até agora entendemos o nosso trabalho como um conjunto de tarefas onde cada um fazia a sua o melhor que podia, sem se preocupar muito com o que acontecia antes ou depois da nossa participação.*
>
> *No entanto, a visão atual da qualidade nas organizações evoluiu para considerar o trabalho como um conjunto de diversos processos que ocorrem dentro de sistemas.*
>
> *Sei que para muitos na equipe a ideia de sistema é estranha, mas é muito fácil de entender. O universo em que vivemos está formado por inúmeros sistemas – por exemplo, o Sistema Solar, do qual a Terra é um dos componentes e, por sua vez, também contém muitos sistemas, como mares, rios, continentes, montanhas.*
>
> *O nosso próprio corpo está formado por vários sistemas (sistema respiratório, circulatório, sistema nervoso, reprodutor, digestivo, muscular, ósseo etc.) que trabalham em harmonia, o que quer dizer organicamente, cada um servindo ao outro eficazmente de maneira automática, e esse é o grande segredo da vida.*
>
> *Na vida cotidiana também lidamos com sistemas. Por exemplo, no ônibus ou no carro estão presentes vários sistemas: combustão, freios, direção, ar-condicionado etc. E todos esses sistemas trabalham juntos, organicamente, para atender a uma finalidade comum que é transportar-nos de um local para outro com segurança, economia e conforto.*
>
> *Então podemos dizer que os sistemas (e subsistemas) estão formados por elementos relacionados entre si para atender a um objetivo comum. A Metalead também está composta de muitos sistemas: fusão (aciaria e refusão), deformação plástica (forja, laminação e trefila), tratamentos térmicos, usinagem, RH, compras, vendas, transportes etc. Todos eles têm a finalidade comum de atender às necessidades dos clientes e não de se preocupar apenas consigo próprios.*

Em nossa área de forja também é assim [e detalhou o processo que ocorre antes, durante e depois da forjaria]. Enfim, todos esses sistemas trabalham como um único organismo para transformar a forma e o estado dos materiais que recebemos em outro de qualidade e forma adequadas para os processos seguintes da Metalead.

Os sistemas são importantes, indispensáveis. No entanto, por si próprios não agregam valor para o cliente. O que agrega valor são os processos que se desenvolvem dentro dos sistemas. Podemos ter sistemas muito bons e executar mal os processos. E que são os processos? Na área industrial, são transformações de materiais de um estado de menor valor para outro de maior valor dentro da cadeia de produção.

Para ajudá-los a entender a diferença e o papel dos sistemas e processos, me valerei do exemplo de um dos sistemas e processos do nosso corpo.

Imaginemos o sistema digestivo. Ele é composto, simplificadamente, por boca, lábios, dentes, língua, glândulas salivais, esôfago, hiato, estômago, intestino delgado, intestino grosso, esfíncter e ânus. Todos esses componentes devem funcionar em harmonia.

Pensemos agora no processo digestivo. Imaginemos que comeremos uma maçã. A primeira ação do sistema digestivo será mordê-la e depois misturá-la com a saliva para que possa ser deglutida e passar pelo esôfago. A seguir, ela chegará no estômago, onde se misturará com os sucos gástricos. Nesse estágio a maçã já foi muito transformada e não poderia ser reconhecida. Depois, a massa passará para o intestino delgado cujas paredes estão preparadas para absorver e ser atravessadas por uma parte útil da massa e energia que passará a abastecer os outros sistemas... [e Rafael prossegue no detalhamento do processo digestivo]

Como podemos ver, na vida humana há uma inter-relação muito íntima entre sistemas e processos. O corpo humano não se organiza em tarefas separadas e independentes umas das outras, mas em sistemas e processos profundamente complementares. E é precisamente dessa harmonia e complementaridade que depende a nossa vida. Quando algum sistema sai do ritmo do todo, a vida está em perigo. Por exemplo, se um grupo de células começar a se reproduzir descontroladamente, o resultado é a ameaça à vida em forma de câncer.

É por esse ponto de vista que atualmente é pensada a produção industrial (e também toda a gestão das empresas). É necessário que todos os "órgãos" do processo de produção se complementem e que trabalhemos tendo sempre presente que

> *o que fazemos, por mais bem que esteja feito, de nada adiantará se não atingir a finalidade comum de todos que é atender às necessidades do nosso cliente interno (a área subsequente à nossa). Significa que sempre deveremos ter presente o todo e que nada do que façamos terá valor se não servir para a estação seguinte do processo, seja na nossa área ou nas posteriores.*
>
> *No nosso corpo, os órgãos não se desentendem, mas, pelo contrário, se complementam. Um não se propõe a ser mais que o outro.*

Rafael ficou satisfeito consigo mesmo por ter conseguido explicar aos membros da equipe (mas também para si mesmo) de maneira simples, mas convincente, pensava ele, a eficácia do trabalho orgânico vinda da interação entre sistemas e processos. Tal explicação apresentava o primeiro passo de uma grande transformação pessoal, pois dava-se conta de que durante a maior parte da sua vida havia colocado foco em tarefas, e os papéis que adotou eram individualistas e competitivos. Até então, não havia tomado plena consciência de que sua eficácia profissional dependia de pensar e trabalhar organicamente. Esse dar-se conta descortinou, ainda, outro desafio. Para pensar organicamente, deveria primeiro identificar o propósito do organismo do qual era apenas um órgão, nada mais que isso, e não o centro do mundo.

O propósito do trabalho harmônico dos órgãos do corpo humano era evidente para ele, mas identificar o propósito da empresa não seria um encargo simples.

Rafael continuou então a conduzir o desenvolvimento de competências da equipe na nova técnica da qualidade. A seguir, apresentou-lhes ferramentas estatísticas elementares[12] que sustentavam o *approach* da nova maneira de gestão. Ele fez especial menção ao PDCA e abordou também a descrição de processos por meio de fluxogramas, a identificação de itens de controle e indicadores.

Ele via nos rostos de todos um sensível alívio, pois as ferramentas eram muito simples e fáceis de entender, o que dissipou qualquer fantasia de não serem capazes de acompanhar a mudança devido a deficiências de instrução. Por isso, ficaram empolgados e aceitaram a ideia de muito bom grado. "Com essas ferramentas", diziam, "os nossos problemas estarão resolvidos". E, claro, manifestaram-se compro-

---

[12] As sete velhas ferramentas estatísticas, simples e adequadas para trabalhos de resolução de problemas em grupo: fluxograma, folhas de verificação, diagramas de Pareto, diagramas de causa e efeito, histograma, diagrama de dispersão, cartas de controle.

metidos com o novo método de administrar o setor. O passo seguinte foi detalhar os processos – com auxílio de fluxogramas, padronizações, identificação dos itens de controle – e estabelecer metas para os colaboradores. E puseram-se a trabalhar com esse propósito.

Desenharam os processos de sua complexa área de transformação metalúrgica, discerniram o lugar que ocupavam na cadeia de valor[13], identificaram os seus itens de controle e estabeleceram metas para cada um desses itens. Reconheceram outra perspectiva para a administração de não conformidades (tudo que acontece diferente do esperado, o ruim e o bom). Descobriram que podiam aprender com elas e que escondendo-as se perdia a oportunidade de aprender. Mergulharam no método de solução científica de problemas, reconhecendo que até aquele momento atacavam os efeitos e não as causas, uma vez que elas dificilmente são aparentes e podem até estar longe do efeito, no tempo e no espaço. Constataram que resolver definitivamente um problema não é algo fácil nem rápido. Requer determinação, trabalho em equipe, fé em si mesmos e persistência.

O pensamento, em lugar de pontual, devia ser sistêmico. Esses movimentos permitiram ao grupo dar um importante passo na direção da maturidade. Buscaram então entender o sentido do trabalho e descobriram que poderia ser o de agregar valor. A seguir, fortaleceu-se a consciência de que o setor fazia parte de uma organização. Isso sempre foi sabido pela perspectiva cognitiva, mas veio Rafael a constatar que esse saber não era suficiente. As pessoas deveriam perceber a si mesmas como partes de um organismo para o qual todos contribuíam, como os diversos órgãos do corpo humano, a fim de manter a corrente entre os fornecedores e os clientes internos.

O que se percebia então era um saber cognitivo, que fortalece a razão das coisas, essencial para trazer uma visão do norte ao qual queriam se dirigir, mas não se notava um convencimento visceral. Esse saber mostrou-se insuficiente para desencadear os significativos esforços necessários à estratégia de resultados que o professor Falconi propunha.

Rafael constatou que o pensamento de outros filósofos, além de Descartes, poderia oferecer mais recursos para essa aventura desde uma perspectiva mais ampla da

---

[13] **Cadeia de valor**, que compõe o modelo de administração de Michael Porter, é a sequência de atividades que adicionam valor ao produto final.

realidade humana. Por exemplo, Immanuel Kant, o autor da "Crítica da Razão Pura", sugeria:

> *A intuição sem razão é cega,*
> *a razão sem intuição é vazia.*

Os executivos, incluindo Rafael, não percebiam nesse tempo o papel da intuição. Demoraram para ver que na Metalead a razão era pródiga, mas ela estava vazia. Quando Rafael descobriu isso, emergiu para ele outra incógnita, ainda muito mais inacessível: "qual a intuição que poderia preencher esse vazio?". Essa foi uma questão desafiadora e difícil para toda a sua vida profissional e pessoal.

A pista para essa busca poderia estar na essência da proposta de Falconi, questionando o óbvio: a qualidade do resultado. O que seria o resultado para esse grupo? Em seu foro íntimo, onde Rafael podia vencer a hipocrisia, a resposta verdadeira era desalentadora: conservar o emprego. Obviamente, ninguém expressaria em público o íntimo sentimento. No entanto, ele era verdadeiro, era um imperativo hipotético, como proposto por Kant, algo pelo qual nos empenhamos não por um impulso moral, mas por um interesse circunstancial. Para encarar o desafio, entretanto, os envolvidos deveriam estar impulsionados por um imperativo categórico, segundo o qual o agir estaria baseado em princípios e dirigido a um bem universal.

> *Age como se a máxima de tua ação devesse tornar-se,*
> *através da tua vontade, uma lei universal.*

Esse imperativo categórico ficou claro no Japão do pós-guerra, quando toda a população estava empenhada em superar as penúrias resultantes da derrota. E a congregação de todos em torno de objetivos, pressupostos e normas constitui-se na cultura.

O raciocínio de Rafael chegou assim à reflexão sobre cultura na Metalead. Na vida dos executivos da empresa, era muito frequente falar em cultura organizacional. Sentiam até que era uma questão óbvia, entendida por todos, como se fosse alguma entidade abstrata exercendo uma força poderosa a manter o *status quo*, um sistema parecido com um elástico que se estica quando submetido a uma força e retorna à posição inicial quando suprimida essa força.

Todos afirmavam que a proposta do TQC exigia uma mudança cultural, difícil de se obter porque a cultura antiga dava o conforto que as pessoas resistiam a abandonar. No discurso dos gestores, era o conforto e não o medo que impedia a transformação. Mas, diziam, com insistência e perseverança, que as pessoas acabariam abandonando a cultura antiga e adotando a nova. Nesse caso, a questão seria o desafio de liderança para a direção e para os gerentes. Óbvio, mas nada fácil! Pois pensavam que o problema estivesse de sua pele para fora, radicava-se nos seus subordinados, não neles. Se, por outro lado, enxergavam o efeito adverso da cultura autoritária, atribuíam-na a Assis, nunca a si próprios. Na época, nenhum deles, incluindo Rafael, imaginava que a falha pudesse estar da pele para dentro.

Uma coisa estava muito clara para Rafael: a cultura instalada na Metalead era adversa e impermeável à proposta de transformação preconizada pelo modelo TQC. E ele mesmo, com sua arrogância, havia contribuído para cimentá-la. Amargou então a frustração de reconhecer a própria ignorância sobre o significado da cultura organizacional e sua impotência frente ao desafio de transformá-la.

A formidável barreira foi intransponível para ele e os outros executivos, e a Metalead não se transformou. Ao contrário, dissolveu-se.

Quando isso aconteceu, Rafael já havia saído da empresa fazia poucos anos. Os últimos tempos na Metalead foram penosos, ele via acontecer uma grande encenação na qual todos eram cúmplices, incluindo ele próprio. As coisas não andavam como eles haviam sonhado. Como gerente de produção, tentava "trocar a roda com o carro andando": produzia com eficiência os produtos a faturar, sem o que a empresa não sobreviveria; ao mesmo tempo, mudava os conceitos e rotinas de produção.

Rafael demitiu-se em uma época na qual a Metalead, como outros empreendimentos, sofria com a abertura das importações propiciada pelo governo Collor. As ineficiências dos processos Metalead cobravam seu preço na pobre competitividade frente aos produtos importados. Diante dos resultados tímidos do TQC, a direção endurecia o trato com os executivos. Rafael viveu uma sucessão de frustrações, especialmente com a sua própria inabilidade para convencer sua equipe e com as incoerências da direção. Depois de muito lutar, abordou seu diretor e pediu demissão no momento em que a diretoria, seguindo ordens de Assis, intensificou as exigências sobre os gerentes. Oficialmente, entretanto, a exoneração se deu por iniciativa da Metalead, pois as partes fizeram um acordo: Rafael permaneceu na empresa por mais oito meses, o tempo necessário para a contratação de seu substituto, e recebeu um bom pacote de benefícios.

Algum tempo depois do afastamento, Assis o convidou para ir à sua residência para conversarem sobre a experiência de ambos na Metalead. O ex-chefe, então, ofereceu-lhe um rico e equilibrado *feedback*. Rafael ficou muito surpreso e satisfeito com esse acontecimento insólito que ampliou sua admiração por aquele homem notável.

Mesmo no momento da saída, Rafael ainda abrigava a esperança de que o TQC desse certo. Só concluiu que o projeto fracassara muitos anos depois, quando começou a entender o significado da expressão *cultura* em sua magnitude, em sua conotação emocional e, especialmente, em sua importância para o sucesso do empreendimento.

Rafael reconheceu, finalmente, a derrota: tudo que havia aprendido no horizonte teórico e acadêmico sobre o que as ciências positivas tinham a dizer era insuficiente para cumprir a missão de transformar a gestão que genuinamente abraçou. Mais uma vez, a vida impunha uma lição de humildade, frustração e consciência dos limites.

Entender o significado da cultura, por outro lado, inspirou nele uma inquietação duradoura. Ele descobriu que a missão de gerente não exigia apenas o conhecimento aportado pelos bons teóricos da administração, mas que também era necessário aproximar-se do conhecimento da psicologia de grupos e, ainda mais, ter uma vivência pessoal nas entranhas dos grupos. Grupo e cultura têm muita ligação. Lendo Edgar Schein (2009), por exemplo, Rafael encontrou uma definição formal da cultura e copiou em suas anotações:

> *Um padrão de suposições básicas compartilhadas, que foi aprendido por um grupo à medida que solucionava seus problemas de adaptação externa e de integração interna. Esse padrão tem funcionado bem o suficiente para ser considerado válido e, por conseguinte, para ser ensinado aos novos membros como o modo correto de perceber, pensar e sentir-se em relação a esses problemas. (SCHEIN, 2009)*

Schein fala, assim, de pressupostos implícitos, compartilhados pelo grupo, que determinam as percepções, os pensamentos o comportamento de seus membros.

Cultura é então um símbolo de alta complexidade, pois se forma em um processo que envolve experiências e também as consequências de aprendizado da realidade externa e interna, com seu concomitante fluxo de emoções nos grupos e nos indivíduos. Os pressupostos básicos que o grupo havia aprendido na Metalead resultaram em uma cultura defensiva e medrosa.

Afirma Schein que a cultura é uma abstração, mas em situações sociais e organizacionais as forças que ela cria e que dela derivam são poderosas. Se não entendermos a operação dessas forças, seremos suas vítimas. E, pensou Rafael, foi exatamente isso que aconteceu na Metalead.

A transformação cultural é um processo gradual, não um episódio inspirado por um achado cognitivo. Requer habilidade da liderança para convencer. A questão "convencer" reaparecia na trajetória profissional de Rafael, orientando para sempre seu pensamento e sua reflexão. Reverberava em sua memória a exposição marcante de um professor japonês em palestra que assistiu em Tóquio, em 1987, promovida pelo Juse como parte do aprendizado sobre TQC patrocinado pela Metalead. O que Rafael lembrava das suas palavras era mais ou menos assim:

> *No ocidente, quando vocês pretendem fazer uma mudança, chamam a pessoa que deverá conduzi-la e explicam minuciosamente os motivos da mudança, o que se espera dela, as dificuldades técnicas com as quais irá deparar, as consequências de não fazer a mudança, os passos sucessivos que planejaram para ela acontecer... enfim, explicam todos os detalhes possíveis. Quando concluída essa explicação, vocês indagam à pessoa responsável pela mudança: você entendeu?*

E continuava o professor japonês:

> *É possível que o outro responda que sim sem ter entendido completamente todos os detalhes, porque ninguém se sente bem expondo suas limitações intelectuais diante do chefe ou dos colegas. Então, a partir dessa manifestação, vocês implantam a mudança. E essa é a receita para o fracasso!*

Isso acontece porque, disse ele:

> *Se tiver entendido, não significa que o indivíduo esteja convencido. E é com o convencimento das pessoas e não com o seu entendimento que se realizam as missões. Valeria mais, portanto, indagar se ele estava convencido.*

A partir dessa lembrança, e associando com a realidade que vivenciara na Metalead, Rafael compreendeu a diferença abismal entre entender e estar convencido. Entendemos pelo raciocínio, que transita nas estradas da lógica; mas nos convencemos com o coração. O entendimento é apenas preparatório e está a meio caminho do convencimento, ou seja, da motivação para a ação eficaz. A linguagem do entendimento, valendo-se da fala e da razão, é unilateral, vai do emissor ao receptor e utiliza os caminhos racionais da mente, como dedução, indução, assimilação etc. Já a linguagem do convencimento é recíproca, é lida nos olhos de ambos, emissor e receptor, e expressa-se em termos da relação humana, que transcende a lógica. O convencimento nasce e mantém-se somente quando está sustentado por uma relação de respeito e confiança.

Na memória de Rafael, continuava viva a mensagem do professor japonês: essa relação não é uma dádiva que acontece espontaneamente, ela deve ser construída pelo líder por meio de um investimento contínuo, o que não exclui frustrações. Para Rafael, era mais fácil ser racional, remetendo-se à lógica do entendimento, poupando-se do sofrimento. Mas a frieza da razão sem emoção não convencia ninguém. Deu-se conta, então, de que se poderia estar lidando com algo que o outro entende, mas que não está de acordo com princípios ou crenças do outro ou, mais ainda, que evoca fantasmas – por vezes inconscientes – de situações e momentos doloridos ou mal resolvidos do interlocutor.

Poderia ele, por exemplo, estar solicitando um voto de confiança nas boas intenções da direção da empresa para alguém que sentia sua vida pessoal como uma sucessão de traições, e que por isso havia construído o modelo mental, fechado a sete chaves, de que a condição para sobreviver é não confiar em ninguém?

Rafael concluiu, depois de muito pensar: se desejasse convencer, deveria primeiro tolerar a frustração que significa aceitar os limites da razão, para depois aventurar-se na lógica da emoção.

E essas cogitações levaram-no a supor o porquê de seus subordinados desejarem, mas não conseguirem, persistir na implantação do novo sistema de gestão. Pensou novamente na palestra que ele proferira para os seus subordinados como primeiro passo para a implantação do TQC. Ela teve uma substância predominantemente racional e lógica. Pouco se concentrou na exigência emocional concomitante.

Chegou a uma conclusão: nem ele e nem seus colegas sabiam convencer! Não tinham a habilidade necessária para lidar com incerteza, provisoriedade, emoções, orgulho, medo, inveja, fantasias etc. Podiam ser honestos e leais, mas não sabiam construir relações de confiança. Na realidade, nem sabiam até onde e nem quão profundamente projeta-se o termo confiança.

Rafael experimentou então outra mudança catastrófica em sua vida, e essa o levou a explorar as ideias de pensadores que refletiam o efeito da razão e da emoção no gerenciamento. Esses autores abriram outros horizontes para o seu pensamento. Foram alguns deles: Elliot Jaques, Margaret Wheatley, Peter Senge, Edgar Schein, Dave Ulrich, Kets de Vries, Zaleznik, Laurent Lapierre, A. K. Rice, António Damásio, David Armstrong, Lionel Stapley, Karl Weick, Larry Hirschhorn...

Decidiu, então, fazer um curso de psicologia e, como concluiu que ele era um desconhecido para si próprio, iniciou um processo de psicoterapia com o objetivo de se conhecer mais. Também acreditava que seu aprendizado no difícil papel de gerente poderia ser útil a outros profissionais nos meandros da vida corporativa. Outra vez, deveria começar do princípio e colocar à prova sua **capacidade negativa**. Agora, entretanto, sentia-se bem mais autoconfiante.

Capítulo 6. Estação catástrofe

Na busca de sentidos para sua opção profissional, Rafael interessou-se por alguns fundamentos da psicanálise, esperando que eles tivessem algo a dizer sobre a vida corporativa. Sabia que a escola de Tavistock, em Londres, trabalhava desde a metade do século XX com as ideias do médico e psicanalista inglês Wilfred Bion, que desenvolveu uma respeitada teoria de grupos aplicada às organizações, a partir do tratamento de soldados com trauma de guerra. Os antecedentes remontam à proposta sociotécnica que foi aplicada com sucesso na Grã-Bretanha, na metade do século XX, na melhoria de resultados de trabalhadores em minas de carvão.

No encalço desse conhecimento, a leitura de uma das obras do seu amigo e professor Antonio M. Rezende[14] tornou Rafael familiarizado com a palavra *catástrofe*, cuja acepção atual dista da original. Segundo Rezende, existem antecedentes dela no antigo teatro grego. Ao contrário dos contemporâneos, o teatro grego não contava com cenário para dar ao espectador a percepção sensorial do contexto envolvido na representação. Tal função era cumprida pelo **coro**, um grupo de pessoas que recitavam a cena, em uníssono, antes que os atores entrassem no palco. Dessa forma, o público tomava ciência de local, tempo e particularidades da representação. Por exemplo, eles poderiam anunciar: "a cena desenvolve-se em um bosque, é o início do anoitecer no verão, os insetos começam o seu zunido, os amantes estão sentados sobre o tronco de uma árvore caída...". Esse canto do coro chamava-se "estrofe" (*strophe*). Quando o coro concluía a estrofe, retirava-se do palco, para que os atores entrassem e representassem a cena. Concluída essa interpretação, o coro entrava novamente para

---

[14] Doutor em teologia (Roma) e em filosofia pela Universidade Católica de Louvain (Bélgica). Professor universitário durante muitos anos na Unicamp. Psicanalista pela Sociedade Brasileira de Psicanálise de São Paulo. Tem vários livros publicados, sendo alguns deles: "Bion e o Futuro da Psicanálise" (1993), "A Metapsicanálise de Bion: Além dos Modelos" (1994), "Ser e não Ser, sob o Vértice de O" (1999), "A Identidade do Psicanalista" (2000) e "O Paradoxo da Psicanálise, Uma Ciência Pós Paradigmática" (2000).

cantar a cena seguinte, ou seja, outra estrofe; ou *katastrophe*. A origem da palavra catástrofe estaria então associada, na Antiguidade Clássica, à mudança de cena.

Mudança sempre cria ansiedade, pensou Rafael. No caso específico de transposição da cultura de um status para outro, frequentemente há medo e até desespero. Por isso, inspirado na interpretação de Rezende, cogitou que a acepção dessa palavra se transformou, convertendo-se em indicativo de situações trágicas e ameaçadoras. Em psicologia, essa visão foi introduzida por W. Bion, que também não identificou o termo catástrofe com tragédia. Ao contrário, afirmou que, quando o indivíduo é capaz de se transformar, a mudança catastrófica produz desenvolvimento.

Em uma viagem a Buenos Aires, Rafael conheceu os psicanalistas argentinos Dario Sor e Maria R. Senet, que trabalharam sobre a teoria de Bion a respeito da mudança. Na ocasião, Rafael lhes comunicou a sua preocupação com o assunto. Eles afirmaram que o resultado da ocorrência de uma catástrofe como colocada por Bion poderia ser resumido na expressão *dar-se conta* (SOR; SENET, 1988). Afirmaram também que se trata de uma experiência emocional que carrega uma espécie de traição a conhecimentos prévios, duramente construídos e estatuídos. Trair uma crença significa buscar as suas fissuras, as suas brechas, os seus possíveis pontos de ruptura. Dessa maneira, a mudança catastrófica é leal às buscas e indagações, e não necessariamente às soluções. Segundo Bion, no âmbito da mente, a alteração derivada de uma mudança desorganiza o sistema que estava constituído antes dela, por isso é chamada de catastrófica.

Rafael também foi tocado pela visão de David Armstrong. Para esse autor, toda organização é um espaço emocional. E é um espaço emocional porque é uma invenção humana, que serve a propósitos humanos e depende de seres humanos para funcionar. Seres humanos estão sujeitos a raiva, ambição, orgulho, medo, surpresa, desgosto... organizações são espaços interpessoais que trazem à tona as emoções contidas nas relações interpessoais: amor e ódio, inveja e gratidão, vergonha e culpa, antipatia e orgulho. Por outro lado, a conotação interpessoal da organização remete a um espaço de grupo com todas as tensões e conflitos próprios da vida em comum, como o desejo de pertencer e a necessidade de diferenciar-se (ARMSTRONG, 2004).

Gradualmente, Rafael foi construindo reflexões que ganharam corpo quando ele tomou consciência de que os resultados do TQC se revelaram pífios. Os grupos de CCQ (Círculos de Controle de Qualidade), premiações, promoções, tudo lhe parecia superficial, sem convencimento. Era uma espécie de encenação para evidenciar à direção que os trabalhos estavam em marcha. As disciplinas que estava estudando no curso de psicologia não lhe permitiam baixar a guarda na autocrítica.

Essas reflexões projetaram Rafael de volta ao princípio da sua opção profissional e à ponderação dos modelos que o guiaram à época. Os pressupostos básicos do gerenciamento organizacional que ele conhecia pautavam-se em teorias ou hipóteses modeladas nas premissas das ciências exatas porque assim, pensava Rafael, pareciam inspirar mais confiança para convencer as pessoas que militam na vida organizacional. Poucas vezes defrontara-se com algum livro ou artigo respeitado na área de administração que abrigasse um viés novelesco ou ficcional. Os ritos da administração não pareciam ligados a metáforas e nem a mitos, embora esses, por vezes, sejam bastante fecundos. A narrativa, quando havia, pautava-se em dados numéricos ou registros eventuais, cuidadosamente lapidados e frequentemente submetidos a tratamentos estatísticos. Isso parecia funcionar como uma luz no fim do túnel da ansiedade para Rafael. Na linguagem da administração científica, o relato configura-se como estudo de caso. Almeja-se assim encontrar algum tipo de formulação que, da mesma forma que na ciência aplicada, permita alguma previsibilidade e controle dos empreendimentos organizacionais e produtivos. É obvio que tal intuito deve estar o mais desprovido possível de vieses pessoais e deverá ser neutro – para poder ser reproduzido, o que é um princípio fundamental da ciência. Essa luz, entretanto, não foi suficiente para apontar o caminho para sua realização e felicidade como executivo e gerente de sistemas formados por pessoas, equipamentos, matérias e processos. Rafael achava que o mesmo estivesse acontecendo com outros passageiros do seu tempo.

Como administrador e gerente, viveu momentos empolgantes, mas muitas vezes a vida lhe parecia árida e sem glamour, às vezes deprimente. Isso o levou a colocar dúvidas quanto à escolha profissional. Teria empreendido uma carreira equivocada? Não tinha, mesmo muitos anos depois de formado engenheiro e já tendo passado da metade da vida, uma resposta definitiva sobre essa questão, e fazia muito tempo que essa elucidação havia deixado de ser importante para ele.

Em uma época anterior, quando mais jovem e executivo bem-sucedido, teria sentido demérito em reconhecer e assumir essa incongruência. Diversamente, já mais velho, pensava que a busca das razões para esse mal-estar não estivesse bem direcionada e que a carreira seria um meio para realização, mas não a essência da identidade. Na época anterior, centrava a causa de seu mal-estar nas organizações que julgava incoerentes ou desumanas, ou ainda nos seus chefes, que não pareciam perceber ou reconhecer o seu valor.

Ingênuo, supunha-se autor das suas escolhas. Somente com a idade, tornando-se mais maduro e tendo uma visão mais ampla sobre a vida corporativa e sobre si mesmo, Rafael percebeu que se havia identificado, no passado, como um objeto cultural cativo de seu tempo, como um ator desempenhando papéis escritos por ignotas prescrições e um produto de sua história pessoal, que desde a infância deixara sólidos vestígios na memória emocional. A cultura focalizada na palavra progresso valoriza o aumento de riqueza, de produção e de produtividade na sociedade e o aumento de ganhos e status para os indivíduos. Esse poderoso indutor cultural acrescentava a Rafael fantasias inconscientes de exigência por façanhas heroicas no cenário da organização que, obviamente, nunca concretizaria. Tal situação reforçava a sensação secreta de culpa e vergonha, com a qual normalmente já se ingressa na vida social.

Talvez a culpa decorresse do engano tramado ao tentar se disfarçar do que não se é e nem se poderá ser. A pequenez e as limitações deveriam ficar escondidas. E, nesse engodo, Rafael acabou tendo um relativo sucesso: enganou a si mesmo subestimando os seus limites.

A partir de outro vértice das suas fantasias secretas, ele deveria ser tosco, e suas insuficiências estariam relacionadas a uma espécie de pecado original que aturava desde menino. As conquistas no bom desempenho de suas funções gerenciais na organização eram insuficientes para redimir a falha de não ser impecável, de não inspirar admiração e inveja nos espectadores de suas proezas. Nos pratos da balança do seu autojulgamento, que era o reflexo de um julgamento cultural superegoico[15], pesavam mais a culpa e a vergonha (de cunho sobre-humano) que as realizações (humanas e limitadas). Os espectadores de sua performance pareciam virar juízes inquisidores a confirmar sua inexorável insuficiência, condenando-o a não ser aceito. Tratava-se de uma ótica absurda, cruel e sub-reptícia que Rafael demorou muitos anos para trazer à consciência, pois estava escondida nas masmorras do seu inconsciente, desde onde governava os seus desejos. Por isso, mortificava-o sem se materializar, fazia-o sofrer sem lhe permitir saber por quê.

---

[15] Id, ego e superego integram a **teoria da personalidade** de Freud. O superego representa os valores sociais adquiridos pelo indivíduo junto à família e à sociedade.

A sua realidade externa, na interação social, denotava um forte contraste com aquela sofrida realidade interna, pois era um executivo bem-sucedido, respeitado, admirado e provavelmente invejado. Era lógico então que ele se questionasse sobre a origem do mal-estar que o acometia. Como uma criança que projeta a origem da frustração dos seus desejos nas pessoas que formam o seu mundo afetivo (a mãe e o pai, por exemplo), Rafael projetou a origem do seu sofrimento na incongruência das organizações, nos seus chefes ou na escolha equivocada da carreira. Obviamente, não era esse o julgamento que lhe permitiria evoluir; pelo contrário, estava levando-o a um beco sem saída.

Dar-se conta

A angústia teria sido perene, e sua vida profissional teria malogrado, se ele não tivesse se apercebido de outros vértices da liderança, dinâmica repleta de emoções, ambições, medos, desejos, que se desenvolve quando se interage com organizações, grupos, metas, resultados. Muito depois, ele descobriu perspectivas que podem fazer a vida institucional muito mais cativante e motivadora.

A partir de sua carreira em engenharia, relacionada depois ao afazer organizacional, conheceu alternativas e teses variadas, gestadas por inúmeros pensadores da administração e disseminadas por apóstolos convincentes, para aumentar a eficácia e os resultados das empresas. Despertavam elas a atenção e a avidez de gerentes querendo aumentar os resultados, de empreendedores e fundadores almejando fortalecer as suas criaturas e de executivos querendo o mesmo, além de aumentar o seu status ou nutrir o amor próprio – grupo entre os quais Rafael se contava. Esforçou-se para entender as suas premissas e, quando convencido, aplicá-las na sua função de gerente. Às vezes alguns resultados despontavam. Em sua percepção, no entanto, sempre as propostas acabavam obsoletas e eram substituídas por outras. Por mais que se esforçasse, os resultados de sua área, refletidos em indicadores de desempenho, nunca chegavam a ser extraordinários. Gradualmente, foi abandonando a ilusão de que pudesse haver uma verdade duradora e única para a eficácia organizacional e que ele pudesse ser o seu portador – o que era mais frustrante ainda para a suas ambições secretas e inconscientes.

Também, gradualmente, começou a sentir o peso da desmotivação, da falta de fé... e da desilusão – antes e, particularmente, durante a implantação do TQC na Metalead. Sem motivação nem fé, a tarefa do gerente fica entediante.

Mudando o vértice

A desilusão, paradoxalmente, foi o berço onde nasceram as suas novas esperanças, porque ela o levou a se dar conta de que, no mundo real, não existia aquela exigência que o condicionava a ser herói para se aceitar e ser aceito, como até então as suas fantasias prescreviam. Enfrentando a determinação cultural instalada no seu inconsciente, aceitou-se humano e, como tal, limitado. Ao invés de um desastre, como prenunciavam os pressupostos com que se formou, essa nova percepção concedeu-lhe um grato alívio. Ela também descortinou um lado oculto da sua realidade íntima, onde Rafael enxergou inconsistências perturbadoras que, irreverentes, saíam dos seus esconderijos e o desafiavam insinuando que elas poderiam estar relacionadas à gênese da sua frustração.

Até esse momento, via a sua área de responsabilidade e a própria empresa como um observador vê seu objeto de estudo, nos paradigmas de pensamento científico clássico que tinha aprendido. Dessa maneira, almejava encontrar as regras e leis que o fizessem previsível. No entanto, organizações empresariais são sistemas vivos e muito complexos, prever a sua evolução parece utópico pela quantidade de variáveis técnicas, organizacionais, econômicas, políticas, psicológicas e sociológicas que estão envolvidas.

A rua sem saída deixou de ser tal quando Rafael começou a olhar da pele para dentro e a aprender com suas falhas. Elas começaram a emergir com a dor de um parto emocional e a aparecer na sua consciência em um desfile dos seus próprios papéis em fantasias burlescas que zombavam do seu amor-próprio.

Uma delas foi a falta de sentido e de transcendência da missão que abraçou na vida empresarial e que ele seguia e cumpria porque a havia escolhido, assim acreditava, e na qual empenhava o melhor do seu esforço e competência. Durante muito tempo esteve cego para essa realidade. Conquistou assim cargos importantes, reconhecimento e recompensas consideráveis, cujo valor deixava de empolgá-lo tão logo se cristalizava. Chegar a essa conclusão foi duro e frustrante.

Na juventude, sentira-se compelido a fazer a importante escolha da trilha profissional sem estar preparado, sem ter o repertório adequado de informações para confrontar e comparar. Um desses momentos aconteceu quando optou por estudar engenharia. Não se arrependia do curso e nem da profissão em si, que achava fascinante e útil. Refletia agora sobre o porquê, no sentido da missão de uma profissão que pode abarcar diferentes perspectivas para diferentes pessoas, ou para a mesma pessoa em diferentes momentos da vida. A perspectiva que abraçou ao se formar, apontada pelos seus professores, era criar ou melhorar processos, produtos, instalações etc. E isso foi o que ele escolheu, aos vinte anos, e o que se proporia a fazer no transcurso da vida.

Aprendeu depois que existem outras alternativas de missão para a engenharia, como, por exemplo, empreendedorismo, desenvolvimento social, gerenciamento, liderança, ecologia e preservação do meio ambiente, desenvolvimento de competências técnicas e gerenciais, administração de riscos e outras diversas aplicações que se aproximam de verdadeiras obras de arte. Nessa esfera estão o gerenciamento da qualidade, a solução de problemas em grupos, transformação de frustrações em pensamento e criatividade, inovação, administração de conflitos etc.

Mas, como lhe faltavam experiência e repertório, sua escolha obedeceu a impulsos movidos por necessidades primitivas de tapar buracos existenciais e buscar confirmações. Constatou, anos depois da primeira escolha, que havia transferido para a organização expectativas pessoais que deveriam ter ficado confinadas na infância. Por exemplo, o angustiante reconhecimento de que o seu esforço perseguia o fim de ser aceito pela entidade empresa, à qual transferiu o papel de pai e mãe dos quais queria ser o menino amado. Logicamente, essa dinâmica acontecia, outra vez, no domínio do inconsciente, cenário sórdido e cheio de armadilhas. E depois de ter amadurecido e conseguido algumas conquistas significativas no exercício da profissão como gerente bem-comportado, confiável, leal, percebeu que faltava sentido a seu ofício.

Se tivesse tido a ajuda de um *coaching* gerencial eficaz naquela época, teria certamente se apercebido antes dos efeitos ardilosos dessa dinâmica emocional, e a Metalead se teria beneficiado mais com a sua contribuição. A aceitação que buscava na empresa nunca poderia compensar a que almejava de seus pais na infância. O descobrimento doloroso, no entanto, permitiu-lhe ressignificar sua missão com um sentido mais profundo e gratificante.

Papel

Tratando de compreender seu trabalho e o vínculo com a empresa, Rafael a observava como um pesquisador de biologia olhando no microscópio, na relação sujeito-objeto de estudo. A vida na organização não se comporta assim. A relação muda e o observador se alterna com o ator. Shakespeare afirmava que todas as pessoas são atores e atrizes que sempre desempenham papéis. Efetivamente, observa-se que os indivíduos se mimetizam nos personagens assumidos. Os papéis resultam em posturas assumidas, às vezes sem se ter plena consciência delas, em um determinado contexto, por senti-las adequadas ao fim perseguido pelo sistema. O sistema pode ser a empresa, a família, uma associação, um clube etc. Alguns papéis: conselheiro, pai, professor, amigo, xerife, vítima, justiceiro, dom Quixote, redentor, filho pródigo, bode expiatório etc. Rafael não enxergava que a vida – organizacional e pessoal – impõe a escolha e a mudança contínua e ágil em um caleidoscópio de papéis que vão se alternando. Esses papéis são em parte determinados pelos sistemas nos quais se está inserido e em parte pelas propensões pessoais. E estas, às vezes, têm nascentes em experiências afetivas do passado, até mesmo da infância.

Rafael deu-se conta de que nem sempre tinha consciência do papel que assumia. Via agora que a escolha do papel adequado deveria partir de um ato consciente, firmado na leitura correta da realidade, e deveria envolver inteligência emocional. Obviamente, o papel adequado tem relação direta com as realizações do indivíduo na sociedade. O papel inadequado é percebido e repelido pelos outros. É adverso à consecução dos objetivos de quem o desempenha. Como isso é também uma escolha, ele pode ser mudado por quem o exerce, desde que perceba a sua inadequação e a conveniência de mudá-lo. Isso é bem mais fácil do que mudar a personalidade da pessoa (o que pode demandar muito tempo de terapia) ou mudar a organização. Também nesse aspecto, um trabalho de *coaching* poderia ter sido de grande ajuda.

A leitura e o estudo de autores que abordam a organização a partir de um vértice psicanalítico levaram Rafael, muito tempo depois, a entender que o papel seria o *link* entre a pessoa, o sistema (a organização) e o contexto.

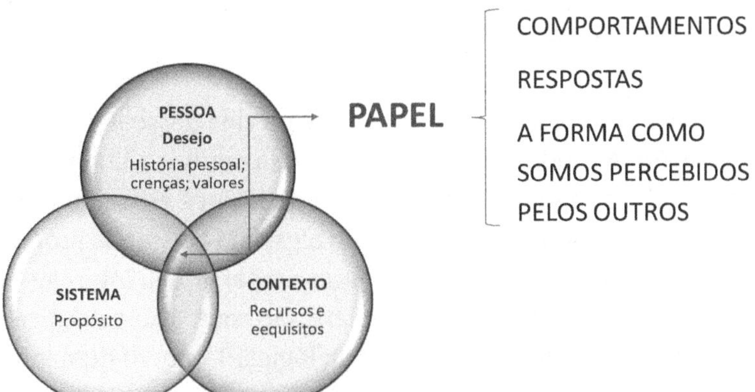

Figura 1. Fonte: adaptado de Long, 2015.

O gráfico mostra que o papel adequado se encontra na interseção de três domínios:

- A *pessoa*, que tem os seus desejos. Estes se originam em sua história pessoal, crenças, valores e modelos mentais.
- O *sistema* no qual atua. O sistema se caracteriza pelo seu propósito. Descobrir o propósito do sistema, quando este não é explícito, é fundamental para não se desempenhar um papel inadequado.
- O *contexto*, que muda em consonância com a realidade. Frequentemente essa mudança de contexto está associada à mudança de outros sistemas contíguos.

E nesse seu desfile de falhas, Rafael tomou consciência de que quando exercia seu cargo de gerente não havia atentado (e nem sabia dessa sutileza) para o papel conveniente às situações vividas e muitas vezes o assumiu inadequadamente. Por exemplo: foi amigo quando devia ter sido chefe, justiceiro quando devia ter sido mentor, vítima em vez de autocrítico, menino arredio e competitivo em vez de aprendiz humilde, e vários outros papéis questionáveis. Outro penoso descobrimento.

Mudanças

Mais outra falha. Como gerente, ele devia lidar permanentemente com mudanças e, sobretudo, com a implantação e afirmação delas com indivíduos e grupos. Subestimou esse desafio. A escola o havia preparado para a argumentação lógica e, como muitos colegas, valendo-se dela, pretendeu transitar por esse espinhoso matiz da condição humana. Tal abordagem é incompleta, ingênua e talvez arrogante. A mudança envolve uma complexa dinâmica na qual muitas vezes a razão é menos decisiva que a emoção. Rafael, então, veio a comprovar que não estava preparado para conduzir mudanças. Considerava-as como mais uma das questões, pautas ou necessidades estratégicas da organização.

Era outro erro, pois a mudança é uma constante na vida pessoal e profissional, sem ela não há evolução. A mudança é o motor da vida mental. Olhando da pele para fora, não é possível distinguir essa conjugação de fatores emocionais e cognitivos – especialmente porque para poder vê-los é necessário aceitar as próprias falhas. É preciso internar-se na floresta da própria alma e a partir dali interagir com a alma das outras pessoas. Liderar mudanças é uma missão complexa que exige qualidades éticas, habilidades emocionais e competência lógica. Também demanda do líder a difícil habilidade para transitar na dinâmica consciente e inconsciente que opera nos grupos. Nesse sentido, Rafael reconheceu que era quase analfabeto.

Da pele para dentro

O pensador Lionel Stapley[16] inspirou outra perspectiva de reflexão. O conhecimento científico que Rafael havia absorvido por um processo intelectual ou cognitivo existia pronto e viera de fora para dentro, comunicado por palavras e símbolos. Mas o conhecimento que transforma não é esse, e sim o que se adquire aprendendo da experiência. E este começa consigo próprio. Rafael se deu conta de que o pré-requisito para conhecer mais acerca dos papéis e relacionamentos em que estava envolvido – e para melhorar a sua interação com os outros – concentrava-se em saber mais sobre si mesmo. Ou seja, aprender sobre grupos e organizações e sobre a sua própria conexão e interação com eles deveria ir de dentro para fora. Aprender da experiência não é apenas capitalizar dados objetivos como na proposta de um experimento de ciências aplicadas, mas metabolizar as emoções que emergem de cada circunstância dessa experiência. Aprender da experiência significa examinar permanentemente as consequências das decisões tomadas para identificar os erros cometidos e aprender com eles. É doloroso porque nos defronta com limites e desmascara a onipotência.

Tratando de encontrar sentido para a sua atividade, Rafael animou-se a permitir-se aprender da experiência. Intuía que esse não seria um processo fácil e seria até por vezes assustador. E, certamente, produziria ansiedade ao enfrentar abandono, adaptação e diferenciação dos padrões firmemente instalados em sua mente. Em compensação, aprender da experiência, controlando os próprios impulsos, poderia lhe oferecer liberdade para atuar de maneira esclarecida, em consonância com as circunstâncias em que estivesse envolvido.

Essas descobertas agitaram os paradigmas que até então Rafael havia construído sobre sua autoimagem e sua vida pessoal e profissional.

De início, as ideias efervesciam em um enxame de emoções: surpresa, irritação, curiosidade, decepção, culpa, incerteza, perda, depressão e esperança. Mas, a partir de certo momento, muitos dos seus conceitos se transformaram. Ao reconhecer-se como ator, dera o primeiro passo para ser também autor. Os seus papéis na vida organizacional passariam por um profundo questionamento. Estava sendo protagonista de uma mudança catastrófica.

---

16 Lionel Stapley é autor e consultor organizacional inglês, focado em psicodinâmica. <https://www.lionelstapley.com/>

Motivação

A **catástrofe** o remeteu a uma questão psicológica muito presente na vida corporativa: a motivação. Assim como a comunicação, essa era uma preocupação de todos os executivos que se propunham à ilusória expectativa de motivar os subordinados e para isso apelavam para tentativas simplórias de explicação, por meio de algumas teorias amigáveis de psicologia organizacional. Só que agora não eram as especulações teóricas que estavam no palco onde a sua vida se desenrolava e sim a sua própria motivação, uma perspectiva pouco explorada até então, ou que tinha sido tocada apenas tangencialmente. Descobriu um abismo assustador entre as teorias cognitivas e sua própria motivação, vivida como uma intensa experiência emocional.

Motivação é um atributo humano que abriga os motivos que levam à ação. Ação refere-se ao fazer e este nem sempre está induzido ou inspirado pelo ser. Rafael aprendeu que para alguns pensadores, como Maslow, Freud e Bion, entre outros, a motivação é provocada por necessidades, carências ou faltas que se originam a partir do corpo. Segundo Maslow, essas necessidades podem assumir diferentes qualidades que vão desde o déficit (ligado à imaturidade) até a autoatualização (maturidade). Necessidades de déficit chamam-se assim porque surgem de carências que procuram alívio no exterior (por exemplo, as mais elementares como fome, sede, sono etc.) e, quando satisfeitas, desaparecem e dão origem a uma nova necessidade que, por sua vez, buscará a satisfação também no ambiente externo ao indivíduo. Ao ser atendida, da mesma forma, dará origem a outra e assim por diante. Os indivíduos inspirados na necessidade de déficit dependem de um ambiente externo favorável para se sentirem satisfeitos. Questões como autoestima e respeito dependem da confirmação dos outros. E, mesmo assim, nessas circunstâncias o prazer experimentado é efêmero. Segundo esse pensador, as necessidades de déficit estão inseridas em uma hierarquia que compreende, pela ordem das necessidades: fisiológicas, de segurança, de amor, de autoestima e de respeito.

Já as necessidades de autoatualização nutrem-se a si próprias e não dependem da benevolência do ambiente externo, dizem respeito a realização e maturidade. Elas estão inspiradas no ser, na autopercepção, na transcendência. São condizentes com uma perspectiva de missão, que também é uma razão de ser. Obviamente, pessoas com tais necessidades são mais independentes do meio externo.

O reconhecimento da qualidade imatura da motivação que prevaleceu durante boa parte da sua travessia organizacional – como sinalizava muitos anos depois a consciência da sua luta inglória em prol de causas vãs – foi, para Rafael, uma dolorosa revelação. Levou muitos anos para dar-se conta e apropriar-se desse aprendizado. Quando chegou a esse ponto de inflexão, uma importante fração da sua vida como gerente já havia sido consumida. Embora seu desempenho fosse eficaz e valorizado pelos empregadores, estava agora convencido de que poderia ter sido bem mais criativo e construtivo, e menos reativo, se as situações vividas acontecessem à luz dos sofridos descobrimentos que fazia nessa etapa mais madura. E, o mais importante, teria dado um sentido diferente para o trabalho, buscaria outro tipo de realização mais gratificante por transcendente. Teria experimentado outra qualidade de prazer no trabalho e agregado mais valor para as empresas que o empregaram.

Elliot Jaques[17] afirmava que as pessoas aderem a um objetivo e se dispõem para a ação, ou seja, motivam-se, quando percebem valor *para elas* nesse objetivo ou ação. Para elas, não é o mesmo que dizer para a organização, para a área ou para o chefe. A incorporação do valor aspirado dependeria da competência da liderança. A onipotência própria da cultura reinante na Metalead fez passar batida essa condição e levou as lideranças a assumir erradamente que o que tinha valor para elas, por ser lógico e conveniente, deveria sê-lo para toda a comunidade da empresa.

O valor é um vetor psicológico e, portanto, intrínseco a cada indivíduo. Os valores das pessoas apontam para diferentes degraus na escala de necessidades básicas. Para algumas, está sediado na autoatualização. O valor psicológico é abastecido da energia psíquica. Essa é uma das resultantes do metabolismo fisiológico que transforma a energia potencial contida nos alimentos nos diversos tipos de energia que o organismo administra para sua sobrevivência e crescimento. Assim sendo, cada pessoa construirá e hospedará consciente ou inconscientemente o seu próprio elenco de valores que foram se materializando por meio da educação desde a infância, das experiências vividas, do sofrimento, das coisas que deram certo, das suas crenças, da maturidade, da reflexão pessoal, entre outros fatores. Isso quer dizer que as pessoas podem albergar valores diferentes. Assim, aqueles que convêm ao gerente interessado em uma mudança cultural profunda, como a que impõe a gestão da qualidade, podem não sensibilizar os colaboradores envolvidos. Essa distribuição randômica de valores entre os indivíduos que têm uma missão comum pode se alinhar parcialmente,

---

[17] Elliott Jaques foi um estudioso que ofereceu propostas para a melhoria das relações organizacionais. Escreveu "Executive Leadeship", "The Life and Behaviour of Living Organisms – A general Theory", "Requisite Organization", "Human Capability", "A General Theory of Bureaucracy".

por meio da dinâmica do próprio grupo que constrói uma mentalidade grupal única. Esta pode apoiar, opor-se ou, pior, ser indiferente à demanda do líder, dependendo da habilidade que ele tenha.

Portanto, concluiu Rafael, para o êxito de uma mudança cultural que exija comprometimento coletivo, é necessário que o valor desse propósito seja incorporado previamente pelo grupo na sua pluralidade, instalando-se como um valor psíquico, surgindo de dentro para fora, e não inoculado de fora para dentro. O convencimento do grupo seria uma missão e um pré-requisito inexorável e indeclinável do gerente. Para isso, em primeiro lugar, ele próprio deveria estar convencido, deveria inspirar confiança, ser visto como competente e saber decodificar os sinais que se originam na dinâmica dos grupos. A sua comunicação deveria consistir em uma argumentação lógica, porém contida em uma conexão emocional. Na sua gestão na Metalead, Rafael não estava preparado para a provocação, e seus colegas também não.

Estação catástrofe

Rafael tinha a impressão de que o tempo em que transitavam as suas vivências não era o mesmo tempo em que aconteciam as experiências das pessoas com as quais se relacionava. Ele reconhecia a dimensão física do tempo, medida em anos, meses, dias, horas... essa é uma referência universal que nos define como passageiros no mesmo trem da existência, como habitantes da mesma época, ele pensava. E simultaneamente sentia haver, ao menos para ele, uma outra perspectiva para o tempo, uma espécie de desdobramento que diferenciava o tempo físico do seu tempo emocional.

Embora viajasse no mesmo trem que o tempo físico, era como se o tempo emocional fosse elástico, comprimindo-se e dilatando-se, deslocando-se alternadamente entre o primeiro e o último vagão dentro do longo trem de sua experiência de vida. Rafael imaginava-o como um tempo psicológico, no qual vivências que não encontram significado vão se acumulando e esperam por ele, pressionando como uma bexiga que vai se inflando. Rafael, o viajante, para aliviar-se do incômodo que tais vivências impunham, evitava-as e refugiava-se na paisagem que via pela janela. Enxergar o mundo pelas janelas do trem era bem mais ameno, embora isso pudesse abrigar o perigo de transferir a responsabilidade de viver no "piloto automático", comandado pela cultura das coisas, ou seja, a cultura do seu entorno, que pretendia seduzi-lo a partir da paisagem.

Já no interior do trem, os significantes sem significado o incomodavam. Ele ficava desassossegado, esperando que chegasse o seu tempo de ganhar sentido. Quando não decifradas, essas coisas vazias aumentavam sua ansiedade. Parecia-lhe que se acumulavam no último vagão questões como o sentido do amor, da gratidão e da compaixão; e o sentido de ser filho, pai, esposo, amigo, irmão. Estavam sempre perigando cair do trem: a busca do porquê de sua insatisfação consigo mesmo, o questionamento sobre o papel de sua profissão em sua vida; o sentido da ética profissional e da pessoal; as razões pelas quais algumas pessoas o incomodavam. Por curioso que seja, esse incômodo tinha utilidade, pois mantinha sua esperança viva e seu espírito ocupado. O caminho parecia-lhe árido e sofrido, e a tentação de abandoná-lo era intensa.

Quando cedia à tentação de postergar ou esquecer a busca, Rafael lesava a qualidade do seu tempo, empobrecia sua vida cedendo à sedução da paisagem. Os significantes ainda sem significado corriam perigo ainda maior de serem perdidos. Sentia-se então como se ao nascer tivesse sido nomeado guardião e gerente de algo de um valor formidável: o tempo e o aproveitamento de sua vida. Era como se o desperdício fosse um descaso, um desleixo.

Em certos momentos, as vivências que aguardavam decifração, os encontros com pessoas significativas, aqueles eventos que o marcavam sem ele saber a razão e pareciam desconexos, de repente, integravam-se e passavam a fazer sentido. Então ele experimentava a dádiva com uma sensação de alívio e triunfo simultâneos. Era um dar-se conta que o fazia sentir como se tivesse corrido velozmente do último vagão para o primeiro. Eram instantes fugazes e menos frequentes do que ele gostaria, mas o efeito era prodigioso, como um sinal que iluminava e reconciliava-o com a existência. Era como se nesses instantes singulares o trem, sem que os outros passageiros percebessem, se detivesse na estação catástrofe, que só ele podia reconhecer. E fosse ele o único passageiro a descer, para se apropriar de um significado que lá estava depositado aguardando por ele e depois, sem ninguém notar, reentrasse no trem do tempo. Reiniciada a marcha, parecia-lhe que depois de algum traquejo o trem o surpreendesse novamente retornando à estação catástrofe onde outro significado aguardava para ser revelado. Seriam esses instantes de lucidez os que Bion teria definido como "mudanças catastróficas"? – perguntava-se Rafael.

Buscando sentidos

A depressão própria da desoladora descoberta sobre sua atuação como gerente incubou na sua alma mais um questionamento: que benefício poderia resultar desse aprendizado tão doloroso e demorado? Poderia ele resgatar alguns materiais ainda úteis desse desmoronamento? Deu-se conta então de que a própria resenha que abarcava uma fração da sua história de vida já era um resgate de valor – mesmo que não se modelasse na objetividade pura da ciência clássica e pudesse abrigar vieses pessoais. Pensava ele que tinha valor porque fincava um testemunho que facilitaria a afirmação do aprendizado e, quem sabe, poderia estimular a reflexão de outras pessoas. Quantos relatos de situações semelhantes estariam esperando para serem escritos? Quanto esses outros relatos não teriam espantado os fantasmas da sua solidão? Rafael perguntava-se: seriam únicas essas circunstâncias de sua história profissional, ou também poderiam acontecer com outras pessoas na sua vida na organização?

Ocorreu-lhe que, pela ótica íntima, a sua história poderia não ser única e nem original, que outras pessoas talvez enfrentassem realidades semelhantes. Se assim fosse, e se encontrasse um caminho para facilitar essa transformação, desenvolvendo a habilidade para se comunicar com elas em uma relação de intimidade, confiança e respeito, poderia ajudá-las a enxergar – antes do que ele o fez – essa conturbada dinâmica emocional. Imaginava como seria bom se o Rafael mais velho e maduro pudesse retroceder no tempo, conservando a experiência aprendida, e aconselhar ao mesmo Rafael mais jovem e inexperiente gerente, como se pudesse oferecer um *coaching* para si mesmo. Logicamente, isso não seria possível, porque o tempo físico e os momentos jovens já tinham passado. Mas talvez a sua experiência tivesse algum valor para outros executivos, pensava. Se assim fosse, todo o seu aprendizado ganharia sentido e teria valido a pena, pois poderia se transformar na semente de muitas realizações e contribuições das pessoas, para elas e delas para a sociedade, assim como no reparo para muito sofrimento infrutífero.

Aprendeu que o objetivo mais importante para a realização pessoal na vida corporativa é a busca de sentidos. Os outros preceitos corporativos, como valores, missão e visão, estão subordinados a ele. Aprendeu que na odisseia a ser transitada no caminho para a realização é necessário enfrentar o vigoroso desafio da presença permanente da incerteza, da dúvida, da provisoriedade. Agora, a pergunta de Hamlet "ser ou não ser" transformava-se em "ser e não ser" e dessa maneira pareceu-lhe menos dramática e mais possível. Não encontrou e nem mais acreditava que existissem ferramentas ou receitas cognitivas que quando aplicadas permitissem debelar essas angustiantes sensações, cujo efeito é ansiedade, medo e até desespero. E é bom que assim seja, pois, se enfrentados com coragem, esses fatores frustrantes podem inspirar transformações de valor.

Odisseu, no poema de Homero, depois de todo o padecimento e todas as provações, aprendeu "que era apenas um homem; nada mais que um homem e nem nada menos que um homem". Rafael então percebeu que havia aprendido da experiência e que seu sofrimento permitiu-lhe compreender o significado, o custo e o valor desse aprendizado existencial. Como Stapley alertava, o desafio foi assustador, mas aproximou-o do conhecimento de si mesmo na busca do ser.

Concluiu que, para lidar com a complexidade dos sistemas de homens, máquinas, matérias e processos, deveria procurar os recursos dentro de sua mente, compreendida em um complexo de razão e emoção. Tal recurso, encontrou ser: a *capacidade negativa.* Foi dessa maneira que adentrou na trilha de *coaching, mentoring* e consultoria transformacional.

Capítulo 7. Capacidade negativa

Um embrião do conceito de capacidade negativa[18] estava depositado nas lembranças de Rafael, desde quando ele contava 12 ou 13 anos. Ansiedade e angústia o oprimiam quando os desentendimentos entre seus pais acenavam com um futuro de incerteza e desamparo. Como iria ficar sua vida caso eles se separassem? À desolação que incluía a dor de perceber a destruição do amor entre eles – amor que tinha a ver com sua existência e lhe mordia a alma – somava-se outro sentimento que o desintegrava: o desespero ante o desamparo e a impotência. Sentia-se incapaz de enfrentar a vida por conta própria. Temia que os pais, ocupados com suas disputas, se esquecessem dele e de sua irmã, que os privassem do amor e do cuidado de que tanto necessitavam. Também se sentia culpado por não lhes inspirar amor capaz de mantê-los juntos. Sentia-se um mau menino porque não estava fazendo o suficiente e nem lhe ocorria o que fazer para solucionar os desentendimentos domésticos, como se fosse essa a sua responsabilidade. Quando a aflição chegou a ser quase insuportável, aconteceu algo surpreendente com ele, como se alguma rosca do sistema emocional tivesse os seus filetes rasgados e a tensão se aliviasse. Angústia e desespero abrandaram-se dentro dele.

Sem saber bem como, relativizou o comportamento dos pais, o mundo externo e suas ameaças e, ao mesmo tempo, distinguiu dentro de si uma tímida luz de confiança. Como se passasse a fazer o que até então não estava podendo: esperar. Apenas isso, podia esperar sem se desesperar. E isso fazia uma grande diferença. Esperar que os problemas se apresentassem e só então confrontá-los com soluções que pudesse pensar, que poderiam ou não servir às suas fantasias. "...Que ele pudesse pensar..." era outro dos descobrimentos-chave de sua experiência emocional infantil, pois o

---

[18] O termo foi cunhado pelo poeta inglês John Keats, que descreveu como "...o estado no qual uma pessoa é capaz de conviver com incertezas, mistérios, dúvidas, sem uma busca ansiosa de fatos e razão" (GITTINGS, 1970, p. 43, *apud* FRENCH, R. 2001) Tradução livre. A expressão foi depois aplicada na psicanálise por W. Bion.

que mais catalisava seu desespero era não conseguir pensar. Liberada a tensão, era como se de repente tivesse tomado consciência de que haveria recursos e energia dentro dele e que a partir daquele dar-se conta deveria iniciar seu voo solo. Foi esse o pensamento que o aliviou naquela obscura e penosa situação. Aprendeu cedo que o desespero espanta o pensamento e as esperanças. Não houve qualquer proeza dele naquele evento, nenhuma eleição ou decisão heroica, foi apenas a dinâmica natural de uma espécie de potencial genético emocional que residia nele, assim como existe em todas as pessoas, e começou a operar quase automaticamente quando foi disparado por um acúmulo crítico de angústia. Por fim, os problemas decorrentes da separação dos pais não se apresentaram. Eles não se separaram, continuaram juntos até morrerem, primeiro sua mãe, depois o pai.

Mas a experiência emocional da dor ficou indelével e o levou a um descobrimento racionalmente óbvio, mas psicologicamente intrigante: que as ameaças e o desamparo ficavam menos apavorantes quando ele conseguia manter a posse de si mesmo para poder pensar. E o pensamento que resgatou naquele desassossego foi seu leal companheiro e apoio em inúmeras situações de contrariedade que enfrentou depois. Também aprendeu que as fantasias ameaçadoras são em geral maiores que as ameaças presentes na realidade, muitas das quais nem se concretizam. Aprendeu ainda que ameaças reais, e até muito mais sérias, passariam despercebidas por estarem escondidas, espreitando sinistramente na complexidade sistêmica do mundo.

Possivelmente, pensava ele, se nos apercebêssemos delas enlouqueceríamos. Por exemplo, quantas vezes estiveram presentes circunstâncias que poderiam resultar em um trágico acidente? Essa foi, sem ele saber, a sua primeira aprendizagem sobre a capacidade negativa, parceira sedutora e difícil que veio para lhe acompanhar durante sua odisseia na prática organizacional, como a enigmática Atena ao sofredor Ulisses. Havia uma diferença, entretanto: as proezas que Rafael imaginava ter de realizar no mundo externo, enfrentando e vencendo heroicamente desafios que lhe trariam admiração dos outros, aconteceriam dentro de sua alma em uma luta silenciosa, penosa e austera, onde os espectadores seriam os seus próprios paradigmas. Luta sofrida, mas eficaz.

O que é capacidade negativa?

Não encontrando nas ciências da engenharia e da administração a luz que procurava para entender o seu papel de gestor na vida corporativa, Rafael iniciou sua jornada na psicologia da gestão. Nessa nova trilha encontrou a guia amorosa da esposa, psicanalista, e do seu amigo professor de filosofia e psicanalista, Antonio Rezende. Essa nova luz lhe revelou o conceito de capacidade negativa na psicanálise, comunicado na obra "Atenção e Interpretação", de Bion. Essa expressão teria sido lavrada pelo poeta John Keats (1795-1821) (*apud* FRENCH, 2001), que a usou para descrever a capacidade de um homem para lidar com a incerteza, o mistério e a dúvida sem a ansiedade exacerbada de chegar até o fato e a razão (FRENCH, 2001). Para Rafael, fazia muito sentido aplicar a noção de capacidade negativa na prática do gerenciamento e da liderança na vida corporativa, pois a persistência de incertezas, dúvidas e imprevisibilidade provocadas nas organizações pelas turbulências ambientais eram uma constante da vida organizacional.

O que mais poderia a psicanálise lhe dizer sobre essa questão tão presente na gestão? Intuiu que estava por adentrar uma rica jazida. Então, aflorou uma síntese da sua pesquisa no rastro dos autores que usaram a perspectiva da psicanálise para estudar as organizações e influenciaram cada vez mais o seu pensamento. Robert French, Peter Simpson e David Armstrong, estudiosos da escola de Tavistock, na Grã-Bretanha, foram alguns deles. O termo *capacidade negativa* indica a capacidade para tolerar a ambiguidade e o paradoxo e, mesmo sem todo o conhecimento almejado, empreender uma caminhada não defensiva em direção à mudança, vencendo o impulso de tomar riscos atabalhoadamente. Seria também a capacidade de integrar estados emocionais e racionais sem se dissociar dos aspectos emocionais, sem excluí-los. Capacidade negativa implica a habilidade de aprender, de permitir que a mente seja mudada pelos outros ou pelos fatos. Trabalhar com o impacto emocional de incertezas, mistérios e dúvidas não significa perder o rumo, e sim aceitar que as emoções ofereçam informações válidas sobre a conjuntura dos sistemas (ARMSTRONG, 2000, *apud* FRENCH, 2001). Em outras palavras, não sucumbir à tentação de confundir desejo com realidade. É também a capacidade de relativizar a identidade pessoal e as certezas preconcebidas, estando aberto a sensações, a impressões e a mudanças das concepções pessoais.

Como conclusão, esses pensadores sugeriam uma curiosa metáfora para o líder: a de se mimetizar como o camaleão, o que a Rafael parecia estranho, pois para conseguir sucesso no processo de mudanças sentia-se compelido a seguir e não se desviar da visão da organização. No entanto, o gerenciamento efetivo da mudança envolve estar atento ao que realmente está acontecendo em contraste com o que foi planejado, esperado ou tentado, e adaptar-se a essa realidade – o que pode levar a caminhos alternativos e não diretos (FRENCH, 2001). Nessa perspectiva, o agente de mudança deveria, momento a momento, dia a dia, avaliar o impacto emocional em si próprio e nos outros, e responder como consequência. Estranho, mas muito instigante, pensava Rafael no primeiro contato com esse conceito.

O desenvolvimento da capacidade negativa

Rafael sentiu-se empolgado com o veio rico e promissor que se insinuava no conceito de capacidade negativa. Embora difícil e sofrida, ela certamente não comungava com o elenco de singelezas de prateleira que prometiam recomendações para um bom líder ou gerente. Rafael embrenhou-se mais um pouco nas profundezas do conceito: "capacidade negativa descreve a capacidade de experimentar emoções, as próprias e as dos outros, mas também a de 'contê-las' ao tempo que elas dão forma às nossas concepções e reformam a nossa compreensão" (FRENCH, 2001).

Assim como outras capacidades humanas, a capacidade negativa inata seria como uma dádiva ou virtude que varia de indivíduo a indivíduo. O que Rafael havia aprendido da experiência assegurava-lhe que esse aprendizado também é mandatório para um gerente ser eficaz.

Desde o nascimento, algumas pessoas têm mais capacidade que outras para conter frustração, assim como algumas têm uma disposição natural para a solidariedade que outras deverão aprender. Em certa medida, seria uma capacidade natural, mas também deveria ser aprendida, uma postura mental difícil de manter, ainda nas circunstâncias mais favoráveis. Para uma mente ativa e questionadora, enfrentar-se com mistérios impõe um difícil desafio.

Por experiência própria, Rafael sabia que uma das mais nefastas adversárias da capacidade negativa é a ansiedade. E esta está muito presente na realidade do gerente, carregada de neuroses. A característica neurótica também é uma constante na vida organizacional e social que se manifesta, por exemplo, pela dificuldade para esperar. A neurose exige a satisfação imediata da necessidade presente, não pode aguardar. Por isso o desenvolvimento da capacidade negativa está menos influenciado pela bagagem cognitiva e muito mais por uma espécie de competência emocional que envolve um domínio singular de emoções e sentimentos. Anos depois de Bion, Daniel Goleman iria chamá-la de "inteligência emocional". No contexto da cultura institucional que Rafael conhecia, entretanto, tinha pouco contato consciente com essa dimensão íntima do ser, o que constituía uma desvantagem.

Ver a organização como sistema fazia sentido para Rafael, que, surpreso, percebeu que emoções e sentimentos são também componentes importantes desse sistema. Mas ele pouco sabia da gênese das emoções e sentimentos. Com bastante esforço, era capaz de detectá-los em si próprio... e apenas algumas vezes. Para seguir a pista encontrada, deveria se aprofundar mais. Buscou referências sobre emoções e sentimentos nas obras de António Damásio, neurologista da Faculdade de Medicina da Universidade de Iowa, autor das obras "O erro de Descartes", "O mistério da consciência" e "O cérebro criou o homem", entre outras. Para ele, emoções seriam conjuntos complexos de reações químicas e neurais que têm um papel regulador ligado à vida de um organismo, com o objetivo de auxiliá-lo a conservá-la. Elas dizem respeito a um conjunto de reações, muitas delas publicamente observáveis, tais como o prazer sensual, o medo, o horror ao testemunhar o sofrimento, a satisfação de ver a justiça sendo feita, o encanto com um poema de Fernando Pessoa ou a música de Toquinho. Também a emoção pode ser desencadeada por uma música ou filme, ou por um evento qualquer da vida cotidiana.

O impacto na mente de todas essas causas de emoções depende dos sentimentos engendrados por elas. Os sentimentos, que são privados e voltados para dentro, seriam os instrumentos através dos quais as emoções, que são públicas e voltadas para fora, iniciam o seu impacto na mente. Para que o impacto dos sentimentos seja integral e duradouro, afirmava Damásio, é necessário que o sentimento se torne conhecido pelo indivíduo que o tem. Existem, no entanto, indícios de que não temos consciência de todos os nossos sentimentos. Por exemplo: um indivíduo pode, de repente, se dar conta de que está ansioso ou inquieto. Mas esse estado de sentimento do qual ele tomou consciência não começou no momento em que foi conhecido e sim algum tempo antes. Nem o estado de sentimentos e nem a emoção que conduziu a ele se haviam manifestado na sua consciência e, mesmo assim, estavam ocorrendo (DAMÁSIO, 2001).

Se assim for, concluiu Rafael, o aprendizado da capacidade negativa não resulta apenas da incorporação de conhecimentos e nem é assegurado pela potência do raciocínio lógico, como ditou boa parte da sua atividade profissional até aquele momento. Em vez disso, constitui um desenvolvimento emocional tecido em uma dinâmica psicológica sutil e às vezes sofrida, forjada com a frágua do risco na bigorna da incerteza.

Perguntou-se, então: tomando contato com as emoções e sentimentos próprios e do outro – nesse caso, com empatia –, seria possível conter a ansiedade que está presente na inquietante fronteira entre o sabido e o não sabido? É possível, assim, abrir espaço para o pensamento e a criatividade? E esse aprendizado poderia ser facilitado para outros líderes se assistidos por um processo competente de *coaching*? Certamente, seria assim mais rápido e frutífero.

Surgiu dessa maneira uma oportunidade para a aplicação da sua experiência. Anunciava sentido e realização.

Por que negativa?

O seu amigo professor Rezende uma vez lhe dissera: "a capacidade negativa do pensamento é aquela que *não diz tudo*. A que se afirma na palavra *não*. Na capacidade negativa está o cerne do crescimento humano, através do pensamento criativo. O não é o espaço do crescimento e da expansão, assim como só se pode andar na medida em que se diz não ao pé de apoio e sim ao passo seguinte. Se não tirarmos o pé de apoio, ficaremos parados no mesmo lugar. Nós caminhamos com não e sim". E ainda: "a experiência do negativo abre a perspectiva do pensamento além do conhecimento".

E Rafael começou a formar seu conceito de capacidade negativa: ela se referia à coragem e aptidão para abandonar o conhecido e lançar-se no desconhecido, assumindo o risco e apoiando-se apenas nos próprios potenciais. Ao contrário da positiva, baseada em evidências do mundo externo, na substância da capacidade negativa se incluem emoção e intuição, que pertencem ao mundo interno.

Rafael descobriria depois que o trabalho do gerente envolve atenção e adaptação aos "espaços negativos" da comunicação do subordinado, ao que não é dito em palavras, assim como ao que é dito. A negatividade dessa capacidade não significaria negação, deficiência ou insignificância, mas, ao contrário, uma questão aberta maior que uma afirmação (FRENCH, 2001). Com efeito, quando se diz uma coisa de algo, ao mesmo tempo se está afirmando muito mais coisas que esse algo não é. Por exemplo: se alguém disser "isto é uma mesa", a qualidade negativa dessa afirmação seria: não é uma cadeira, não é uma caneta, não é um quadro, não é uma cama etc.

Capacidade positiva

A capacidade positiva era mais familiar a Rafael, cuja educação esteve pautada nas ciências cartesianas que se apoiam em princípios tais como o de causa e efeito linear, previsibilidade, determinismo, variáveis dependentes e independentes, estrutura e partes, análise, síntese e verificação, objetividade científica. A capacidade positiva diz respeito às leis em que se pauta a realidade externa.

O pensamento de Rafael continuou a se expandir com o estímulo do amigo Rezende. Ele lhe dissera que as ciências positivas fazem afirmações. A partir de um ponto conhecido, essas ciências de base empírica, valendo-se de induções e deduções lógicas, experimentação e verificação, permitem chegar a outro ponto, que passa também a ser conhecido. Por essa ótica, a demonstração suprime o problema. Um dos seus principais pressupostos, a objetividade científica, é que o observador não afeta o objeto observado. A capacidade positiva do pensamento é aquela que analisa e tenta compreender o mundo a partir desses postulados (REZENDE, 1993, p. 125).

Rafael deduziu: métodos e sistemas administrativos, planejamento estratégico e outras ferramentas utilizadas na administração são instrumentos fundamentados nas ciências positivas. A sua finalidade é obter respostas por meio da lógica e da racionalidade. Mas esse produto das ciências positivas – as respostas – é também indispensável para a construção do conhecimento, para a evolução da ciência e para a resolução de problemas nas organizações. Seria como se a capacidade positiva oferecesse uma luz e sem a qual ficaríamos cegos, pensou Rafael.

E quando há falta de capacidade negativa?

Nesse ponto da sua exploração, Rafael se perguntou: o que acontece quando não consigo tolerar o impacto emocional das "incertezas, mistérios e dúvidas" a que a vida gerencial frequentemente me submete? Ele sabia como era difícil, para ele, esperar, suportar tensões, aceitar paradoxos e dilemas e, ao mesmo tempo, preservar a sua energia emocional. Em lugar disso, dispersava energia mental, corria a tomar alguma ação, a fazer algo, mesmo que fosse desdobrar os problemas em subproblemas aparentemente gerenciáveis. Com isso, evitava a aflição da falência pessoal (NEEDLEMAN, 1990, *apud* FRENCH, 2001).

A partir da perspectiva da psicanálise aplicada ao gerenciamento: "incertezas, mistérios e dúvidas" levam os indivíduos a encarar a dura realidade da sua vulnerabilidade na borda entre o conhecido e o desconhecido da sua experiência. Essa sensação torturante exerce uma pressão formidável na direção da dispersão e do alívio nas gratificações instantâneas e nas respostas imediatas, em vez da aceitação da experiência para aprender com ela. Segundo Bion, a dispersão funciona como um fechamento ao que a pessoa não quer ver nem ouvir, e uma tendência para substituí-lo por algo familiar. A dispersão manifesta-se por meio de explicações, reações emocionais e ações físicas, uma espécie de compulsão para fazer algo e dessa maneira aliviar o peso da incerteza. Se o indivíduo ou o grupo (o sistema ou a organização) tiver desenvolvido suficiente capacidade negativa, poderá ser capaz de "estar com o momento". Fazendo isso, poderá descobrir um novo pensamento, nova ideia ou uma nova possibilidade que, embora pequena, possa favorecer o aprendizado de algo novo. Isso aumentaria a capacidade para conter a incerteza do desconhecido e pensar (FRENCH, 2001).

Integração das capacidades negativa e positiva

A questão continuava a intrigar Rafael, e a imersão na pesquisa permitiu-lhe colher outras conclusões. Não é a capacidade negativa sozinha que determina o êxito das mudanças, ou o crescimento pessoal, ou o gerenciamento eficaz das organizações. Ela deve se integrar em harmonia com a capacidade positiva, situada no extremo oposto do espectro conceitual relacionado ao gerenciamento da mudança. Rafael defrontou-se com uma intrigante afirmação de Robert French (2001), citando Charles Simeon (1892): "na vida organizacional, a verdade não está no meio e nem num dos extremos, mas nos dois extremos".

Rafael aprendeu também que as capacidades positiva e negativa não se chamam assim por serem construtivas ou destrutivas; ambas podem ser uma coisa ou outra, dependendo do uso que se faça delas. A primeira toma o seu nome da corrente filosófica do positivismo, encabeçada pelo filósofo Auguste Comte (1798-1857). Já a capacidade negativa, cuja origem já foi descrita, refere-se a um sistema aberto, em expansão.

A capacidade positiva leva as pessoas a agir, mesmo ante a incerteza. Já a capacidade negativa promove a *inação reflexiva*. É dita negativa também porque envolve a habilidade de *não* fazer algo, de resistir à tendência para dispersão, para ações que podem ser mais defensivas que relevantes para a tarefa que se apresenta. Essa habilidade se manifestaria em comportamentos como: esperar, observar, escutar – que não são negativos *per se*, mas que são o polo oposto à ação como maneira de intervenção (SIMPSON; FRENCH; HARVEY, 2002). Capacidade positiva é mais condizente com os sistemas fechados e a negativa, com os abertos.

A capacidade negativa, complementada pela positiva, ou seja, pela percepção e pelo juízo da realidade, possibilita a evolução da ciência na sua permanente incursão na incerteza e provisoriedade que o mundo impõe. A partir dessa ótica, Rafael pôde ampliar o significado que até então tinha a ciência para ele e compreender que ela está alicerçada na fé científica, que difere da fé religiosa. Eis o que encontrou:

> *Fé científica é a união de uma hipótese transitória com a firme esperança de que venha existir um conhecimento ou verdade científica da qual poderemos nos aproximar a partir de múltiplos vértices. A aproximação não dará como resultado uma verdade única, mas uma verdade complexa, que tampouco será definitiva, mas que poderá colocar em marcha o pensamento criativo capaz de acompanhar as suas transformações (SOR; SENET, 1988).*

A evolução da ciência se pauta nesse movimento do conhecido para o desconhecido, o que envolve riscos, assim como evolução das pessoas. As invenções que têm lugar no domínio das ciências aplicadas, como engenharia, medicina, biologia, informática, arquitetura, para mencionar somente algumas, resultam em novos recursos para finalidades humanas e têm origem em predisposições psicológicas ou *insights* dos seus criadores para abandonar o conhecido e explorar o desconhecido – predisposição que acontece no domínio da sua capacidade negativa.

Capacidade negativa na vida como ela é

Em algumas conjunturas cruciais na vida de Rafael, a capacidade negativa desempenhou papel decisivo em seu destino, sem ele saber, assim como certamente acontece com muitas pessoas. Foram situações nas quais se lançou no desconhecido sem ter todas as informações e nem o controle que o tranquilizariam. Uma delas aconteceu na juventude, quando saiu de casa após desentender-se com o pai. Coragem, medo e a responsabilidade de estar por sua conta trouxeram uma nova percepção de sua identidade. Essa decisão deu um rumo ao seu destino. Tivesse ficado na casa paterna, provavelmente teria enveredado para o comércio, como o pai, muito bem-sucedido nessa profissão.

Emigrar da Argentina para o Brasil também demandou um verdadeiro apelo à capacidade negativa. As referências culturais que influenciam a construção da identidade perdem força e continência quando se muda de país. Outras referências da nova cultura deverão substituí-las. O imigrante deverá ser capaz de abraçar esses novos paradigmas – essa é uma tarefa difícil. A cultura tem papel de continente, como se fosse uma proteção. Quando atuamos dentro dos cânones de uma cultura nos sentimos protegidos em nosso grupo. O abandono de uma cultura se parece com o abandono de um valor afetivo, de um abrigo ou resguardo, para optar por outro no qual a admissão é incerta.

Outra situação com forte determinação no destino de Rafael aconteceu ao receber o convite para assumir a gerência de produção da área metalúrgica de deformação plástica na Metalead. Até então, sentia-se confortável e seguro como engenheiro de projetos e assessor técnico. Movia-se nesse campo como peixe na água, pois o seu *background* técnico-cognitivo – ou seja, sua capacidade positiva – era frondoso, bem constituído e assegurava-lhe resultados previsíveis, além de preservá-lo da angústia que na época produzia nele a irracionalidade própria da vida corporativa. O desafio o obrigaria a abandonar as referências conhecidas e seguras para lançar-se a um campo misterioso, no qual não poderia contar apenas com as competências técnicas que havia forjado. Por sinal, nem essas eram as mais adequadas.

Ele havia se especializado em projetos e aplicações de engenharia eletromecânica, tinha alguma experiência em laminação de aços comuns não planos e aplicações termodinâmicas. A nova função requeria profundos conhecimentos na metalurgia de deformação plástica de aços e ligas especiais, que se comportam de forma muito diferente entre si e, obviamente, em relação aos aços comuns. Esse processamento se desdobra em uma miríade de variáveis no aquecimento, na deformação plástica a altas temperaturas e no resfriamento. Qualquer erro pode malograr o produto, com alto custo. Para cada tipo de liga há instruções diferentes e controles de processo muito apurados. Mas isso não assustava tanto Rafael. Ele sabia que, dedicando-se com afã e persistência, aprenderia e superaria os obstáculos. O que realmente o apavorava era reconhecer que até então o sucesso no trabalho vinha dependendo quase que exclusivamente das decisões e ações pessoais dele e, portanto, lhe eram confiáveis. Agora, ao contrário, a execução da tarefa primária ou básica da sua área dependeria do trabalho, da dedicação, da competência, da confiança, da sinergia e do trabalho sistêmico de uma equipe que ainda nem conhecia. E mesmo que a conhecesse não ficaria tranquilo, pois desconhecia a própria competência para gerenciar pessoas. Não tinha qualquer experiência nesse campo na época do convite. Intuía, entretanto, que seus conhecimentos técnicos não seriam suficientes para assegurar o êxito na missão.

Nada garantiria o sucesso como gerente. Por isso, quando aceitou a encomenda, imaginou-se como um paraquedista no momento de dar o primeiro salto.

Alguns anos depois, quando contava uns 40 anos, Rafael tomou talvez uma das decisões mais mobilizadoras e definitivas de sua vida profissional, do ponto de vista da capacidade negativa: a curiosa aplicação na vida pessoal de um método utilizado na engenharia chamado análise do valor (*Value Analysis*).

Essa disciplina, criada por Lawrence Miles nos Estados Unidos na metade do século XX, analisa as funções desempenhadas pelos diferentes elementos que constituem um produto ou sistema. Na sua essência, a disciplina permite avaliar a necessidade ou não da existência – e do custo – dos componentes de um sistema ou produto que foi criado em passado remoto ou mesmo recente, frente à realidade percebida no momento da análise crítica. Trata-se de uma interessante investigação que permite reduzir os custos de componentes pensados para o produto pela ótica da missão empresarial. Para isso, o método se concentra na identificação das funções que as diversas partes do produto desempenham. Sempre existe uma função principal ou de conjunto que é a razão de existência do produto. Por exemplo, a função básica de um grampeador é fixar papéis. No entanto, ele é constituído por um conjunto de componentes com funções secundárias que asseguram a função básica. Por exemplo, a base serve para articular o cabeçote e sustentar a matriz, que serve para dobrar o grampo e oferecer opções (aberto ou fechado). O cabeçote contém, acondiciona, posiciona e pressiona os grampos. A pintura do grampeador proporciona estética. É a análise dessas funções secundárias que permite eliminar materiais desnecessários ou substituí-los por outros mais baratos que permitam reduzir o custo ou que proporcionem maior benefício ou diferenciação do produto (CSILLAG, 1985).

Ocorreu a Rafael utilizar o método para analisar o real valor que para ele tinha a profissão de gerente na Metalead. Assim, concluiu que a função básica do seu trabalho era assegurar sustento, saúde e segurança da família. Mas a questão tornou-se interessante quando pensou nas funções secundárias. Identificou-as como requisitos desejáveis a serem conseguidos por meio do seu trabalho como gerente na Metalead e as elencou assim (na ordem que lhe ocorreu):

- Oferecer aos filhos boa educação e boas escolas.
- Servir à comunidade.

- Ganhar status social.
- Proporcionar conforto.
- Obter realização pessoal pela aplicação da experiência e dos conhecimentos adquiridos.
- Ocupar seu potencial produtivo.
- Reunir economias para viajar no futuro com a esposa.
- Realizar patrimônio para assegurar tranquilidade financeira quando aposentado.
- Juntar economias para enfrentar eventuais imprevistos.
- Manter relacionamento com as pessoas no trabalho em ambiente saudável.

Esse exercício lhe permitiu conectar a função profissional com os seus desejos profissionais e pessoais. Compreendeu que, para conhecer-se melhor, deveria hierarquizar essas necessidades em sintonia com seus valores. Para tanto, apelou a um instrumento usado na administração, a matriz de decisão, um método que confronta cada um dos fatores com todos os demais, com auxílio de uma matriz, como mostrado a seguir.

Cada fator "a" é confrontado com outro "b".

A soma a + b sempre deverá ser igual a 4. E se oferecem as seguintes possibilidades:

- a=4; b=0 => Nesse caso, "a" é muito importante e "b" não tem importância alguma.
- a=3; b=1 => "a" é mais importante que "b", mas "b" tem alguma importância.
- a=2; b=2 => "a" e "b" são igualmente importantes.
- a=1; b=3 => "b" é mais importante que "a", mas "a" tem alguma importância.
- a=0; b=4 => "b" é muito importante e "a" não tem importância alguma.

Tabela 1. Matriz de decisão

	MATRIZ DE DECISÃO: REQUISITOS DESEJÁVEIS														
	REQUISITO	Oferecer educação aos filhos	Servir à comunidade	Status social	Conforto	Realização pessoal	Ter ocupação	Economias para viajar	Patrimônio para aposentadoria	Economias para imprevistos	Bons relacionamentos no trabalho		TOTAIS	%	ORDEM
A	Oferecer educação aos filhos		3	4	3	2	3	3	3	2	2		25	13,89	2º
B	Servir à comunidade	1		3	1	1	1	1	1	1	1		11	6,11	9º
C	Status social	0	1		1	0	1	0	1	0	0		4	2,22	10º
D	Conforto	1	3	3		2	3	3	2	2	3		22	12,22	3º
E	Realização pessoal	2	3	4	2		4	3	2	3	3		26	14,44	1º
F	Ter ocupação	1	3	3	1	0		2	2	2	1		15	8,33	8º
G	Economias para viajar	1	3	4	1	1	2		1	2	2		17	9,44	7º
H	Patrimônio para aposentadoria	1	3	3	2	2	2	3		2	3		21	11,67	4º
I	Economias para imprevistos	2	3	4	2	1	2	2	2		2		20	11,11	5º
J	Bons relacionamentos no trabalho	2	3	4	1	1	3	2	1	2			19	10,56	6º
	Totais												180	100,00	
	a+b = 4														
	a=4; b=0														
	a=3; b=1														
	a=2; b=2														
	a=1; b=3														
	a=0; b=4														

A organização hierárquica para os requisitos que Rafael apreciava na época é mostrada a seguir:

Tabela 2. Hierarquia de preferências

	REQUISITO	Pontuação		Posição
E	Realização pessoal	26		1º
A	Facilitar educação para os filhos	25		2º
D	Conforto	22		3º
H	Patrimônio para aposentadoria	21		4º
I	Economias para imprevistos	20		5º
J	Bons relacionamentos no trabalho	19		6º
G	Economias para viajar	17		7º
F	Ocupação do potencial pessoal	15		8º
B	Servir à comunidade	11		9º
C	Status social	4		10º

Na época, a profissão, ou a percepção que Rafael tinha dela, não preenchia suas necessidades de realização. É claro que essa percepção resultava do viés pessoal que não se destacava pela maturidade. Ao contrário, a visão imatura e centrada em si próprio atribuía aos outros as causas de suas frustrações, projetando-as nos seus chefes e na empresa. Essa análise não era e nem poderia ser neutra, desprovida de intenções pessoais. Diferentemente do trabalho científico, refletia os desejos de uma época da sua vida, desejos que eram impulsivos, voláteis e, às vezes, preconceituosos, mas não por isso menos poderosos. Era esse justamente o conjunto de desejos que Rafael tentava corporificar na análise. E isso o levou a considerar diversas alternativas que o projetariam, sem ele saber nem imaginar, na capacidade negativa:

Tabela 3. Análise das alternativas

<table>
<tr><td colspan="2" rowspan="2">Alternativas profissionais percebidas na época</td><td colspan="2">ANÁLISE DA SITUAÇÃO DE VIDA</td></tr>
<tr><td>VANTAGENS</td><td>DESVANTAGENS</td></tr>
<tr><td>I</td><td>Permanecer na Metalead, como gerente, em relação de dependência</td><td>-Afirmação na função conseguida
-Prestígio já adquirido
-Segurança
-Atualização técnica
-Viagens e crescimento cultural
-Morar em uma boa cidade
-Cultura administrativa geral</td><td>-Suportar incongruências e a cultura autoritária da vida corporativa
-Dificuldade para progredir
-Falta de feedback
-Pouca liberdade
-Desgaste nas relações</td></tr>
<tr><td>II</td><td>Mudar de emprego para função de maior hierarquia, permanecendo em relação de dependência</td><td>-Maior ganho de salário
-Mais status
-Talvez maior possibilidade de progredir</td><td>-Incerteza
-Grande desafio de trabalho no início
-Mais risco
-Possivelmente, suportar incongruências e cultura autoritária da vida corporativa
-Possivelmente mudar de cidade</td></tr>
<tr><td>III</td><td>Trabalho autônomo, abrindo pequena empresa de assessoria/consultoria em engenharia ou administração</td><td>-Evitaria dependência direta de superiores indesejáveis
-Mais liberdade
-Mais possibilidades de escolha do trabalho a executar
-Não mudar de cidade
-Apoio econômico da esposa</td><td>-Grande risco
-Muito trabalho inicial (porém com mais entusiasmo)
-Alta competição
-Incerteza e desconhecimento
-Grande esforço em relacionamentos</td></tr>
<tr><td>IV</td><td>Estudar carreira de psicologia e trabalhar como autônomo, assessorando organizações</td><td>-Evitaria dependência direta de superiores indesejáveis
-Mais liberdade
-Apoio técnico da esposa (psicóloga) e de amigos
-Não mudar de cidade
-Apoio econômico inicial da esposa</td><td>-Demanda investir cinco anos de estudo da carreira
-Pouca ou nenhuma experiência
-Algum risco
-Questionamento da realidade/identidade pessoal</td></tr>
<tr><td>V</td><td>Estudar agronomia e instalar pequeno estabelecimento agropecuário, trabalhando como autônomo</td><td>-Evitaria dependência direta de superiores indesejáveis
-Mais liberdade
-Não mudar de cidade
-Apoio econômico da esposa</td><td>-Demanda investir cinco anos de estudo da carreira
-Nenhuma experiência
-Alto risco
-Dependência de fatores muito aleatórios: tempo – doenças – pragas etc.</td></tr>
</table>

O passo seguinte foi realizar um confronto ponderado entre as cinco alternativas com o intuito de identificar a(s) que mais se adaptasse(m) para atender à hierarquia dos requisitos desejáveis (A-J).

Tabela 4. Ponderação e escolha de alternativas

FUNÇÃO SECUNDÁRIA FATOR	PESO GLOBAL	ALTERNATIVA (I a V)					
		I Metalead	II Mudar emprego	III Autônomo-assessoria	IV Psicologia	V Agropecuária	
E Realização	10	1,5	1,5	5	4	3	Peso relativo (total: 15) *
		15	15	50	40	30	Pontuação
A Educação	9	2	1	3,5	5	3,5	Peso relativo (total: 15)
		18	9	31,5	45	31,5	Pontuação
D Conforto	8	1	2	4	4	4	Peso relativo (total: 15)
		8	16	32	32	32	Pontuação
H Patrimônio	7	1	2	3	4	5	Peso relativo (total: 15)
		7	14	28	28	28	Pontuação
I Economias	6	1	2	4	4	4	Peso Relativo (total: 15)
		6	12	24	24	24	Pontuação
J Relacionamento	5	3,5	3,5	2	5	1	Peso Relativo (total: 15)
		17,5	17,5	10	25	5	Pontuação
G Viagens	4	1	2	4	4	4	Peso relativo (total: 15)
		4	8	16	16	16	Pontuação
F Ocupação do potencial	3	3	3	3	3	3	Peso relativo (total: 15)
		9	9	9	9	9	Pontuação
B Comunidade	2	2	2	2	5	4	Peso relativo (total: 15)
		4	4	4	10	8	Pontuação
C Status	1	3,5	3,5	5	1,5	1,5	Peso relativo (total: 15)
		3,5	3,5	5	1,5	1,5	Pontuação
TOTAIS PONDERADOS		92	108	202,5	230,5	192	
		5º	4º	2º	1º	3º	

*Peso relativo: para ponderar a relevância relativa de cada alternativa entre as outras 4, Rafael distribuiu um total de 15 pontos em cada linha, atribuindo a cada alternativa um valor condizente, na sua percepção, com o peso de cada alternativa com respeito ao fator considerado. Por exemplo, na linha correspondente a Realização (E), distribuiu: 1,5 para Alternativa I, + 1,5 para Alternativa II + 5 para Alternativa III + 4 para Alternativa IV + 3 para Alternativa V = Total: 15.

Com isso, ele ponderava que, a partir da perspectiva realização pessoal, a Alternativa III teria um peso 5, a IV, peso 4, a I, peso 1,5 etc. Todas juntas somariam 15 pontos.

Também distribuiu 15 pontos em cada uma das linhas A, D, H, I, J, G, F, B e C e ponderou a sua distribuição com respeito ao peso na perspectiva considerada.

Continuando, multiplicou o peso global de cada fator pelo peso relativo correspondente a cada alternativa, chegando à pontuação que cada alternativa obtinha com respeito a cada fator desejado.

Por último, a soma de todos os totais para cada alternativa revelava a ordem em que cada alternativa se identificava com seus valores pessoais na época, para o conjunto de variáveis que ele estava considerando.

Depois desse inusitado exercício, Rafael deu-se conta de que a profissão de psicologia ocupava o primeiro lugar na escala de adequação aos seus valores e a permanência na Metalead ocupava o último. Uma conclusão como essa é irreversível, pois não podia enganar a si próprio. Deveria ser consistente com a realidade descrita no exercício, sem ignorá-la.

Isso significava que devia partir, deixar o conhecido. Naquele momento, sua carreira na Metalead *on the mind* havia chegado ao fim. Decidiu então cursar psicologia e manter o emprego até concluir a graduação. No ano seguinte, iniciou o curso discretamente, sem revelar essa iniciativa na comunidade Metalead. Quando o professor Falconi proferiu sua aula na Metalead, Rafael já estava cursando o segundo ano.

O processo transicional

Para Armstrong (2005), o aprendizado no trabalho ocorre em um espaço transicional onde a fronteira entre realidade e ilusão, mundo subjetivo e objetivo, é mantida em suspenso, permitindo o paradoxo, a inconsistência, o jogo de ideias, a emergência de mitos, embora a nível rudimentar.

A noção de transicional se refere ao fato de que os objetos (no sentido psíquico) podem ajudar a pessoa a se mover de uma maneira de ser para outra mais apropriada, necessária ou desejada. O objeto transicional não precisa ser um objeto no sentido lato da palavra. Pode ser um som, um ritual, uma técnica, uma relação humana, um processo, como o de *coaching*, *mentoring* e consultoria.

Para uma criança, por exemplo, pode significar ir de um estado de excitação e ansiedade para outro de calma e satisfação, ou de sono para vigília, ou de estar com outras pessoas na luz para estar sozinho na escuridão, ou ainda para o complexo e lento processo de passar da fusão com a mãe para a experiência de si próprio, separado e diferente da mãe e das outras pessoas. Em síntese: a criança faz uso de objetos transicionais para separar o "eu" do "não eu" e mover-se do estado de absoluta dependência para um outro de relativa dependência. Winnicot chamou esse lugar de "terceiro espaço experiencial" – ou espaço transicional entre o mundo interno e o externo do ser humano. Nele se facilita a transição do próprio estado subjetivo para um estado mais objetivo de experiência do mundo. É nesse terceiro espaço que o ser humano percebe e cria ao mesmo tempo, e onde se permite o uso de símbolos quando se está preparado para distinguir entre fantasia e fatos, entre realidade interna e objetos externos. Na criança, essa função pode ser exercida pelo ursinho de pelúcia.

A essência desse processo é que ele ajuda a concretizar uma passagem que quase sempre está relacionada à reconciliação do mundo interno com a realidade externa e vice-versa. A abordagem transicional da mudança se pauta na provisão de condições que ajudem a pessoa a trafegar sob as tensões geradas pelo movimento do passado para um futuro que é apenas parcialmente conhecido, parcialmente criado e largamente imaginado (VANSINA; VANSINA-COBBAERT, 2008, pp. 64, 65, 128). Com essa reflexão sobre o objeto transicional que estudou alguns anos depois de sair da Metalead, Rafael pôde repensar a técnica do TQC como um objeto transicional na proposta de Falconi para a Metalead, com a qual começa este ensaio. Rafael pôde então construir essa interpretação porque a havia encontrado na obra de Larry Hirschhorn (1990, pp. 116, 117), e para ele fazia todo sentido. Vai a seguir a sua adaptação:

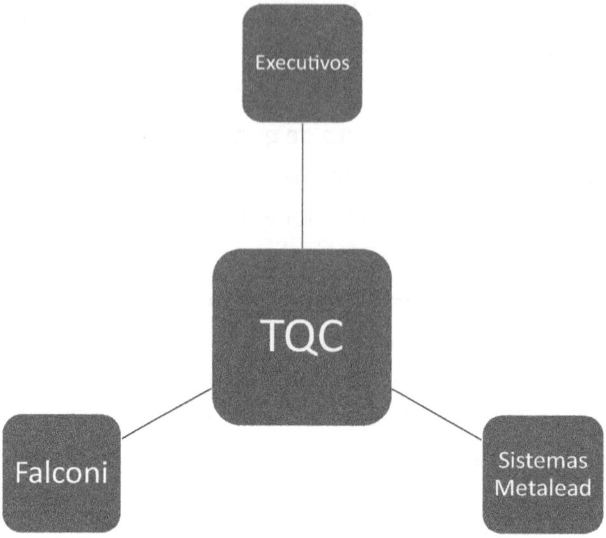

Figura 2. O processo transicional.

O TQC operaria aqui como um sistema transicional entre o professor (Falconi) e os alunos (os executivos), por um lado, e os alunos e os sistemas Metalead, por outro. Os alunos se tornam indiretamente dependentes de Falconi aceitando a autoridade do TQC que o professor domina e depois, dominando a técnica eles mesmos, ficariam independentes em relação ao professor.

Inspirado na construção de Hirschhorn, que propõe para essa transição quatro etapas, Rafael pensou o processo na Metalead em quatro momentos: (1) os executivos se identificariam com Falconi atribuindo-lhe autoridade sobre a técnica (TQC); (2) os executivos usariam a técnica para controlar a confusa e difícil realidade em que estavam imersos na empresa, ganhando autoridade na Metalead por meio de sua identificação com o TQC; (3) à medida que os executivos se sentissem mais confortáveis com o TQC nas situações que encontrassem, iriam usando-o com mais flexibilidade, tornando mais direta a relação deles com o caótico sistema Metalead; (4) conforme fossem utilizando espontaneamente o TQC, os executivos o internalizariam e gradativamente se desprenderiam de Falconi. Como resultado dessa dinâmica transicional, os executivos passariam a ter uma relação mais direta e de melhor qualidade com o sistema Metalead e passariam a otimizá-lo.

Claro que isso teria dado certo se a comunicação da técnica TQC tivesse podido mobilizar eficazmente os fatores emocionais e relacionais individuais e coletivos dos grupos que não acompanharam a transformação, pensava agora Rafael. É obvio que na época em que esses acontecimentos ocorreram ele não podia ter consciência dessa inter-relação.

Pensando ainda em si próprio, Rafael deu-se conta de que a duvidosa matriz de decisão que tinha idealizado para examinar suas escolhas profissionais, no final do seu tempo na Metalead, foi o objeto transicional que lhe permitiu abandonar a realidade conhecida da Metalead e se projetar no espaço instigante e vasto em que agora se percebia como *coach* e mentor. E assim pôde ser porque nessa análise se valeu de matrizes, *scores*, comparações matemáticas – referentes conhecidos dele que estruturaram a base do seu desenvolvimento profissional e, portanto, funcionaram como um refúgio confiável, seu ursinho de pelúcia, a partir do qual resultaria menos amedrontador lançar-se na nova trilha.

Na sua experiência, a capacidade positiva conectou-o com a realidade, possibilitou algum conhecimento sobre ela, a partir do qual pôde Rafael compreender alguns dos seus funcionamentos e aproximar algumas previsões. A capacidade negativa permitiu-lhe ingressar em seu mundo interno e no de outros, lidar com emoções na trilha da mudança – que é também a trilha da evolução humana – e apontou para ele a missão de ajudar os outros a administrar a si próprios. Além de tudo isso, estimulou-o a buscar a relação entre as partes e o todo e a introduzir a fé (não a religiosa, mas a científica) nessa interação.

Rafael deu-se conta de que possuir um pouco das capacidades positiva e negativa, separadamente, já representava uma conquista formidável. Mas, como descobriu mais tarde, não é suficiente. O desafio fica ainda maior quando a vida exige a utilização balanceada e sábia de ambas, o que demanda atenção permanente às realidades interna e externa de si mesmo e das pessoas com as quais se convive. Tal habilidade consiste em assumir e desempenhar adequadamente o caleidoscópio de papéis que nos cabe na relação com o mundo.

Depois de 13 anos na Metalead, a atuação de Rafael acabou e ele se despediu dos seus colegas, superiores e subordinados deixando com eles uma carta:

> *Aos meus colaboradores, colegas e amigos da Metalead:*
>
> *É um momento significativo para mim este em que o caminho que durante vários anos percorremos juntos chega ao seu fim. Por isso, para não o deixar esquecido*

na indiferença, obedeci a um impulso do meu coração, escrevendo estas linhas que levam uma mensagem de despedida, mas também de encontro. Eu acredito nos meus sonhos, e é alimentado por eles que vou à procura do meu destino. Acredito no homem com os seus componentes miseráveis e divinos, e sobretudo na sua capacidade de sobreviver através da cooperação. Também acredito no Brasil, terra generosa e hospitaleira de homens e mulheres que lutam, amam, sofrem e esperam. Respeito, afeto e compromisso são os sentimentos recíprocos que impregnaram o nosso espaço durante o tempo em que estivemos juntos. Sinto que assim nos enriquecemos e escolhemos a integração no grupo em vez do individualismo egoísta. Desejo dizer a todos que o nosso encontro na vida da Metalead não foi apenas uma circunstância vulgar nascida da necessidade de trabalhar para ganhar o sustento, mas também um crescer juntos, aprendendo a entender e respeitar a presença do outro com as suas diferenças, necessidades, crenças, ideias, personalidade, competência e limitações; foi apreender a ter paciência e sobretudo a compreender que todo agrupamento humano somente consegue atingir o seu objetivo comum quando se estrutura em compromissos recíprocos.

Vivemos grandes desafios, e cedo compreendemos que somente podíamos vencê-los através da cooperação e do trabalho organizado em equipe, porque quando estamos sozinhos as ameaças se magnificam e às vezes se tornam insuportáveis. Nesses momentos em que o mundo nos parece adverso e sombrio, aprendemos a valorizar o calor de um coração amigo, com quem abrir as nossas angústias, e depois, quando o empenho e a perseverança nos conduzir ao sucesso, nos sentimos felizes de ter com quem compartilhá-lo. Quem propiciou esse nosso encontro foi a Metalead, que também foi algum dia um sonho na cabeça do seu fundador, e hoje é uma realidade da qual o Brasil pode se orgulhar. Por isso, estas modestas linhas devem conter uma homenagem também a ela, que nos propiciou condições para podermos empenhar as nossas forças, conhecimentos, experiência e esperanças. Vestir a camisa da Metalead significa estar sempre disposto a enfrentar o mais assustador dos desafios, qual seja o de vencer as próprias limitações que estão dentro da gente, ser capaz de questionar as nossas ideias e crenças, e sobretudo de ser humilde o suficiente para aceitar que não somos donos da verdade e ser capaz de mudar. Estas exigências nos impulsionaram a crescer, a criar coragem e encontrar um sentido para o emprego das nossas capacidades. Uma fração rica e jovem das nossas vidas se passou nesse período. Como ela é valiosa, desejo conservá-la viva e presente para que me acompanhe, junto com a lembrança de vocês, pelos caminhos que o meu destino depara daqui para frente. Sei que esta carta não está escrita na linguagem técnica e objetiva que usamos no nosso dia a dia, devido às características da nossa profissão, mas foi a maneira que encontrei para comunicar os meus sentimentos, porque "o coração tem razões que a própria razão desconhece".

E os sentimentos são um privilégio que Deus deu ao homem para que, por exemplo, ao amar, possa abrigar a esperança. Também a minha mensagem é de agradecimento pela confiança e o carinho que sempre me foram dispensados por todos e de desculpas pelas eventuais frustrações que as minhas limitações possam ter causado. Mas o objetivo principal desta minha emocionada carta é de dizer que o nosso encontro não acabou e que, embora os nossos caminhos se separem, continuaremos a ser filhos de um mesmo Deus e, portanto... irmãos na vida.

Um grande abraço para todos:

Rafael, dezembro de 1990

Capítulo 8. Crise da meia idade

Angústia era o sentimento de Rafael, ao concluir sua jornada como executivo. Qual teria sido o significado do sofrimento imposto por tantas transformações? Como dar sentido à experiência vivida? Sentia como se sua juventude tivesse sido subordinada a um programador ignoto e rigoroso que determinava sua participação em uma guerra cuja causa lhe era sonegada, na qual, como soldado disciplinado, somente lhe coube obedecer e lutar pela sobrevivência.

Pior ainda, sentia-se um soldado solitário, recrutado por um exército ininteligível do qual se sentia desgarrado, enfrentando uma guerra fútil que havia provocado feridas e consumido boa parte de sua energia. Quem teria sido esse estrategista misterioso? Teria valido a pena o preço pago, ou sua juventude havia sido malgastada a troco de nada? Que valores nortearam essa saga? Encontraria ele sentidos para ocupar a vida que ainda esperava para ser vivida? Teria ainda a energia necessária?

Elliot Jaques cunhou o conceito de *midlife crisis* como referência ao conjunto de emoções e sentimentos próprios da meia idade, momento existencial em que o indivíduo toma consciência de que a juventude acabou e o caminho da velhice o espera. A pessoa compreende, então, que a morte é uma realidade e se aproxima.

Sunny Stout Rostron é *coach* de executivos seniores e integrantes do *board*, especialista em liderança e estratégia corporativa, com atuação no Reino Unido, nos Estados Unidos e na África do Sul. Rostron influenciou vivamente Rafael no desenvolvimento do *coaching* pela perspectiva de psicodinâmica e sistemas. Influenciou também pela sua abordagem de aprendizado da experiência. Rafael identificou-se com a maneira como ela trata as questões existenciais que afetam o sentido e o propósito do executivo submetido a permanente tensão, assim como a relevância que ela dá à inteligência emocional. Em uma de suas obras (ROSTRON; SAMPAIO; VAN RENSBURG, 2009), ao se referir à crise da metade da vida, a autora cita Irvin Yalom (1980), um psicoterapeuta existencial. Este afirma que as preocupações existenciais que acompanham a vida humana e se exacerbam nessa fase são: morte, liberdade, solidão e falta de sentido. Tais inquietações, até então adormecidas para Rafael, pareceram acordar todas juntas e de repente, com grande vigor. Ele se surpreendeu ao constatar como a questão da morte esteve ausente ou era negada por ele e pelos colegas durante toda a vida executiva. Era como se existisse um pacto subentendido de não falar do assunto. Nessa nova fase, reconheceu que não pensar na morte escondia o fato de que todos estavam morrendo um pouco a cada momento. As mortes reais que acompanhou com o suicídio de um subordinado e o acidente de um funcionário provocaram alguns instantes de comoção na empresa, mas logo depois houve um esquecimento eficaz, rápido e consensual, fazendo com que a morte fosse sepultada e a vida voltasse a dar as cartas. Na realidade, parecia-lhe como se ele e seus pares não vivessem a vida; e fosse a vida que os vivia. A situação assemelhava-se à obra de ficção "A longa jornada", de Richard Adams, que Rafael leu naqueles tempos e na qual se descreve uma coelheira onde os coelhos são criados com esmero pelo dono da granja. Diferentemente dos coelhos silvestres, eles vivem satisfeitos, bem alimentados e felizes. Mas de vez em quando algum deles desaparece, porque o dono do criadouro o vende ou sacrifica, e os outros coelhos o esquecem rapidamente e nunca mais falam do desaparecido.

Mesmo a morte dos pais de Rafael não suscitou o luto e o sofrimento que imaginava próprio da ocasião, como se ele tivesse a alma anestesiada ou tivesse sido absorvido pela cultura corporativa de negação da finitude. A própria empresa resistia a imaginar que poderia morrer. De alguma maneira, seus executivos, incluindo Rafael, viviam enganados na ilusão de que não pensar na morte podia deter o tempo e evitar a deterioração do corpo que tinha dado a rica energia dos seus melhores anos à empresa.

Agora que estava desvinculado da Metalead, no entanto, emergiu outra perspectiva de si próprio: um sistema interior repleto de emoções e sentimentos, represado durante os anos Metalead, agora manifestava-se dentro dele e o interrogava sobre a morte com inovadora claridade. Um abissal conflito existencial se aninhava na tensão entre a consciência da inevitabilidade da morte e o desejo de continuar a existir.

Rafael via por duas óticas o fenômeno terminal: a própria morte, pelo ponto de vista pessoal, e, por outro ponto de vista, como esse fato sensibilizaria as pessoas que de alguma maneira compartilhavam sua vida.

John Milton descreve no seu "Paraíso Perdido" como a arrogância de Adão e Eva os condena à expulsão do Paraíso e à morte. A morte será certa, mas Deus não disse quando. E é essa questão ontológica sem resposta que determina a realização na vida, pensava Rafael. Talvez essa dúvida universal originasse uma expectativa inconsciente, ingênua e secreta de que ele não iria morrer. E essa suposição utópica, porém firme, ao manter afastada a realidade da morte, desperdiçava a oportunidade de enriquecer o tempo incógnito que a vida colocava à sua frente. Ao dar-se conta disso, via um aceno de sentido para a vida, o de enobrecer esse tempo que ainda lhe era concedido, agregando valor no seu entorno, transformando o que recebia em algo melhor. O sentido do tempo mudou a partir daí para Rafael, que antes ignorava os limites, como se não existisse a possibilidade de ele acabar. Às vezes até se empenhava em matar o tempo, que sentia torturante. Agora o via finito e extinguível, como o combustível não renovável que movia o veículo no qual realizava sua travessia. Para onde? "Caminante no hay camino, se hace camino al andar..."[19], propunha o poeta António Machado. Rafael, então, compreendeu a mensagem do poeta: aproveitar a vida tendo presente que ela devia ser um permanente descobrimento pessoal e não simplesmente andar na trilha desbravada por outros. Machado de Assis afirmava nas "Memórias Póstumas de Brás Cubas": *nós matamos o tempo, o tempo nos enterra.*

Uma outra morte, ou outras mortes, pensava Rafael, iriam acontecer depois da biológica, quando fosse esquecido pelas pessoas com as quais se relacionou. Embora não estivesse mais lá, não queria ser esquecido, mesmo sem saber por que desejava isso. Esse desejo deflagrou uma reflexão autocrítica. Seria ele merecedor de ser lembrado? Focou a atenção em conhecidos que já haviam morrido. Alguns inspiravam-lhe lembranças passageiras e outros, recordações carregadas de emoção que infundiam saudade. Esses últimos esforçaram-se para cultivar o relacionamento, foram os que se importaram com ele, os capazes de afeto e compaixão. Os solitários, centrados em si próprios, não pertenciam a essa categoria e foram rapidamente esquecidos.

---

[19] *Caminante, son tus huellas*
el camino y nada más;
Caminante, no hay camino,
se hace camino al andar.
Al andar se hace el camino,
y al volver la vista atrás
se ve la senda que nunca
se ha de volver a pisar.
Caminante no hay camino sino estelas en la mar.

E com tristeza ele reconheceu que tinha levado a vida nessa última condição. E a consciência da solidão resultou em amargo sofrimento. Claro que a comunicação amorosa da esposa e dos filhos mitigava essa sensação. Mas, mesmo assim, às vezes sentia-se fluindo solitário em uma multidão de misantropos para os quais ele era indiferente. Rafael passou a perceber que um outro conflito existencial se enraizava entre a consciência do seu absoluto isolamento e o desejo de contato, de proteção, de ser parte de um grande todo. Ansiava encontrar algum caminho para compartilhar e ser acolhido nessa aflição. E esse sofrimento levou-o a notar um tesouro escondido nos interstícios da vida cotidiana. A partir desse descobrimento, a forma como se relacionava com seus semelhantes passou no seu íntimo por uma convulsão.

O achado aconteceu ao cair nas suas mãos a obra do filósofo Martin Buber "Eu e Tu". Nela aprendeu que a relação emocional com o outro é decisiva para a estruturação da própria identidade. Aprendeu então que o outro não é desprezível ou descartável, ou uma criatura com a qual se compartilha o espaço de maneira justaposta, mas que é *com* o outro que se está no mundo, não apenas como passageiro, mas como companheiro seu na caminhada existencial. Surpreendeu-se com a proposta do filósofo de que o outro pode ser percebido de duas maneiras: como um *isso* ou como um *tu*. Um *isso* é uma coisa, um ser indiferente que pode ser trocado por outro qualquer sem alterar a relação da pessoa com o mundo. Na relação com um *isso* não há qualquer compromisso emocional, é o que acontece entre desconhecidos parados em uma fila de ônibus, cujo único ponto de coincidência é ir na mesma direção. Diferentemente, um *tu* é alguém semelhante a si próprio, com quem se pode estabelecer uma relação de empatia, alguém que tem significado emocional.

Rafael lembrou do episódio de Rodney, o operador de máquina cuja esposa queria a separação. Esse acontecimento, visto agora de uma perspectiva mais madura, resultava em uma confirmação, na sua experiência, da proposição de Buber. E essa interessante proposição para a dinâmica do fenômeno relacional levou Rafael a um grande *insight*: não era a multidão com quem vivia que o ignorava, mas era ele que, sem sabê-lo, ignorava o semelhante, julgava-o um isso. Deu-se conta de que, sem perceber, passara boa parte da vida coisificando os outros. Outra mudança catastrófica!

Não foi difícil notar que o egocentrismo era quem o condenava à solidão. E, pior, nem sequer fora ele quem escolheu seu caráter individualista. Isso não era inato, mas sim forjado pela sua história, na qual as imagens e referências narcisistas se sucederam desde a infância com o modelo do pai e, depois, na vida corporativa com ênfase na cadeia hierárquica. Mas esse achado cognitivo não seria contundente se não emergisse através do sofrimento produzido pelo aprendizado da experiência. A esperança despontou quando ele viu que o papel que vinha desempenhando em relação ao outro podia ser mudado, e essa mudança poderia afastar o fantasma da solidão, oferecendo-lhe um espaço mais estimulante, dando outro sentido à sua presença no mundo.

E qual seria o sentido de sua vida em um universo que percebia sem sentido? Pensava Rafael que a falta de sentido teria deixado a sua vida oca, sem valor, estéril, na mão dos desejos e manipulações dos outros. Imaginava que, com sentido, a vida ficaria mais proveitosa e como resultado poderia emergir uma missão inspiradora que sua alma não hospedava até aquele momento. Sua missão estivera concentrada em instâncias básicas, primárias, como sustento, conforto, educação, amor, conduzidos por princípios como honestidade, lealdade, solidariedade e outros absorvidos de realidades dos outros (pais, educadores etc.), mas sua autoria na missão pessoal de vida era pobre. Incluía-se na multidão de seres humanos lançados a um universo sem sentido. Muitos dos seus confrades ainda não se incomodavam com isso, pensava. Ele, entretanto, passou a ansiar por um sentido próprio.

E o que, ou qual, seria o sentido? – perguntava-se. Essa questão sempre dava em uma tábula rasa, uma rua sem saída... não sabia a resposta. Paradoxalmente, a existência do sentido, ou a falta dele, se fazia evidente por Rafael não saber o que era. Seria como pensar na divindade? Como se houvesse algo que era sabido, mas não podia ser pensado? Outra mudança catastrófica: apercebeu-se de que o sentido de vida deve ser construído, não é inato, nem adotado e nem transferido, e nunca está acabado! Seria algo parecido com a construção da identidade. No caso de Rafael, ele deveria ser construído a partir do momento em que constatou a importância do tema. Por outro lado, sua experiência de vida criava a expectativa ilusória de que a substância do sentido fosse puramente cognitiva, racional, concreta. Dessa maneira, os instrumentos para obtê-lo seriam: observação acurada do seu contexto de vida, pesquisa, associação e dedução. Eram esses os pressupostos que embasavam sua identidade na juventude. Agora, mais maduro, percebia que essa concepção era parcial e limitante.

O sentido poderia estar escondido também nos interstícios das fantasias, dos sonhos, dos mitos, das emoções e dos desejos. Percebia naquela fase existencial que havia passado longos anos com uma expectativa – ou desejo inconsciente e ingênuo – de que o sentido para a vida aparecesse e se manifestasse espontaneamente, como uma dádiva ou uma mágica. Agora entendia sua total responsabilidade na garimpagem desse sentido. Ocorreu-lhe que o sentido da sua vida nesse momento poderia estar centrado precisamente na busca de sentido.

Outro arcano da concepção existencial de Yalon também se fez presente nas reflexões de Rafael naquela época, ao sentir uma opressão que asfixiava sua liberdade. Colocou em xeque a ideia de liberdade que tivera durante toda a vida. Até então, apreciara sua liberdade sob a perspectiva social, profissional e econômica. Mas agora, com a experiência na vida corporativa, reconhecia-a como uma ilusão. Seria a liberdade a prerrogativa de dar curso aos próprios desejos? O trânsito na vida corporativa impõe ressignificar a ideia de liberdade. Percebia agora a ele e aos colegas como prisioneiros da Metalead, obrigados a realizar os desígnios da empresa ou, caso contrário, apelar para a solução *hard*, ou seja, demitir-se e buscar outro emprego, no qual se repetiria a experiência com pressupostos semelhantes.

Passaram-se vários anos até Rafael constatar que, mais do que a Metalead, eram suas próprias pretensões que o aprisionavam, coibindo sua liberdade. A necessidade de atender às demandas de competição, de diferenciação, enfim, do próprio narcisismo, cingiam sorrateiramente sua liberdade. Questionava-se, também, se os seus desejos seriam realmente próprios ou inspirados por circunstâncias externas, como a cultura na qual estava submerso e a própria história de vida com os núcleos e pressupostos não (ou mal) resolvidos. Na perspectiva da sua individualidade, a liberdade significava poder viajar mais livremente pelas florestas do próprio espírito, comunicar-se consigo mesmo sem barreiras, receios nem vergonhas.

O exercício da liberdade que realizou em momentos cruciais da vida, como a partida do lar paterno e a emigração, teve para ele um sabor de traição. Apesar de estar firmemente determinado, no íntimo não estava exercendo uma verdadeira liberdade. Era como se estivesse contraindo uma dívida que em algum momento seria cobrada. Na realidade, naqueles momentos não estivera livre, mas prisioneiro de culpas ferozes. Com o tempo, foi-se desvencilhando delas e esperava, com isso, sentir-se mais livre e menos devedor. Naquela etapa da vida, entretanto, ele percebeu que desde a perspectiva existencial a liberdade trazia à tona a realidade de si mesmo como responsável pela sua própria visão do mundo, seu projeto de vida, suas escolhas e ações. O peso da responsabilidade trazia uma tensão existencial oriunda dessa liberdade, que estava radicada na consciência da realidade do nada, do desamparo, enquanto buscava refúgio, fixação e estrutura. Nenhum sinal lhe indicava a escolha que convinha e a que não, a certa e a errada. Pior ainda, algumas opções pareciam certas e erradas ao mesmo tempo. A liberdade aparecia, então, assustadora. Compreendeu nesse momento que a liberdade, que até então via sufocada pelas circunstâncias externas, era determinada pelas próprias opções. Antes, prisioneiro dos ditames do mundo; agora, das suas escolhas. Perguntava-se: seria a liberdade um mito? Os prisioneiros da caverna de Platão estarão sempre prisioneiros, o máximo que poderão fazer será trocar de caverna. Então, a única forma de se aproximar da liberdade (ou ser menos prisioneiro) seria trocar as suas escolhas. Rafael deu-se conta de que tinha extraído e refinado significados novos e provocadores para o seu conceito de liberdade, mas também que nessa trilha somente poderia marchar sozinho.

Cada um desses quatro fatores – morte, solidão, sentido e liberdade – era arrasador para Rafael. Ele percebia, no entanto, que eles não operavam sozinhos sobre sua consciência ou seu inconsciente, mas estavam integrados na sua realidade existencial. Paradoxalmente, quando integrados pareciam ser menos inacessíveis e aniquiladores. Essa reflexão lhe fez vislumbrar uma convidativa brecha para utilizar o que tinha aprendido da experiencia profissional agregando valor à vida de outras pessoas. O *coaching* e o *mentoring* empregados com enfoque psicodinâmico e de sistemas, como proposto pela escola de Tavistock, e que Rafael conheceu quando buscou complementar as ideias do professor Falconi, poderiam facilitar essa perspectiva integradora, criando condições para que cada um dos quatro fatores transcendentais contribuísse para metabolizar os outros.

Ocorreu-lhe uma conjugação promissora. As propostas de *coaching* e *mentoring* se alicerçam na relação entre o *coach* (ou mentor) e o *coachee* (ou *mentee*), e a boa qualidade desse vínculo contribui para dissipar a sombra da solidão. Tal relação também estimula a busca de sentidos e certamente permite superar e excluir alguns sentidos inconsistentes ou primitivos que se instalaram como resposta à percepção muito parcial da vida do *coachee* ou *mentee*. A qualidade do(s) sentido(s) alcançado(s) propiciaria melhor uso da liberdade e melhor qualidade das escolhas na vida profissional e pessoal. Por fim, a aceitação da inexorabilidade da morte pode abrir espaço para viver a vida com maior qualidade.

Ele desejava ardentemente que o que tinha aprendido não se perdesse, que outros caminhantes da saga da gestão corporativa pudessem se beneficiar na sua trajetória profissional e pessoal. Esse desejo não vinha apenas da solidariedade ou generosidade; estava lá para encontrar um sentido para a própria vida e também para que a sua morte nos outros demorasse a acontecer. Rafael percebeu então que sua vida somente encontraria sentido através dos outros. Comunicar sua experiência era como estar conectado com o universo e atender ao objetivo de encontrar sentidos, como seu sofrimento reivindicava. Sentia-se na obrigação de devolver ao sistema o que a vida lhe havia brindado. A caminhada solitária seria egoísta? Poderia compartilhar seus achados da estação catástrofe?

Nessa altura da vida, seus modelos mentais, ou seja, as imagens internalizadas com forte enraizamento emocional que instituíam para ele como o mundo funcionava, compeliram Rafael a se perguntar: O que eu fiz até agora? Bitolados nos cânones do costume pautado na capacidade positiva, esses modelos mentais exigiam também a resposta para a pergunta correlata: o que farei daqui para frente?

Esses modelos confinavam o tempo da sua vida em duas categorias: passado e futuro. Condenavam-no, assim, a remoer na alma as frustrações e a nostalgia dos momentos ruins e bons já vividos, e a aceitar a inexorabilidade de um futuro exigente impondo realizações notáveis. Nesses modelos, o aqui e agora tinham pouca relevância. No entanto, é só no presente que pode acontecer o *dar-se conta*, ou seja, a mudança catastrófica. E era precisamente esse dar-se conta que poderia alterar o seu futuro.

Dessa ótica, pensou Rafael, em vez de se perguntar "o que eu fiz", seria mais relevante questionar-se nesta ordem: "o que eu fui?", "o que eu sou?" e, por fim, "o que quero ser?". Dessa maneira, o que fizesse seria consequência do que queria ser. Agora estava óbvio! Foi um descobrimento categórico para ele. Achou irônica e estéril a epopeia sua e dos colegas de profissão buscando denodadamente o que fazer, antes de deparar com o que se quer ser. Viu-se como prisioneiro da cultura, colocando o carro na frente dos bois.

Coaching, *mentoring* e consultoria transformacional apresentavam-se como uma esperança, não apenas para compartilhar o aprendido, mas também como uma boa alternativa de realização pessoal. Assim, na metade da vida, começou um novo projeto, internando-se no estudo dessas especialidades fascinantes e complexas que requeriam conhecimento das pesquisas e experiências de importantes pensadores, descritas em inúmeras obras da literatura específica. Juntaria ao estudo a própria experiência corporativa, o esforço de autoconhecimento, experiências pessoais decorrentes de ter participado de dinâmicas do tipo *Group Relations Conferences* (uma experiência de internação com pessoas desconhecidas que buscam se conhecer por meio dos outros e que é assistida por consultores especializados nos fenômenos psicodinâmicos que se manifestam na operação dos grupos).

Esse preparo incluiria também leitura e reflexão sobre obras clássicas da literatura humanística, de psicologia e de administração e, não menos importante, um bom período de psicoterapia pessoal. Ele demorou muito tempo para encontrar o modelo que encampasse o que queria ser e o que poderia oferecer, até que se identificou com as propostas de Hawkins e Smith (2013) para desenvolver competências psicotécnicas das pessoas nas organizações. Para esses pensadores:

> *Coaching consiste na aplicação de habilidades que resultam na melhoria da performance no trabalho das pessoas em suas organizações. Envolve um robusto suporte e desafio. O processo de coaching é dirigido ao aprendizado e desenvolvimento pessoal do executivo e a ajudá-lo na melhor aplicação de seu potencial. A relação colaborativa do coaching é de curto prazo, tem foco prático e está caracterizada por feedback claro e consistente.*

E a palavra *mentoring* deriva da mitologia grega, sendo Mentor o leal amigo de Ulisses, a quem este confiou a educação do seu filho Telêmaco durante sua campanha na guerra de Troia. Na mesma obra de Hawkins e Smith (2013) é dada a definição proposta pelos consultores Clutterbuck e Megginson (1997): "*Mentoring* é uma ajuda que acontece fora do sistema rotineiro do trabalho, oferecida por uma pessoa a outra para realizar transições significativas em conhecimento, trabalho ou pensamento". De acordo com o CIPD (*Chartered Institute of Personnel and Development* – Londres), os elementos-chave para a definição de *mentoring* poderiam sintetizar-se assim:

- Envolve conversas de amplo espectro e longo prazo.
- É dirigido mais pelas necessidades de desenvolvimento futuro de carreira do *mentee* do que por demandas da rotina e do trabalho presentes.
- O mentor usa sua experiência na indústria ou setor para guiar o desenvolvimento profissional do *mentee*.

Defendendo sua Consultoria Transformacional Sistêmica, os autores Hawkins e Smith (2013) diferenciavam a *consultoria técnica* da *consultoria transformacional*.

A consultoria técnica ajuda a organização no desenvolvimento de *skills* ou competências que ela requer para aumentar sua performance. Por exemplo: novos sistemas de TI, processos de RH, auditorias, contabilidade, tributação, novas formas de medir performance etc.

A consultoria transformacional foca no desenvolvimento, organiza *workshops*, conferências e colóquios e outros eventos oportunos nos quais a organização pode ser ajudada a se concentrar na sua própria evolução. O consultor transformacional é um parceiro que não diz à organização o que ela já sabe e não vende uma solução de prateleira, mas sim ajuda seus membros a descobrir e aplicar mais do seu potencial, caminhando junto e compartilhando a sua múltipla experiência para servir como guia, desafio e suporte. Como parceiro, ao longo do tempo, o consultor transformacional ajuda a desenvolver a estratégia da empresa, sua cultura e sua liderança, não apenas no papel ou em meio eletrônico, mas vivenciando o seu trabalho e seus relacionamentos com todos os *stakeholders*-chave.

Hawkins e Smith (2013) sintetizam: "a consultoria transformacional sistêmica atua como uma parceira da organização para transformar e alinhar sua liderança, cultura e estratégia, de maneira tal que ela possa mudar a sua conformação, sua performance e o valor que ela cria para todos os seus *stakeholders*".

Rafael desejava se concentrar nesses três vetores. Fácil de dizer e explicar, mas difícil de realizar.

Capítulo 9. A qualidade do sofrimento

Na época em que Rafael se desprendeu da Metalead, já havia concluído o curso de psicologia e iniciava um mestrado em Qualidade. Rafael fazia então uma avaliação pessoal sobre o tema que se candidatava a nortear a sua realização profissional daí em diante, ao qual impunha a exigência de abrigar sentido. A Qualidade ecoou convidativamente em seu íntimo, pois sentia a essência da disciplina coerente com princípios transcendentes.

Rafael acreditava que a Qualidade se referisse ao homem e ao contexto em que ele está inserido. "Eu não sou eu, mas eu e mais as minhas circunstâncias", afirmava Ortega y Gasset[20]. Do ponto de vista da Qualidade, não fazia sentido pensar o Universo separado do homem que o habita, que o aprecia e lhe confere valor. E tampouco teria sentido pensar em Qualidade para um ser humano separado do Universo, alienado. Não se pode deixar de interagir com o mundo. Mesmo sem nada fazer, se está interagindo. Existiria assim uma dualidade, uma relação entre sujeito da experiência, o homem e o objeto experimentado, o seu mundo. Rafael cogitou que a questão fosse relacional, que a Qualidade estivesse situada na relação entre o homem e o mundo, como concluíra o protagonista da novela "Zen e a arte da manutenção de motocicletas", de Robert M. Pirsig.

Dessa ótica, o TQC se investiria de transcendência na vida humana, cobrando continuamente uma atitude de coerência e respeito em muitos âmbitos sensíveis da existência individual, social e política – por exemplo, nas relações familiares, na amizade, na convivência entre profissionais.

Os prolongamentos da Qualidade que Rafael começava a imaginar também se projetariam em áreas como medicina, psicologia, administração e engenharia, às quais

---

[20] José Ortega y Gasset (1883-1955) foi um filósofo, jornalista e ativista político espanhol.

conferiria a missão de melhorar a qualidade de vida. Mais ainda, pensava ele ascendendo à dimensão religiosa, o paraíso e o inferno não seriam também uma questão de qualidade?... Eles talvez não estivessem no lugar infinitamente distante que os mitos das religiões ensinam, mas bem próximos, dentro do coração do homem. A revisão de experiências levou Rafael a concluir que em diversas circunstâncias havia feito de sua vida um paraíso ou um inferno, dependendo da relação que ele compôs com o mundo nos diferentes momentos.

Apesar de toda essa reflexão, continuava difícil estabelecer uma finalidade universal para a Qualidade. Ele poderia apenas atrever-se a predizer que, caso existisse tal finalidade, certamente não se encaixaria na lógica cartesiana. O mais provável era não existir apenas uma finalidade, mas várias, talvez infinitas. Talvez a Qualidade fosse uma das grandes sínteses e tivesse lugar cativo no panteão dos significados formidáveis que a limitação humana não consegue definir em palavras, tais como Deus, divindade, alma, amor, virtude, verdade, ser, eternidade.

Teria Rafael a missão de esculpir o significado da Qualidade em sua vida? Dependendo da relação com o mundo, essa finalidade poderia ser imediatista, superficial e ingênua, ou apenas utilitária. Poderia, também, ter uma conotação moral de crescimento e atualização? Ou viria a ser sua missão e sentido da vida?

Uma coisa era certa: não poderia mais ficar alheio à Qualidade e nem culpar o destino pela sua infelicidade. Se não fosse essa a opção para sua vida profissional e pessoal, parecia-lhe que a qualidade sistêmica continuaria a ser um conjunto de significantes sem significado, um vazio confinado no produto fabricado ou no serviço prestado. Embora pretendesse vender consultoria instrumental de sistemas de qualidade, o que quer dizer desenho de sistemas, processos, rotinas de trabalho, metas etc., esse conjunto instrumental estaria na sua consciência conectado e subordinado a princípios transcendentes da Qualidade como síntese que, para ele, fariam sentido. Os instrumentos seriam então significantes com significado.

E tendo abraçado um sentido, Rafael começou sua trajetória como profissional autônomo, oferecendo serviços de consultoria em sistemas de qualidade para médias e pequenas empresas, cujos clientes, em geral, eram grandes fabricantes ou montadoras de veículos, aos quais forneciam componentes – todos eles subordinados às premissas globais da Qualidade, na época sob o guarda-chuva da norma ISO 9000.

Rafael tinha bagagem de conhecimentos e experiência suficiente para oferecer boa consultoria técnica em sistemas de qualidade e era esse o objetivo pelo qual o contratavam. Ele teve sucesso logo na implantação dos primeiros sistemas que orientou. Isso era de se esperar, pois os sistemas eram simples e seus conhecimentos sobre o tema eram maiores do que o necessário. No entanto, médias e pequenas empresas são familiares, na sua maior parte, e por isso muito sensíveis aos conflitos relacionais.

Quando Rafael realizava consultoria técnica em qualidade, emergiam nessas empresas desencontros relacionais entre pais e filhos, irmãos, marido e mulher, enfim, familiares trabalhando na organização. Como seu currículo incluía a formação de psicólogo, a tendência para chamá-lo como conselheiro ou mediador era quase inevitável. Essas pessoas se sentiam competentes na gestão, mas desamparadas frente às tormentas que se instalavam nos seus próprios cosmos emocionais. Rafael descobriu que, ao contrário dos seus colegas engenheiros de sistemas de qualidade que fugiam dessas tempestades irracionais como o diabo da cruz, ele se sentia atraído, podia até dizer que de certo modo gostava. Mas por que essa atração para o caos relacional?

Refletindo, compreendeu que estava adentrando no domínio do sofrimento. Poderia existir alguma relação entre TQC e sofrimento? Essa era outra questão que fazia a si mesmo.

Essa nova questão funcionou como outra "volta do parafuso" que o levou a mais um *insight*. Sim, intuía uma correspondência forte e legítima que partia de outra conjectura: faria sentido falar em *Qualidade do sofrimento*? E acolheu a hipótese de que talvez fosse precisamente esse o agente que determina o sucesso das transformações e da evolução.

Rafael pensou: "há sofrimentos dos quais não se pode evadir, como, por exemplo, o que ocasiona abandonar o conhecido e partir para algo novo e desconhecido, para a inovação". A incerteza e a angústia foram suas companheiras inelutáveis na trilha da capacidade negativa. Se faltasse esse arrojo, estaria confinado na mesmice, na estagnação. Também não poderia esquivar-se do sofrimento que exige a mudança catastrófica, um dar-se conta de realidades pessoais diferentes do desejado, das próprias misérias. Bion afirmava que a frustração é o motor do pensamento. Refletia Rafael que a pessoa satisfeita não necessita pensar, somente goza o seu prazer. E ele percebeu que somente quando esteve frustrado construiu novas alternativas. Esses seriam sofrimentos de qualidade, cogitou ele, pois têm potencial para produzir crescimento, evolução.

Rafael também havia experimentado outros tipos de sofrimento, de baixa ou adversa qualidade – como o sofrimento produzido por estupidez, arrogância, ignorância, analfabetismo emocional, especialmente quando emanam da autoridade. Há ainda o sofrimento inerente às relações humanas mal resolvidas ou recalcadas, no qual os relacionamentos familiares estacam e frequentemente se instalam o ressentimento, o rancor ou o ódio – não falados, mas nem por isso menos operantes. Esses sofrimentos não são de qualidade. Pelo contrário, produzem resistências, desviam e aniquilam o pensamento.

Claro que esses estremecimentos emocionais deveriam ser tratados pela psicologia clínica, individual ou em grupo. Mas essa opção raramente era buscada e abraçada pelos membros das famílias empresárias que conheceu, salvo casos extremos. As pessoas hesitam em reconhecer que precisam de ajuda, como se isso afetasse o orgulho, como se as desqualificasse ou reduzisse o grande mérito de serem empreendedoras.

Para ter entrada franqueada, era necessário ser parte do sistema, pensou Rafael. E ele o era, no papel de consultor técnico (na realidade, transformacional). Essas reflexões abriram uma alternativa nova, original e instigante. Já que a condição humana é altamente permeável ao sofrimento, inevitável nas relações familiares, daí para frente sua missão profissional poderia ser contribuir para melhorar a qualidade do sofrimento (ou aliviar o sofrimento desnecessário) nas empresas familiares que se empenham em aprimorar os resultados corporativos, abrindo mais espaço para o pensamento, a inovação e a cooperação.

Uma vez concluído o mestrado, Rafael defendeu a dissertação na Unicamp (Universidade Estadual de Campinas) com o título "Qualidade, mudança, crise e resistências", onde abordou a Qualidade a partir de uma perspectiva mais existencial do que técnica. Nesse trabalho, relata sua experiência na Metalead e destaca os fatores que em seu entender causaram o insucesso. Visava com isso contribuir oferecendo sua experiência com a expectativa de que, sendo útil a outros, também desse sentido à sua caminhada. No prefácio da dissertação escreveu:

> *Este trabalho não apresenta novas propostas no campo das teorias da administração. Menos ainda teorias que recomendem o que fazer ou deixar de fazer para ter sucesso. Pretendem apenas oferecer ao leitor um depoimento das experiências emocionais e intelectuais vivenciadas pelo seu autor durante a sua caminhada na vida organizacional, no exercício da profissão de engenheiro, iluminadas pelo en-*

foque teórico do vértice das ideias atuais nos campos das teorias da administração da qualidade e da psicologia da mudança. As histórias nele relatadas nem sempre apresentam os fatos tal como realmente aconteceram, mas como o autor os pôde vivenciar ou imaginar. São, portanto, ficções. Como fictícios são também os seus personagens, embora no pensamento e nas emoções do autor sejam muito reais. Fica a critério do leitor dar-lhes valor ou não, associá-los e confrontá-los ou não com as suas próprias experiências. De qualquer maneira, para o intuito com que o trabalho foi escrito, a fidelidade histórica terá muito menos importância do que o eco emocional que eventualmente venha suscitar. Pretende assim estimular a gestação de outras múltiplas maneiras de enxergar a questão da qualidade, convidando o leitor para ser mais um dos seus arquitetos. Este relato é apenas uma história de vida como tantas, com reflexões para compartilhar, incertezas, temores e esperanças comunicados da maneira mais sincera e espontânea que ao seu autor foi possível. E ele estaria satisfeito se o leitor descobrisse, ao ler, que já se sentiu assim.

Rafael

março de 1995

Mas Rafael sabia que a proposta era ousada e difícil. Exigia um preparo que ele não tinha, especialmente porque o sofrimento familiar não transita nas avenidas da razão, mas sim nos labirintos da emoção, e é abastecida nos mananciais do inconsciente.

Ele reconheceu, no entanto, que essa problemática estaria fora do alcance das ciências com que tinha alguma familiaridade, pois não se manifestava no espaço das evidências objetivas, mas emergia do âmbito misterioso onde se agitam fúrias e impulsos por vezes desgovernados. Para ele, apenas os fundamentos da psicanálise ofereciam uma bússola para entrar nesse domínio e entender algo dessa complexa e turbulenta dinâmica. Outra vez a estudar!

A escola de Tavistock, em Londres, inspirada pela ideia de sistemas sociotécnicos, congregava um considerável acervo dos conhecimentos que Rafael já havia identificado como necessários. Essa abordagem foi iniciada na metade do século XX por Eric Trist, Ken Bamforth e Fred Emery, que a desenvolveram a partir das suas pesquisas com trabalhadores nas minas de carvão inglesas. Os desenvolvimentos dessa escola derivaram na *psicodinâmica e sistemas*, que Rafael via alinhada com suas necessidades (GOULD; STAPLEY; STEIN, 2001).

Wilfred Bion foi outro notável pensador que ofereceu importantes contribuições nessa mesma direção.

Rafael mergulhou então nesse estudo com toda energia e vontade. Realizou experiências de internação para estudo de grupos chamada *Group Relations Conferences*, coordenadas pelo Tavistock Institute em Leicester, na Inglaterra, e em Buenos Aires. Participou de cursos do professor John Davis, em Nova Iorque. Realizou um curso no IMD Business School (Lausanne, Suíça) dirigido a empresas familiares.

Nutriu-se com o pensamento de diversos autores com essa perspectiva. Alguns apresentavam interessantes abordagens psicanalíticas da dinâmica das organizações, como Larry Hirschhorn, Abraham Zalesnik, David Armstrong, Susan Long, Robert French, John Newton, Sunny Stout Rostron, James Krantz, Bruce Peltier, Isabel Menzies Lith, Laurence Gold.

Outros, como Elliot Jaques, Edgar Schein, Karl Weick, Manfred Kets de Vries, Lionel Stapley, eram mais focados em administração. Já Luis Kancyper voltava o olhar para conflitos geracionais e relações fraternas.

Havia os que se concentravam na dinâmica psicológica da empresa familiar, como Manfusa Shams, David Lane, Randel Carlock, Elizabeth Florente-Treacy.

Coaching, mentoring e consultoria transformacional eram abordados por nomes como Halina Brunning, Peter Hawkins, Nick Smith, Catherine Sandler, Leopold Vansina, Marie-Jeanne Vansina-Cobbaert, Ulla Charlotte Beck.

A dinâmica de grupos estava presente com Robert French, Russ Vince, Lionel Stapley, Louisa Diana Brunner, Avi Nutkevitch, Mannie Sher. Alguns autores apresentavam interessantes reflexões sobre o papel dos mitos e narrativas nas organizações, como Yannis Gabriel, Bernie Neville e Tim Dalmau.

Essa rica leitura ampliou consideravelmente o seu repertório de respostas e com essa bagagem sentiu que estava mais preparado para o desafio que escolheu.

Logo após terminar a dissertação, Rafael iniciou doutorado em engenharia de produção, na Universidade de São Paulo, focado no estudo dos fatores emocionais presentes nas empresas familiares empenhadas na implantação de sistemas de qualidade. A essência de sua contribuição estava na integração da teoria da Qualidade, especialmente o "saber profundo" enunciado por Deming, com as capacidades positiva e negativa como propostas por Bion. O título da sua tese foi:

> *Qualidade Dialética: Motivação, Mudanças e Resistências. O Saber Profundo de Deming como ponto de partida para o conhecimento e tratamento das resistências à mudança no processo de implantação de sistemas de qualidade em pequenas e médias empresas familiares de manufatura*

Rafael construiu sua tese de doutorado no modelo científico de pesquisa-ação. O objetivo se pautava em conseguir a homologação ISO 9000 em uma empresa de estamparia fornecedora de subprodutos para a indústria automotriz. Foi esse trabalho de pesquisa-ação que inaugurou sua caminhada na trilha de *coach*, mentor e consultor transformacional.

Capítulo 10. Aprendendo da experiência

Entrando na trilha

Os primeiros passos de Rafael no campo de *coaching* e consultoria foram dados como parte de seu trabalho na tese de doutoramento.

A empresa em que Rafael realizou o estudo chamava-se Estamper – Estamparia e Ferramentaria Ltda.[21] A história dessa organização começou no Brasil em 1963, ano em que foi fundada por Celestino Martinez[22], presidente e proprietário na época do estudo (em 1998).

Rafael decidiu que a primeira tarefa nesse novo desafio seria conhecer tudo o que fosse possível sobre o cliente: história pessoal, relações familiares, conquistas, fracassos, enfim, a sua epopeia. A crônica da empresa estaria indissoluvelmente vinculada à de seu fundador.

Celestino nasceu na Espanha em 1935, em uma aldeia de 800 habitantes, encravada nas montanhas da província de Astúrias, que subsistia da agricultura e estava estagnada no tempo.

Rafael teve oportunidade de viajar à Espanha e visitou esse local, pois julgou que devesse aprofundar o conhecimento da história de seu cliente. Achou que isso contribuiria para a construção de um bom vínculo relacional, logo no início do trabalho. E não estava equivocado. Lá, recebido afetuosamente pelo irmão e pela cunhada do presidente da Estamper, conheceu a casa onde Celestino nasceu, até então habitada por parentes seus. O contato com aquela realidade diferente, na qual havia marcas concretas da labuta manual pela sobrevivência, permitiu que Rafael aquilatasse a

[21] Nome fictício.

[22] Nome fictício.

transformação produzida na vida do homem que ocuparia o centro deste relato. Com a visita, ele esperava mostrar ao presidente sua disposição para compreendê-lo primeiro, para depois ser compreendido. Noutras palavras, ele esperava que o cliente o visse capaz de valorizar seu esforço, mais do que alguém disposto a dar palpites e criticar sem conhecer.

Casas seculares que os antigos construíram sobre as ladeiras empinadas, com paredes de pedras lajeadas e barro arrancado das entranhas das serras, como fortalezas, são capazes de resistir ao frio e ao vento de inúmeros invernos e, a julgar pela inscrição gravada nas pedras da igrejinha da aldeia – ano 1636 -, viram nascer, casar e expirar ao menos 15 gerações. Aquelas montanhas incrustadas de granito, forradas com árvores coníferas e flores silvestres, vales em cujo fundo correm rios de água fria e limpa, conformavam uma atraente combinação de beleza e silêncio. Elas foram o palco da dura luta pela sobrevivência daquele povo estoico e tenaz.

Como ocorre com a maioria dos camponeses de todos os lugares que marcaram a história da civilização, a relação com os animais ocupava um lugar primordial na vida daquela comunidade. Os animais, que forneceram alimento, continuavam até então – e continuarão por muito tempo, pensava Rafael – a ser criados com esmero e respeito.

Filho de camponeses e intermediário de uma família de seis irmãos, Celestino logo teve contato com a rude vida agreste. Quando menino, a linguagem comum era o sacrifício que a sobrevivência exigia de todos. As crianças trabalhavam ao lado dos adultos e aprendiam o significado da responsabilidade antes de aprender a ler e escrever. Sua missão infantil era cuidar das ovelhas da família, nas montanhas. As brincadeiras e fantasias daqueles garotos eram construídas no diálogo com a natureza rude, onde nasceram e se criaram. E a natureza foi generosa nas suas confidências, revelando também a eles os segredos daquela vida simples, como fizera aos seus ancestrais, ao longo dos tempos. Como uma fada, ela os fazia ricos na sua pobreza.

A vida simples, entretanto, não era suficiente para preencher a curiosidade e a inquietação do menino especial em que se centra esta história. Ele não se conformava apenas em refugiar-se nos cânones das tradições da aldeia e curtir a natureza. Ousaria desafiar tanto as tradições quanto o modo de transformação da natureza. Foi assim que se fascinou pela construção de uma represa e uma estrada em um daqueles vales, o que ocasionava perplexidade naqueles camponeses que deviam caminhar oito quilômetros de trilhas nas montanhas para chegar à cidadezinha mais próxima.

Essas construções introduziram os caminhões, que Celestino via pela primeira vez e o deixaram maravilhado. Levado então pelo entusiasmo infantil, confidenciou seu sonho ao professor da aldeia: um dia seria motorista ou mecânico de um daqueles caminhões. A humilhante resposta que ouviu e gravou a fogo na memória foi, talvez, o disparador da imensa força motriz de sua índole indomável: "olhe, você vai me desculpar, mas quem nasce aqui não pode chegar a isso". Celestino começou a ruminar então a matéria-prima para sua mudança catastrófica, transformando o anátema em desafio.

Sua educação escolar foi apenas a obrigatória da Espanha de então, o equivalente ao atual Fundamental 1, no Brasil. Começou na escolinha da aldeia – conduzida por um único professor em uma sala muito modesta, perto da casa de seus pais e na qual os outros meninos da região chegavam de mula, a cavalo ou a pé.

Aos 17 anos, querendo mudar o que já lhe pesava como um monótono destino aldeão, saiu da vila para prestar serviço militar voluntário na aeronáutica espanhola. Queria voar, experimentar uma outra visão do mundo. Quiçá reproduzisse os muitos jovens que estavam à procura de outros referenciais de aventura, romantismo e glória. Esse seu sonho não se cristalizou, e o contato com a realidade logo o levou a perceber que essa alternativa não tinha futuro. Permaneceu na aldeia ainda por algum tempo devido à falta de opções. Lá trabalhava como telefonista e nas horas vagas ficava em uma oficina local, na esperança de um dia ser lá empregado. Certa vez, observou os operários levantando pesadíssimos transformadores com alavancas e assim teve a ideia de construir um pequeno guincho utilizando sucata barata, comprada em um ferro velho. Sem solicitar pagamento algum, construiu o seu guincho, com o qual reduzira-se o risco de acidentes.

Nessa época, Celestino prestava o serviço militar em um quartel próximo à aldeia. A sorte quis que um oficial do setor em que ele estava lotado, que também era sócio dessa oficina, gostasse do seu trabalho. Celestino, então, passou a prestar serviços para sua unidade militar nessa oficina, onde atendia também os raros proprietários de veículos da região. Com o tempo, foi abandonando a atividade de telefonista. Ficava na oficina e ia ao quartel para as refeições, agora com os oficiais, e para dormir. Ficou triste quando recebeu a baixa, pois tinha gostado daquela vida.

Reintegrado à vida civil, empregou-se em uma indústria siderúrgica em uma cidade da região de Astúrias, com a proposta de melhorar sua modesta formação, empenhando-se em cursos internos de máquinas e fundição. Ficou profundamente seduzido pela arte da estamparia e ferramentaria, às quais devotou realmente sua alma. Nessa siderúrgica teve bons mestres que o ajudaram a desenvolver a grande habilidade manual que esse ofício exige.

Foi naquela época que surgiu nele o desejo de montar o próprio negócio. Mas a Astúrias de então não oferecia possibilidades para jovens empreendedores sem recursos. Essa frustração, acrescida da insatisfação pelos seus ganhos pouco atraentes, fez germinar nesse tempo a ideia de emigrar para o Brasil. As reduções de salários impostas por Franco na Espanha e as incríveis afirmações que os jornais europeus faziam sobre o impulso que a política do presidente Juscelino Kubistchek vinha imprimindo na economia brasileira – "50 anos em 5", diziam – também facilitaram a decisão. Pensava ele então que, mantido esse ritmo, no ano 2000 o Brasil seria uma das grandes potências mundiais.

Chegou ao país em 1960, aos 25 anos, com um amigo que depois viria a ser seu cunhado, na terceira classe de um navio mercante, com passagem apenas de ida e dinheiro para sobreviver por pouco tempo. Chegando a São Paulo, hospedou-se em uma pensão muito modesta e arrumou emprego como mecânico ajustador em Paranapiacaba, São Paulo, onde trabalhou como empregado durante aproximadamente dois anos. As suas qualidades pessoais logo lhe granjearam a confiança dos empregadores. Esse foi também o seu período de adaptação ao país na condição de imigrante.

Em 1963, concretizou suas ambições montando, com o amigo que veio consigo da Espanha, uma pequena oficina de garagem no bairro do Ipiranga, dando início à empresa. Era agora necessário recrutar clientes. Nesse início das atividades ia de ônibus visitar os seus clientes potenciais, pois, é claro, não possuía automóvel.

Em uma dessas feitas, apresentou-se em uma empresa de origem e capital suíço, como dono de uma modesta oficina de ferramentaria iniciante que pedia uma oportunidade. O gerente de produção dessa organização, fabricante de materiais elétricos que importava da Suíça a maior parte dos componentes, solicitou-lhe um orçamento para fornecer uma quantidade mensal muito pequena de arruelas (70 por mês), com a recomendação de que o referido orçamento fosse entregue em dez dias, para poder decidir antes da próxima importação. Embora o negócio apresentado não fosse atraente pela quantidade tratada, a simplicidade da operação, e o volume de dinheiro envolvido, que era irrisório, dois dias depois estava ele, outra vez de ônibus, levando ao pretendido cliente não apenas o orçamento, mas também as suas primeiras 100 arruelas, nas quais investiu por sua conta e risco matéria-prima e trabalho, embora os seus recursos fossem minguados. O preço que ofereceu era bem menor que o da importação. O cliente foi conquistado e logo lhe encomendou outros produtos mais complexos e lucrativos. A Estamper conservava esse cliente na época em que Rafael realizava o seu trabalho.

Celestino começara a crescer graças à sua agilidade, iniciativa e, sobretudo, pela capacidade de ver oportunidades do futuro, em vez de centrar as ambições no ganho de curto prazo. Ele nunca se arrependeu do que fez. Para ele, o custo dos erros era o preço de aprender, a certeza absoluta não existia. E essa qualidade pessoal viria a se cristalizar como o extraordinário propulsor dos seus negócios.

Uma série de decisões sábias, disparadas pela sua coragem, alimentadas pela intuição e sustentadas na sua ferrenha dedicação ao trabalho, levou-o a construir ao longo de 35 anos a organização Estamper. Tal crescimento foi tão vasto e impetuoso quanto desorganizado. Os desenvolvimentos de peças eram feitos sem desenho, sem projeto. Mas a habilidade de improvisação para encontrar soluções eficazes e baratas, assim como a agilidade para tratar diretamente com o cliente, eram tais que o sucesso comercial foi garantido ao longo de muitos anos, quando o capital da Estamper também se multiplicava.

Em outubro de 1962, Celestino casou-se com uma moça italiana que conheceu no Brasil. O jovem casal enfrentou vários anos de parco nível de vida com não poucos apertos econômicos, pois a manutenção e o crescimento da Estamper absorviam todos os seus recursos. Os seus filhos, brasileiros, cresceram e depois foram se incorporando à organização. Os afetos de Celestino, embora fossem de diferente substância, eram divididos entre a família e a Estamper. Como a empresa exigia muito, às vezes a família tinha suas necessidades postergadas, pois ele desenvolveu, assim como Assis da Metalead, uma relação verdadeiramente passional com a empresa – como acontece com quase todo empreendedor orgulhoso da sua criação.

Sua disposição e a capacidade para lidar com as perdas foram fundamentais para o progresso da Estamper. Logo de início, ele teve clareza da necessidade de renúncias – ficavam para depois o tempo pessoal, o lazer, a segurança, as reservas de recursos econômicos, o conforto e, às vezes, até a vida familiar. A equação da vida empreendedora foi um permanente perder para ganhar.

Uma personalidade assim forjada, que se manifesta em indivíduos singulares, é construída de modo muito aleatório ao longo da vida. Para João Bosco Lodi (1978), um reputado pensador brasileiro da organização familiar, as fantasias, o imaginário, a componente narcísica, o orgulho, o altruísmo, o sentido de missão para a sua vida, a agressividade etc. coadunam-se para construir uma perspectiva mítica. O empreendimento é o mito do empreendedor, um construto emocional que estrutura sua personalidade. A pessoa se identifica com ele e nele acredita visceralmente. Por isso lhe devota incondicionalmente enormes esforços físicos e mentais, às vezes além dos seus próprios limites. Em troca, a empresa preenche sua vida de sentido, proporcionando um papel social, emprestando-lhe poder e prometendo a glória. O empreendimento dá uma identidade, proporcionando também diferenciação e contraste com a massa dos que preferem ser subordinados. Pode-se dizer que a força interior que animava Celestino para ser empreendedor era, na realidade, e talvez sem que ele soubesse, mais do que o aparente afã de produzir lucro ou agregar valor ou riqueza, era sua avidez para encontrar um sentido para a vida, para a sua realização.

Como toda liderança, a sua era um fenômeno misterioso e complexo que unia as habilidades inerentes à direção (capacidade de análise, conhecimentos técnicos sobre o trabalho, sensibilidade política) com sua vida interior, com as projeções das dimensões profundas da sua personalidade (LAPIERRE, 1995). Esta se expressava na forma de ser e de agir. A visão criativa, a paixão e a obstinação pela sua ideia, as qualidades e atributos pessoais, sua segurança e seu entusiasmo levaram à adesão entusiasmada dos seus seguidores.

A percepção do potencial de trabalho e bem-estar, e talvez também o peso da saudade que acompanha a imigração, levaram-no a convidar suas irmãs, um dos irmãos e alguns outros amigos de sua terra – que muito o haviam ajudado a partir da Espanha – a também imigrarem para o Brasil.

Surgiram daí casamentos e sobrinhos. Aos cunhados, sobrinhos e amigos imigrantes também foram dadas oportunidades na empresa, o que acabou produzindo uma complicada estrutura relacional de organização familiar. Postos importantes foram ocupados por essas pessoas que eram de confiança, mas pouco preparadas para atender às demandas da função.

O ano de 1968 encontrou-o construindo o edifício próprio para a ferramentaria e comprando uma empresa metalúrgica que ele pretendia anexar ao grupo Estamper. O principal cliente dessa metalúrgica era uma das mais importantes empresas eletroeletrônicas do país. Após 90 dias da incorporação, Celestino teve a frustrante notícia de que esse cliente pedira concordata. Essa realidade o obrigou a afastar a depressão causada pelo baque, a enfrentar a contrariedade e a encontrar novas alternativas para fazer frente aos compromissos assumidos quando contava com os pedidos que não mais viriam.

Procurou então uma indústria automotriz que estava lançando um novo veículo e ofereceu os serviços da Estamper para o desafio de desenvolver ferramentas no período de seis a oito meses, o que representava um recorde, pois o normal seria em 1,5 ano. A sedutora proposta foi aceita. E os seus homens de confiança trabalharam junto a ele com estoicismo e garra até 20 horas por dia, inclusive em fins de semana. A titânica empreitada teve sucesso, e a Estamper, mais uma vez, emergia vitoriosa. Ao mesmo tempo, o compromisso de lealdade e gratidão do fundador com aqueles homens que o ajudaram e deram sua confiança aprofundava-se no seu coração. Com esses compromissos e esses homens sem formação acadêmica e pouca cultura administrativa, mas possuidores de convicção e fidelidade, ele decidiu, anos depois, encarar o severo desafio de implantar sistemas de qualidade na sua organização. Ele e seus irmãos de luta já eram mestres na qualidade artesanal, mas neófitos na qualidade sistêmica.

Se é verdade que a luta pela sobrevivência gera união, ela também traz à tona emoções e sentimentos de competitividade e discordância.

A psicologia dos grupos é equivalente à da família e à da horda primitiva. Atuam juntos a consciência, o sentimento de culpa, o medo e os laços libidinais e agressivos entre os seus membros (YAMPEY, 1981). Por isso, a implantação da Qualidade, em 1997, seria para a Estamper uma provação na disputa de emoções.

O ano de 1991 acenou com outro importante desafio. Um dos principais clientes propôs à Estamper a terceirização das suas atividades, desde que esta estivesse disposta a adquirir os seus equipamentos e tecnologia. Celestino não hesitou. Aceitou o desafio e fechou o contrato por uma quantia em milhões de dólares que a Estamper, naquele tempo, não possuía, de modo que foi preciso outorgar garantias reais. Depois de seis anos de árduo e fecundo trabalho, em 1997 a dívida foi liquidada, o processo e as maquinarias ficaram integrados ao patrimônio da empresa e as garantias foram recuperadas. Mas Celestino estava pouco disposto a gozar o repouso do guerreiro. Pelo contrário, iniciou nova campanha, dessa vez em território mais tropical e desconhecido.

Assim, ainda em 1997, decidiu abrir um novo *front* de expansão, investindo na instalação de uma nova fábrica em Manaus, a Estamper da Amazônia, sua quinta unidade. A existência de importantes indústrias eletroeletrônicas, instaladas lá havia mais de 20 anos, às quais desejava atender, foi mais estimulante que a realidade concreta de não possuir nenhum pedido pela ocasião do investimento inicial. Pensou ele em um diferencial atrativo, na questão logística desses clientes potenciais que poderiam cobiçar uma significativa redução nos custos de transporte com os seus atuais fornecedores – a Estamper de São Paulo e seus competidores – sediados nas regiões centro-sul do país. E não se equivocara.

A despeito de possuir máquinas inativas nas suas fábricas de São Paulo, que, embora algo antigas, poderiam muito bem dar conta do recado, o presidente da Estamper decidiu comprar uma bateria de equipamentos de última geração, dispostos em um *layout* adequado a necessidades presentes e futuras, que incorporou as melhores soluções de organização fabril recuperadas da sua vasta experiência anterior. Era parte da estratégia para conquistar os novos clientes.

A esquiva e cobiçada glória, que motiva muitos empresários, sorria para Celestino Martinez. Anos antes, em 1992, a FIESP (Federação das Indústrias do Estado de São Paulo) distinguiu aquele outrora jovem, singelo e ambicioso imigrante com o título de industrial do ano. O presidente da CIESP-FIESP exaltou sua personalidade e não ocultou sua admiração pelo empreendedor. O coração de Celestino não tinha tamanho suficiente para abrigar as emoções que aquela cerimônia lhe provocava – e à qual assistiram senadores, deputados e o cônsul da Espanha. Possivelmente, a presença do representante do governo ibérico trazia-lhe o olhar carinhoso e aprovador da sua terra-mãe, admirada com o que seu filho, fruto das suas tradições e da sua força, embora longe, fora capaz de criar, e talvez triste por não ter podido oferecer-lhe a oportunidade no seu seio.

Como conservar a humildade nessas circunstâncias? Dessa vez, o verdadeiro desafio estava dentro dele, e era manter os pés no chão. Para isso, precisaria de um esforço sobre-humano. É precisamente disso que dependeria a sua vitória ou – caso cedesse à tentação da onipotência – a destruição da Estamper, dos seus sonhos e dos seus amigos e colaboradores. Celestino tinha consciência – e provas – do que seu formidável poder era capaz de construir, mas também de aniquilar. Para essa luta pessoal, não haveria uma vitória final. Inúmeras batalhas o esperariam ao longo de toda a vida – e ele achava que era obrigado a vencer, sempre. O inimigo, como o diabo, não cessará de apresentar – a ele e a qualquer outro homem de sucesso – a maçã da soberba fantasiada de glória. Eis aí a sua eterna provação.

Nos anos 90 do século passado, o movimento da Qualidade influenciou o mercado e recrutou os principais clientes da Estamper, que começaram a exigir que ela se certificasse pelas normas ISO 9002. De novo, a empresa aceita o desafio, mas dessa vez constata que para essa nova odisseia não bastava apenas a força do fundador, por mais formidável que ela fosse.

Segundo afirmam as principais teorias, seria de desejar que a percepção da necessidade e a decisão pela Qualidade derivasse de um plano estratégico concebido pela alta direção da organização. Não foi assim que aconteceu na Estamper. A alta direção tinha extraordinária intuição e grande capacidade para lidar com o risco e as incertezas, mas não estava preparada para a administração estratégica.

Naquele momento, o paradigma da Qualidade já imperava no ambiente industrial brasileiro. Grandes e até médias empresas já haviam conseguido, ou estavam a caminho de conseguir, a homologação ISO 9000 ou sistemas semelhantes de garantia (por exemplo o Q1, da Ford). Entre elas estavam os principais clientes da Estamper. Estes, mais e mais, começaram a exigir acesso aos sistemas produtivos dos fornecedores. Assim, eles descobriram que a Estamper não tinha procedimentos nem padrões de trabalho escritos. A memória técnica estava na cabeça dos indivíduos. Todo o processo era absolutamente dependente da lucidez das pessoas-chave. Mesmo assim, mais de 40 certificados de qualidade outorgados pelos seus clientes já estavam emoldurados e pendurados em lugar de honra na sala do presidente, outorgados a partir de 1983 por firmas como Honda, Itautec, Philco, Matsushita, National, Panasonic, Ford, Philco, Philips e outras.

Não era, portanto, escassez de capacidade técnica que impedia a obtenção da homologação ISO 9000, e sim as dificuldades de integração da equipe. E isso não era compatível, obviamente, com o conceito de garantia da qualidade. Um a um, os seus clientes foram, então, condicionando à continuidade das relações comerciais com a Estamper a implementação por parte desta de um sistema de administração que resultasse na garantia da qualidade. É claro que a empresa tratou de contornar a exigência argumentando com base na eficácia que acreditava possuir, mas seu sistema estava muito aquém do requisitado.

Quando a diretoria da empresa se debruçou sobre a estrutura de documentação e controles que estava obrigada a construir, percebeu a sua incapacidade de fazê-lo sozinha e decidiu, em 1990, apelar para ajuda externa de consultorias especializadas na implantação de sistemas de qualidade. Assim, houve duas tentativas, com duas diferentes empresas de consultoria técnica muito gabaritadas. Nos dois casos sucessivos, o objetivo concreto era obter a homologação ISO 9000. Ambas as tentativas fracassaram.

A resenha histórica desses empreendimentos ficou registrada nas entrevistas e na pesquisa de Rafael, como dados obtidos por meio de histórias de vida. O relato das impressões, das circunstâncias, dificuldades e emoções resume-se a uma experiência emocional difícil e sofrida, sem resultados de aprendizagem nem de transformação cultural. Rafael registrou essas impressões sobre as causas dos insucessos obtidas pelo relato subjetivo e qualitativo das impressões e emoções dos participantes. A organização das impressões colhidas dos encarregados, chefes e gerentes permitiu a Rafael agrupar as causas dos insucessos em fatores culturais e fatores psicológicos.

- *Fatores culturais:* falta de trabalho em equipe e de consciência de grupo; barreiras interdepartamentais; falta de disciplina; ênfase nas técnicas e não nas pessoas; ênfase na produção e descuido na qualidade; individualismo; falta de iniciativas e ações se os clientes não coagirem a isso.
- *Fatores psicológicos:* baixa motivação para a Qualidade; baixa tolerância à frustração; medo de punições; resistência a mudanças; falta de clareza, por parte das pessoas de fábrica, quanto ao porquê da Qualidade; relações de agressão e hostilidade não resolvidas e nem tratadas.

Também foram levantados fatores pertinentes à liderança e à gestão do cliente, além de fatores organizacionais.

Fatores pertinentes à liderança:

- falta de um profundo comprometimento com a Qualidade;
- estilo autocrático da liderança do presidente;
- frustração sentida pelas pessoas por não serem ouvidas;
- gerências pouco atuantes no concernente ao sistema de qualidade;
- falta de orientação à supervisão;
- falta de orientação e apoio ao chão de fábrica;

- falta de acompanhamento e controle da supervisão sobre as pessoas de chão de fábrica;
- falta de preparo na arte da liderança;
- falhas de delegação;
- promessas em excesso e não cumpridas;
- rotatividade excessiva de pessoal;
- falhas na capacidade para assumir e comunicar o objetivo comum;
- falta de planejamento e controle da implantação;
- dispersão de recursos.

Fatores pertinentes à gestão do cliente:

- cliente visto como fora do sistema, um elemento perturbador;
- pressão do cliente insuficiente para deflagrar, por parte da Estamper, uma resposta sistêmica eficaz;
- deficiência na chegada de manifestações, sinais e contatos do cliente aos estágios de execução do produto (simplesmente não chegavam ou chegavam muito enfraquecidos).

Fatores organizacionais:

- organização insuficiente ou inadequada do trabalho;
- falhas de sistematização;
- falta da prioridade necessária à questão da Qualidade;
- estrutura inadequada e insuficiente de recursos humanos e de equipamentos alocados à Qualidade;
- educação e treinamento insuficientes;
- divulgação dentro da organização, em todos os níveis, insuficiente;
- postura inadequada com respeito às falhas e não conformidades;
- falta ou falha de procedimentos;
- responsabilidades não claramente definidas nem assumidas;
- planejamento falho e insuficiente;
- aparência inadequada da fábrica – *housekeeping*[23].

---

[23] "*Housekeeping* é uma atitude de gestão utilizada pelas empresas para garantir um ambiente mais agradável para os funcionários e que traga retorno com maior produtividade da empresa, incluindo eliminação dos desperdícios, limpeza e arrumação das salas. Entre os pilares fundamentais dentro do programa *housekeeping*, vale a pena destacar a implantação da qualidade, produtividade e agilidade em toda a demanda de serviços prestados" (MUNDO CARREIRA, 2015).

As consultorias que haviam auxiliado a Estamper concentraram os esforços no desenho de sistemas e métodos, o que, depois ficou comprovado, fizeram muito bem. Ofereceram boa consultoria técnica. Como ocorreu na Metalead, entretanto, a consultoria técnica não foi complementada por uma consultoria transformacional competente, que trabalhasse a cultura organizacional. Rafael concluiu que elas empenharam a maior parte dos seus esforços nos aspectos lógicos e racionais do TQC, investiram na capacidade positiva, porém não conseguiram transpor as barreiras culturais e psicológicas, às quais somente se tem acesso através da capacidade negativa.

Iniciando a construção do vínculo entre o facilitador e os membros da organização – fase de sensibilização

As experiências vividas na Metalead ensinaram a Rafael que o tipo de conhecimento necessário para a transformação não se limita a técnicas, sistemas e fundamentos da Qualidade, nem tampouco a demonstrar a necessidade de uma mudança cultural quando ela vem imposta de fora para dentro. Ele apostou em uma imersão na cultura existente na empresa, visando primeiro compreendê-la, para depois imaginar alternativas de transformação. E isso somente poderia acontecer se previamente investisse e tivesse sucesso na construção de vínculos afetivos bons e consistentes com as pessoas-chave da equipe Estamper.

Com esse objetivo, Rafael organizou um seminário de dois dias intensivos que intitulou *Interfaces da Qualidade*, do qual participaram primeiro o presidente com alguns dos seus principais colaboradores – como o gerente de produção de fábrica e o gerente de garantia da qualidade, que coordenaria o processo –, e logo o seminário foi estendido para todos os integrantes das gerências, chefias e supervisões, não somente da fábrica a ser certificada, mas de todas as unidades da Estamper que iriam interagir no processo.

A preparação, em vez de rejeitar as experiências anteriores, levou-as em conta. Foi feito um trabalho "arqueológico", destinado a descobrir o repertório de conhecimentos e informações injetados e já assimilados pela equipe que, metabolizados nas experiências vividas, edificariam os paradigmas da organização, ou seja, os padrões, pressupostos e hábitos que norteiam o cotidiano da empresa.

Esses estudos representaram um passo de Rafael que, longe de pretender quebrar os paradigmas para substituí-los pelos seus, propôs-se a tratá-los como tesouros arqueológicos, que iriam revelar o que o grupo entendia como TQC, empresa, missão organizacional e os papéis. Faria uma aproximação dos paradigmas emocionais preponderantes. Rafael sentia-se como um alpinista no início da trilha, no pé da montanha.

Alguns dos pressupostos que conformavam a visão do grupo, levantados durante os primeiros contatos e entrevistas, eram:

- A Qualidade era vista como um conjunto de normas que iria disciplinar o trabalho, mas também engessá-lo.
- A essência da Qualidade era sobretudo técnica e teórica, integrada por sistemas, métodos, procedimentos.
- A burocracia exigida seria insuportável.
- A Qualidade era uma exigência dos clientes, um complicador ao qual a empresa devia se submeter com resignação, significando alto custo sem um proveito claro para a organização.
- A sua falta acarretaria consequências negativas e punitivas para a organização e as pessoas, enquanto sua obtenção demandaria esforços enormes e não traria ganhos pessoais.
- Uma história de desencontros interpessoais entre os membros do grupo fortalecia barreiras interdepartamentais monolíticas que inviabilizariam o funcionamento do sistema de qualidade.
- A figura do presidente era autocrática e isso coibia as iniciativas individuais dos membros da equipe. A personalidade marcante de Celestino exercia poderosa influência sobre todos os seus colaboradores. Estes decodificavam sua aprovação ou desaprovação para o que quer que fosse apenas com um olhar de relance para o seu semblante. Sua presença, ausência ou silêncio eram sempre eloquentes.

Com respeito às consultorias anteriores, os colaboradores demonstraram sentimentos frequentemente contraditórios, o que levava o grupo a um estado de confusão: por um lado, os consultores foram contratados para ajudar a criar e implantar sistemas, o que estava além da competência da Estamper; por outro, muitas vezes os colaboradores não dissimulavam sua descrença em relação aos sistemas e aos consultores, e apontavam quatro problemas graves.

- A falta de formação técnica ou administrativa de alguns integrantes da equipe era tida como um sério empecilho para a implantação.

- Nunca poderiam formar uma equipe. Sentiam-se um agrupamento e não um grupo.
- A proatividade era escassa e a reatividade, abundante.
- O que a equipe considerava estar incapacitada para fazer embaçava o que realmente podia fazer.

Em síntese, a Qualidade era vista como uma pedra no caminho.

Na noite anterior ao seminário da primeira equipe de gerentes e encarregados, e depois que o presidente já havia participado do seminário piloto, o encontro de dois dias, Celestino telefonou para Rafael e entabulou-se o seguinte diálogo:

— Sei que amanhã você vai iniciar outra fase do seminário Interfaces da Qualidade do qual já participei. E eu gostaria de saber se você acha oportuna a minha presença para apresentá-lo e prestigiá-lo frente à minha equipe.

A questão colocada pelo presidente despertou em Rafael sentimentos conflitantes. Por um lado, o sedutor estímulo à sua própria onipotência, "a agradável sensação do ego afagado" (e também a tentação exercida pela possibilidade de oficializar publicamente um respaldo tão formidável), e, por outro lado, a consciência intuitiva das consequências nefastas de tal escolha, que possivelmente o colocaria, na dinâmica grupal, no papel de "um dos homens do presidente". Com referência ao enfoque de psicodinâmica e sistemas, Rafael havia aprendido que a postura atenta e autocrítica do facilitador com respeito às próprias emoções durante a consultoria é indispensável. Funciona como um dos poucos recursos para não ser arrastado pelo turbilhão emocional desestabilizador que quase sempre está presente em momentos de transformação nas organizações. Rafael respondeu:

— Agradeço muito a sua vontade de ajudar e o prestígio de contar com a sua presença, sei das suas ocupações, mas me parece que essa decisão cabe ao senhor mais do que a mim, mesmo porque o senhor tem um conhecimento da situação muito maior que o meu... de toda maneira, gostaria de sugerir que pensasse sobre como poderia ser interpretada pela sua equipe a sua presença e as suas palavras de amanhã. O que desejamos é que o grupo não me perceba como seu ajudante, aliado ou vigilante pessoal, e sim que fique claro para eles que a minha intenção é ajudar a Estamper. Creio ser sábio olharmos para essas expectativas do grupo – que o senhor conhece bem melhor do que eu e, definitivamente, é o público que o seminário visa sensibilizar. É a partir da perspectiva deles, e não da nossa, que deveria tomar a decisão de vir ou não amanhã no seminário. Pela minha parte, me adaptarei construtivamente à sua decisão, seja qual for.

— (Silêncio durante alguns segundos...) Creio que será melhor deixá-lo sozinho. Obrigado e boa sorte!

No dia seguinte ele não foi. E a decisão foi acertada.

Objetivos do seminário

Nesse contexto, o seminário Interfaces da Qualidade apresentou uma proposta bem diferente, com conteúdo de profundos reflexos psicológicos e motivacionais, dirigido ao "descobrimento" da capacidade negativa e da sua interação dialética com a capacidade positiva. Rafael contava com o conhecimento que as equipes já possuíam, pelas suas experiências anteriores, dos fundamentos metodológicos e instrumentais da teoria da qualidade. Nesse sentido, o objetivo foi propiciar um "dar-se conta", uma mudança catastrófica capaz de questionar a maneira habitual que tinham tido de viver e de trabalhar.

Rafael pensava que o seminário lhe propiciaria uma excelente oportunidade para comunicar os seus pontos de vista como facilitador, compartilhar os seus princípios pessoais e, enfim, fazer-se conhecer pela equipe, estabelecendo com ela uma primeira relação de respeito e confiança – ou seja, fundando os alicerces do vínculo sobre o qual seria construído o processo seguinte de interação.

O seminário também ofereceria uma oportunidade para que os pressupostos básicos do grupo pudessem vir à tona e ser trabalhados na sua dinâmica.

Conteúdo do seminário de sensibilização

O conteúdo foi construído por Rafael com suas reflexões sobre questões como Qualidade, motivação, gerenciamento e liderança. Foram os seus itens mais relevantes:

- A Qualidade como satisfação e frustração.
- O saber profundo de Deming.
- TQC à luz das capacidades positiva e negativa.
- A síntese dialética da Qualidade.

- Os prolongamentos da Qualidade na vida pessoal e familiar.
- O rompimento para a Qualidade.
- Os antecedentes da Qualidade na história da civilização, na filosofia, na arqueologia.
- O homem, os seus mitos e os seus símbolos.
- O sentido do tempo, vida e morte, amor e sexo, realização e transcendência.
- A relação humana, a Qualidade da relação.
- Sensação, sentimento, pensamento e intuição (Carl Jung).
- Liderança para a Qualidade.
- Comunicação.
- Os mecanismos defensivos.
- Mudança, aprendizado e crescimento.
- Resistências à mudança.

Em geral, as pessoas empregadas nas empresas são carentes e ávidas com respeito às questões que fogem da rotina do trabalho e penetram na sua espiritualidade. Por isso, os temas apresentados suscitaram grande interesse e permitiram aos participantes perceber que o trabalho poderia trazer outros benefícios de realização, além da tradicional função de ganhar o sustento.

Alguns dos aprendizados mais singulares aconteceram ao tomarem consciência de que a problemática que circunda o homem do nosso tempo não é diferente das que os antigos enfrentaram em todas as épocas. Foi particularmente surpreendente o interesse que suscitaram os ensinamentos dos filósofos clássicos, como Heráclito, Platão, Sócrates, Aristóteles, Descartes, Kant. Os debates entre os colaboradores a respeito dos filósofos trouxeram interessantes *insights* sobre os pressupostos básicos da teoria da qualidade. O fato de ser engenheiro, capaz de entender os projetos técnicos e ter vivido as dificuldades do piso de fábrica, outorgava a Rafael mais credibilidade na apresentação dessas questões filosóficas, psicológicas e mitológicas para aqueles homens rudes de indústria.

O método didático

Rafael visou proporcionar aos participantes momentos de descobrimento e reflexão. Organizou o seminário nos moldes de um curso, mas resultou também uma vivência de aprendizado por meio da integração dinâmica dos conhecimentos com uma intensa experiência emocional.

A metodologia considerou os seguintes aspectos pedagógicos para cada tema abordado:

- Por que aprender sobre esta questão? (motivação)
- O que aprender? (aquisição)
- Como utilizar na prática o que aprendemos? (elaboração)
- Como não esquecer o aprendido? (fixação)

A experiência refletida e os ganhos conseguidos na aplicação dessa metodologia garantiriam a consistência e a permanência da mensagem, asseguradas pelos valores universais da cultura da humanidade. O seminário não visou apenas a incorporação de conhecimentos, mas se constituiu em uma intensa experiência emocional, que ficaria impressa na alma, da mesma forma que ficam as emoções mais primitivas.

Despertou grande entusiasmo o contato com o pensamento de alguns homens sábios que repousam na história da humanidade, até então pouco conhecidos pelos participantes, e a constatação de que eles podiam usufruir desse pensamento, tanto na vida pessoal quanto no trabalho. Conforme eles mesmos manifestaram, o rumo de conduta de vida que esses homens legaram permitiu-lhes realinhar os seus valores e princípios, até então bastante maltratados pela cultura, difundida pela mídia, do vazio e do superficial, e na qual as pessoas estão todas imersas na época que lhes toca viver.

Durante o seminário, Rafael usou técnicas projetivas por grupos de trabalho formados por seis pessoas, que leram, discutiram e comentaram textos de Platão e analisaram a relação e aplicação às circunstâncias da Estamper. Assim, dois textos foram trabalhados por diferentes grupos: a alegoria da caverna (A República, Livro VII), e o mito da alma (Fedro)[24]. As questões objeto de discussão entre os grupos foram:

- Descrever o relato do filósofo, a cena que ele ilustra.
- Como interpretar ou tecer prolongamentos e metáforas desse relato.

---

[24] O mito da alma, de Platão, descreve a alma como um carro puxado por dois cavalos alados, com um cocheiro que pretende conduzi-lo ao Topos Uranos, onde moram os deuses e onde se poderá tomar conhecimento dos grandes mistérios que assolam a condição humana. Por exemplo: de onde viemos; para onde vamos; existe vida depois da morte; qual a verdadeira justiça. O mito permite evidenciar a dualidade da alma humana, através da natureza dos cavalos. Um deles, obediente ao cocheiro. O outro, rebelde. Entre outras interessantes sugestões, a interpretação do mito leva a compreender que existe grandeza e miséria na alma humana.

- Quais as associações de cada texto com a teoria da qualidade.
- Quais as associações com a vida de trabalho na Estamper.

Foi um exercício novo e muito instigante, que impôs um esforço diferente do habitual aos participantes. Eles tiveram de abandonar os balizamentos conhecidos para ingressar em um âmbito inexplorado. Para isso, empenharam-se na leitura e interpretação do texto do filósofo – o que não é fácil para pessoas habituadas apenas com a leitura de instruções diretas e lineares –, e depois buscaram vencer a sensação de instabilidade imposta pelo exercício da capacidade negativa. Outros exercícios e dinâmicas propiciadores de experiências emocionais foram utilizados durante o seminário, todos eles visando favorecer o "dar-se conta".

Avaliação do seminário pelos participantes

As observações mais frequentes das folhas de avaliação na conclusão do seminário foram:

- Surpresa ante as questões apresentadas e o método utilizado no seminário.
- Abertura do campo de visão profissional.
- Percepção de um potencial inesperado de aplicação de conceitos pouco conhecidos.
- Revalorização pessoal, percepção de potenciais pessoais.
- Uma outra percepção da Estamper e da relação pessoal e profissional com a empresa.
- Tempo curto para o desenvolvimento do seminário.
- Uma outra visão da qualidade sistêmica.
- Algum ceticismo, face as experiências negativas anteriores, quanto ao progresso e ao sucesso da nova proposta de trabalho que estava sendo apresentada.

A compreensão do funcionamento dos mecanismos de defesa facilitou, aos participantes, um primeiro passo na direção da mudança catastrófica de paradigmas que envolviam seu trabalho, a empresa e o presidente. Eles começaram então a considerar a possibilidade de que suas próprias projeções contribuíssem para produzir a imagem negativa com que às vezes viam suas funções, a Estamper e Celestino.

O seminário Interfaces da Qualidade foi como uma caminhada que propiciou experiências emocionais sucessivas. Durante o percurso, grande parte do empenho de

Rafael voltou-se para a construção de bom vínculo com a equipe. O seu investimento esteve concentrado em: escolha de temas que pudessem interessar ao auditório pela novidade, realidade, atualidade e utilidade; método de apresentação; interação com a equipe; capacidade para ouvir; paciência; capacidade de ajudar os que mostraram mais dificuldade para acompanhar o desenvolvimento; autenticidade; respeito e empatia.

Isso tudo, na linguagem psicanalítica, resume-se a: capacidade de oferecer *continência*.

Nesse sentido, embora a proposta do seminário fosse portadora de uma grande mudança, o vínculo favorável ao aprendizado permitiu às pessoas ver desafios para o crescimento onde antes viam ameaças desestabilizadoras e perigosas para a vida pessoal ou profissional. Por isso, a ação das resistências sobre a mensagem proposta nesta primeira fase do trabalho de ajuda não foi tão devastadora como nas experiências anteriores. Defrontadas com o princípio de realidade, as pessoas puderam "dar-se conta" de que, quando ajudadas verdadeiramente, poderiam suportar a dor decorrente da percepção de suas limitações, e, se elaborada, tal percepção poderia conduzir a um estágio de maior sabedoria, crescimento e paz de espírito. Perceberam também que podiam expandir suas fronteiras. A partir daí, o sofrimento contido na incerteza sobre o futuro começou a ficar mais tolerável... e a mudança catastrófica na direção do crescimento ganhou espaço.

A componente positiva

A espinha dorsal do empreendimento para obter a qualificação ISO 9000 foi o cronograma geral de trabalho, detalhando tarefas, responsáveis e prazos. O cronograma representou o vínculo com a realidade e com o tempo. Um subproduto imediato dessa ferramenta foi a divisão da equipe em grupos de trabalho empenhados nos requisitos específicos da norma ISO 9000. Sem esses instrumentos, as pessoas ficariam sem rumo e como que cegas ante os objetivos intermediários. Esses documentos funcionaram como um nexo ou amarração com o princípio de realidade, dizendo concretamente às pessoas o que se esperava delas. No entanto, a maneira como os cronogramas são desenvolvidos faz diferença na motivação e no empenho com que serão atendidos. Diz a teoria da qualidade que quando são realizados de maneira participativa, quando a coordenação dá espaço e oportunidade para as pessoas responsáveis pelas tarefas se manifestarem, argumentarem e contra-argumentarem, as possibilidades de cumprimento aumentam.

Não foi, no entanto, o que ocorreu na Estamper. Geralmente, parte-se de um pressuposto equivocado: achar que o processo de decisão e consequente compromisso foram produtos da maturidade e do pensamento. Frequentemente não é assim. Quando o grupo é imaturo, as pessoas assumem as tarefas compelidas pela pressão do sistema, mesmo que em seu foro íntimo sintam que não irão poder (ou querer) cumprir, ou seja, não têm maturidade nem mesmo para dizer não. Existirá então um compromisso verbalizado, ou até legalizado, mas não interiorizado. A interiorização somente será possível com a maturidade do grupo.

De toda maneira, era necessário o cronograma com uma data final oficializando o tempo outorgado para se obter a homologação. A data foi fixada e, de uma maneira ou de outra, o cronograma foi preparado. A tarefa foi fracionada segundo cada um dos vinte itens de requerimento da norma ISO 9000, os líderes para cada grupo foram definidos de acordo com sua afinidade por tema e todos acabaram se manifestando comprometidos com ele.

Mais uma vez, entretanto, esse compromisso não foi suficiente; o seminário foi um catalisador, mas outras ações eram ainda necessárias. O sistema de qualidade da Estamper foi desenhado de acordo com os padrões tradicionais: normas de produto, de processo, de inspeção, auditorias internas, sistema de treinamento, sete ferramentas estatísticas clássicas etc.

Capítulo 11. O presidente e o *coach*

O primeiro contato de Celestino com a proposta de trabalho de Rafael foi o seminário Interfaces da Qualidade, no qual o presidente mostrou uma ativa participação. Durante o desenvolvimento, as suas intervenções mostraram que vários dos assuntos abordados eram de seu interesse, e diversas vezes a expressão do rosto denotou que fora tocado, especialmente nas questões de liderança voltada para qualidade, delegação, procura de sentido para o trabalho, capacidade negativa, frustração e mudança. Sua postura era mais indiferente com respeito às questões instrumentais, como técnicas estatísticas, padronização etc. Durante o seminário, frequentemente o brilho dos seus olhos denunciava prováveis *insights*. No final do seminário, ele manifestou que acabara de conhecer algo diferente, que valia a pena aprofundar. Possivelmente, sentiu outra vez o chamado da obscura trilha da capacidade empreendedora para lidar com o desconhecido, o que ao longo de sua vida acendera sua coragem e estimulara suas decisões. Foi talvez essa percepção, adicionada a certa dose de curiosidade, que o tenha levado a investir na modalidade de trabalho que Rafael propunha.

Logo no início, a expectativa e ansiedade evidentes em Celestino insinuaram-se para o consultor como uma séria ameaça ao programa. Durante toda a vida, Celestino havia sido um executor que punha as mãos na massa, um construtor, e não poderia deixar de sê-lo naquela situação. No entanto, pelas experiências anteriores em sistemas humanos, Rafael concluiu que se a determinação do presidente para intervir e apoiar a implantação fosse se concretizar da maneira como Celestino estava habituado, iria conduzir mais uma vez ao resultado oposto ao desejado.

Por outro lado, o presidente não poderia ser privado de atuar, nem ser blindado, mesmo porque ele, evidentemente, não aceitaria. Em determinada ocasião, chegou a dizer a Rafael:

— Os consultores anteriores me deram a entender que a principal causa dos problemas da Estamper seria eu mesmo. Respondi perguntando se o que eles esperavam era que eu me retirasse e deixasse a empresa liberada ao seu próprio destino – ele disse com ironia -, talvez assim as coisas se solucionassem por si mesmas.

Nessa confidência, estava contida a advertência de que ele não admitiria semelhante perspectiva e também não via em seus seguidores (aos quais ele não havia preparado) capacidade suficiente para assumir o comando e nem atribuía aos consultores a capacidade para ajudá-lo. Surgia como óbvia para o facilitador a conclusão de que o presidente deveria participar do programa, e intensamente, mas de uma maneira diferente daquela praticada até então. Esse era um dos principais desafios: uma mudança catastrófica do processo de transformação.

Ante a realidade que percebia, Rafael decidiu usar entrevistas como estratégia de ajuda ao presidente e testar o que havia aprendido nas intervenções anteriores. As entrevistas funcionaram como conversas informais. O consultor se preparou para elas resgatando questões que ele havia registrado e tocaram o presidente durante o seminário de Interfaces da Qualidade. Esses temas centrais funcionaram como esqueleto a partir do qual os pareceres e as expectativas pessoais de Celestino foram gradualmente sendo comunicadas a Rafael – temas como delegação, liderança, uso do poder, risco, coragem, mudança etc. O objetivo que Rafael perseguia com essas conversas era também assegurar ao presidente que suas opiniões e percepções eram ouvidas (com frequente registro simultâneo por escrito, à medida que iam sendo proferidas) e levadas em conta no desenvolvimento do trabalho, ponto que parecia ter sido negligenciado nas tentativas anteriores.

As opiniões e os comentários de Celestino foram de enorme valia no processo de transformação, uma vez que portavam uma indiscutível experiência e grande conhecimento das variáveis invisíveis, porém fundamentais, que governavam a vida da Estamper, envolvendo alianças, compromissos históricos, promessas, mágoas e ressentimentos não elaborados, potenciais humanos, perigos e ameaças do ambiente, do processo etc. À medida que Celestino era escutado, sua ansiedade diminuía e com ela a probabilidade de sua intervenção direta.

Uma de suas dificuldades mais importantes era o relacionamento com os colaboradores, que o percebiam, como já foi dito, como um homem centralizador e autocrático. De certa forma, ele fazia jus a tais rótulos, mas, em grande parte, os rótulos eram produtos de projeções e resistências dos liderados. E não podia ser de outra maneira, pensava Rafael. Em um contexto como aquele, consequência de uma história como aquela, a anarquia resultante de falta de comando pode ser mais perigosa para a preservação da empresa do que a autocracia.

Somente a capacitação, por meio do aprendizado e da cultura, pode oferecer, depois de muito empenho e frustração, algum espaço para a "democracia na administração". Tal estado somente pode ser atingido mediante um processo de transformação cultural que não é instantâneo nem mágico, mas que demanda tempo, do qual não se dispunha naquele momento. Rafael sabia que o ambiente fermentado na cultura autocrática não é favorável ao desenvolvimento da Qualidade, nem à implantação de sistemas.

Frente a essas circunstâncias, sua estratégia para ajudar o presidente e a organização foi minimizar a interferência direta dele com os detalhes corriqueiros do projeto de implantação da norma ISO 9000 – que era, na percepção de Rafael, onde poderiam ocorrer os maiores desencontros entre ele e sua equipe -, mantendo, porém, sua participação indireta intermediada pelo facilitador nos aspectos de conjunto e estimulando sua participação direta e ativa nas análises sistemáticas de resultados sobre o andamento geral do projeto (cronogramas, desvios, mudanças etc.). Para isso, foi necessário ajudá-lo a compreender as repercussões que suas manifestações poderiam ter no imaginário dos subordinados (LAPIERRE, 1995). Por paradoxal que lhe parecesse, as circunstâncias impunham a Rafael a incumbência de auxiliar o cliente a tomar consciência do formidável poder que sua imagem impregnava na fantasia dos seus seguidores e como o desempenho deles poderia ser afetado por uma simples palavra ou gesto seus. Foi necessário também ajudá-lo a tomar consciência de que o descuido do líder com esses aspectos provoca insegurança, medo e sofrimento, exacerbando a força das paixões naturais nos grupos humanos. Outro foco era fazê-lo ver que as respostas dos seguidores podem se traduzir em inveja, projeção e resistência ao líder (LAPIERRE, 1995).

A interação com o presidente

A missão que Rafael se atribuía nesse momento era ajudar Celestino a pensar que havia tarefas que os seguidores poderiam e deveriam fazer, e outras que estavam fora de seu alcance; que convinha deixar as primeiras a cargo dos seguidores e reservar as últimas ao empreendedor, porque o que diferencia as capacidades de empreendimento do gerente e do empresário é a aceitação da convivência com o risco e a incerteza, a capacidade negativa que este último tem e aquele pode não ter. A fé em si próprio, que Celestino tinha em grau muito maior do que seus subordinados, significava: em vez de ver para crer, crer para poder ver (especialmente crer em si mesmo). A fé era sua principal arma (ou fator endógeno) para enfrentar o risco, aliada à capacidade de não perder de vista o contexto da realidade (fatores exógenos).

As entrevistas trouxeram-lhe também a oportunidade salutar e preventiva de refletir sobre o fato de que essa fé deve estar dosada em proporção adequada – se exagerada, converte-se em mania ou onipotência, o que também leva à perda do critério de realidade e ao consequente desastre.

Celestino compreendeu então que sua melhor contribuição para a empresa não estava nas ações gerenciais, que os outros podiam e deviam apreender a fazer bem (e para as quais podiam agora vir a ser mais bem preparados), e sim no aproveitamento da sua capacidade única para corrigir rumos, detectar novas oportunidades e produzir novos negócios.

O resultado dessa interação de Rafael com o presidente concretizou-se em um acordo implícito entre ambos. Segundo esse acordo, por um lado, os detalhes das rotinas de implantação e as ações correspondentes à marcha concreta dos trabalhos seriam realizados e conduzidos pelos seus colaboradores, assessorados por consultores técnicos especializados em sistemas de qualidade, sem a intervenção direta de Celestino, ficando a coordenação e integração geral a cargo de Rafael, que assumia a responsabilidade de mantê-lo permanentemente atualizado sobre o assunto – através de reuniões sistemáticas; e, por outro lado, caberia ao presidente analisar o andamento dos cronogramas, para depois convocar reuniões gerais ou individuais na quais exerceria sua prerrogativa de fazer elogios, críticas, recomendações, mudanças de rumo, trazer informações sobre os clientes, reclamações destes e, além disso, expressar para todos a sua opinião sobre o andamento geral do projeto de implantação do sistema de qualidade e outro assunto que surgisse.

Naturalmente, Rafael sabia que o êxito da estratégia que imaginava exigiria a construção prévia de um bom vínculo relacional entre ele e o presidente. A edificação desse vínculo, que resultou em uma relação de confiança e respeito mútuos, demandou do facilitador uma postura ética (ser leal ao presidente e aos seus colaboradores), afetiva (ser capaz de lidar e administrar os sentimentos, em especial ter capacidade para ouvir empaticamente, compreender e suprimir julgamentos) e lógica (ter o sentido de realidade). Isso foi talvez um dos aspectos mais gratificantes do trabalho porque cristalizou uma amizade autêntica.

Rafael guardou bastante nítido na memória um desses diálogos iniciais que contribuíram para a afirmação do vínculo com Celestino.

Frustração

— Durante o seminário Interfaces da Qualidade, o senhor se interessou pela questão da frustração como motor do pensamento e propulsor das transformações humanas. Gostaria de comentar sobre as suas frustrações com a empresa?

— Uma das coisas que mais me frustram é não ser compreendido pelos meus colaboradores. Parece-me que eles não têm mais interesse por aquelas coisas importantes, das quais a vida da empresa depende hoje. Não demonstram iniciativa, eu preciso mandar e cobrar para que as coisas sejam feitas. Isso antes não acontecia, quando trabalhávamos juntos, ombro com ombro, de sol a sol. De alguns anos para cá, não sei por que começou e, à medida que o tempo passa, se agrava cada vez mais. Antes eu não precisava nem dizer as coisas, mas agora... É verdade que a empresa cresceu e ficou mais complicada. Por exemplo, agora, essa questão da ISO 9000. Durante muitos anos, nós nos viramos muito bem sem ela, mas hoje os nossos clientes já disseram que irão deixar de comprar de nós se não a tivermos. Desde o princípio, tive receio (e ainda o tenho) de que esse sistema gerasse muita burocracia e pudesse engessar a empresa, que as coisas demorassem demais, fazendo-nos perder agilidade e negócios... mas as circunstâncias me convenceram de que apesar de tudo ela é imprescindível e pode chegar a ser algo bom. Mas o nosso pessoal ainda não se deu conta de que tem de mudar, porque do jeito que eles atuam será muito difícil conseguir a homologação. Aliás, já tentamos, e durante vários anos gastamos muito dinheiro, mas parece que não aprendemos muito com a experiência. Tenho a impressão de que eles me culpam por todas as dificuldades; por tudo que não conseguem ou não querem fazer. Talvez tenham razão, talvez eu seja mesmo culpado por não ter podido ou sabido ajudá-los. Pode acreditar que desejo, sobretudo por colocar o bem deles acima de tudo, que estou agradecido pelo muito que me ajudaram nos momentos difíceis que passamos juntos. Mas me parece que entre eles e eu existe agora muita distância.

— O senhor se sente frustrado pela maneira como as coisas parecem ter mudado, para pior. É como se os seus colaboradores não percebessem, da maneira que o senhor percebe, que o mundo está mudando e não ouvissem os seus apelos para que se adequem à realidade da globalização, à competição, às exigências dos clientes etc. Parece-lhe como se tivessem parado no tempo, ou tivessem baixado os braços e perdido a vontade de lutar. O senhor também tem consciência do processo de transformação e crescimento econômico da sua empresa ao longo dos anos. O senhor é grato a eles, mas os vê distantes, talvez se sinta sozinho no comando, e isso o deixa triste. Creio que gostaria que a sua relação com eles fosse diferente e que eles tivessem outra atitude com respeito ao trabalho.

— Sim.

— E o senhor acha que eles seriam capazes de mudar para que a sua atuação se alinhasse com suas expectativas?

— Gostaria muito, mas, francamente, acho difícil.

— Então, já que parece estar difícil para eles entendê-lo, talvez valha a pena tentarmos juntos entender eles.

— Como assim?

— Quiçá não esteja levando em conta que eles não têm a mesma estrutura de caráter que o senhor e nem as suas forças para lidar com o medo dos perigos do meio ambiente, que poderiam ameaçar a aspiração deles de estabilidade física, familiar, econômica ou psicológica – fatores que estruturam a vida deles. Quando a empresa era menor, possivelmente bastava aumentar a cota de esforço e sacrifício para que as dificuldades fossem contornadas, e isso eles podiam fazer – e faziam – com naturalidade. Mas, como o senhor mesmo reconhece, a sua empresa cresceu muito e se tonou complexa; as maneiras de administrar que as pessoas usavam de início foram gradualmente perdendo eficácia. O crescimento da sua organização introduziu também um incremento dos perigos envolvidos nas decisões e nas suas consequências, especialmente as consequências na vida pessoal deles. Por outro lado, eles olham para o mercado de trabalho e veem muitos profissionais desempregados. Esses fatores tendem a gerar medo, frustração e sofrimento nas pessoas, e elas, às vezes por não ter suficiente força de caráter, se valem de mecanismos defensivos inconscientes que visam suprimir a frustração e a dor e, portanto, resistem a mudar. Um desses mecanismos é negar a realidade, ou como vulgarmente se diz "esconder a cabeça como o avestruz". É possível que tais resistências não estejam dirigidas ao senhor, como lhe parece, mas às mudanças que a realidade vai impondo a eles e parecem estar superando-os. Como as mudanças são inexoráveis, eles se sentem em um beco sem saída, parecendo que não têm mais vontade de lutar, e no momento em que eles deixam cair os braços, a empresa paga um alto preço.

Rafael percebeu a atenção e o interesse do presidente através dos seus olhos, que pareciam brilhar, e da sua expressão, que transmitia compreensão e sensibilidade. E continuou:

— Um outro fator a levar em conta é que, mesmo resistindo à mudança, eles não conseguem evitar a dor que acompanha a tomada de consciência das suas limitações. Na verdade, é provável que eles percebam que não se prepararam, e que as solicitações dos novos tempos ultrapassam os seus limites de competência. Esse sofrimento é intenso e secreto, frequentemente intolerável. Para aliviá-lo, a mente humana também se vale de mecanismos inconscientes de projeção, que consistem em uma tentativa de expulsar de nós o que é desagradável e colocar as culpas em pessoas ou fatores externos por aquilo que nós não somos realmente capazes de fazer. Nesse sentido, é menos doloroso para eles pensar que é o senhor, e não eles, o responsável pelo que não conseguem – e, sem sabê-lo, o senhor passa a ser objeto das projeções deles. Gostaria de ressaltar que essa maneira de sentir, em geral, não é desonestidade, nem mentira, nem má índole, porque obedece a imperativos de preservação da sua estrutura mental que estão fora do controle consciente deles. Ouve-se assim: "isso não faço porque o presidente não quer..., ou não gosta, ou não deixa" ou "a nossa dificuldade para a implantação da ISO 9000 foi a falta de apoio do presidente" e, paralelamente, poucas iniciativas deles aparecem. Isso não quer dizer que o senhor não tenha responsabilidade nenhuma nessas dificuldades, pelo contrário, até intui algumas falhas pessoais, mas, ao que me parece, suas falhas não são os únicos obstáculos do relacionamento. Creio que atribuir-lhe toda a responsabilidade é equivocado e não ajuda a elucidar as verdadeiras causas desta situação relacional complicada.

— Isso parece interessante, mas também muito complexo.

— É verdade, e ainda se complica mais se acrescentarmos o efeito que a sua imagem produz neles.

— A minha imagem?

— Talvez o senhor imagine que eles o vejam como uma pessoa igual a todas as outras com as quais se relacionam. Mas é provável que não seja bem assim. As realizações concretas que o senhor foi capaz de produzir (por exemplo: a sua empresa) e eles não seriam conferem-lhe nas suas fantasias um lugar de modelo, uma espécie de idealização, porque eles, há longo tempo, já fizeram seus os projetos do senhor, as suas ideias para o futuro e os seus sonhos para a empresa. Tal situação não é muito confortável para a sua imagem, porque, por um lado, ao idealizá-lo, não toleram que o senhor erre. Alguém que tem o tremendo poder de influenciar com suas decisões o destino pessoal deles (que inconscientemente eles optaram por colocar nas suas mãos) deveria ser perfeito. De outra maneira, teriam de admitir que estão confiando o seu futuro em mãos medíocres ou incompetentes, o que significaria reconhecer a sua própria mediocridade. Mas, como ninguém pode ser perfeito, o senhor também deve errar, e certamente eles irão atribuir-lhe responsabilidade pela frustração causada. Por outro lado, ao se destacar pelas suas realizações, é inevitável que o senhor seja objeto da inveja deles. Inveja quer dizer "não poder ver com bons olhos o que alguém tem e que não sou capaz de ter; assim sendo, se eu não posso ter, ninguém terá". O resultado é uma formidável força sub-reptícia destrutiva que aniquila o crescimento e se manifesta, por exemplo, em forma de resistências. Por isso, todos os seus atos, gestos e palavras são submetidos a julgamentos inexoráveis deles e são decodificados em forma de perigos e ameaças à estabilidade. O poder que impregna a sua imagem na fantasia dos seus seguidores é tal que uma palavra ou gesto seus, proferidos espontaneamente e com boas intenções ou deflagrados pela irritação – por mais justa que seja –, pode afetá-los e reduzir o desempenho. O seu eventual descuido com esses aspectos pode provocar neles insegurança, medo e sofrimento e, como consequência, aumentar as resistências.

— Nunca imaginei que o problema fosse simples, mas também não podia esperar que fosse tão complexo. Parece que eu pouco posso fazer para sairmos desse atoleiro.

— Pelo contrário, o senhor já está fazendo muito ao se dispor a falar da situação comigo e se propor sinceramente a compreender e ajudar os seus colaboradores. E poderia ainda fazer mais.

— Como assim?

— Como o senhor percebe, nessa questão não há culpas nem suas e nem dos seus seguidores, mas o "imbróglio" (embora com consequências nocivas para a empresa) é apenas o resultado de um processo natural pelo qual passam muitas instituições humanas, e também a responsabilidade pela transformação não repousa exclusivamente sobre os seus ombros.

— É verdade, mas o que mais podemos fazer? – a ansiedade se revela no rosto do presidente.

— Por um lado, o senhor poderia ter sempre presente, ao comunicar-se com eles, que a sua mensagem nunca transporta apenas um conteúdo neutro, mas sempre é também portadora da força da sua imagem. Isso faz com que as suas perguntas, comentários e opiniões sejam imediatamente transformados e lidos numa escala psicológica que vai do alívio, num extremo, até perigo ou ameaça e resistências, no outro. Isso é inevitável e não depende apenas da sua habilidade e boas intenções no relacionamento com eles – se bem que eventuais explosões emocionais descontroladas num momento seu de desabafo podem, realmente, aumentar as resistências.

— Quem sabe, eu, ao querer estar perto deles para ajudá-los, poderia estar provocando o efeito oposto. Quem sabe as minhas observações, mesmo bem-intencionadas, atrapalhem.

Esse comentário sinalizou para Rafael um processo de mudança catastrófica que estava tendo lugar na mente do presidente. Rafael prosseguiu:

— Talvez. Por outro lado, estou convencido de que eles precisam de ajuda para entender as razões do seu sofrimento. Isso porque, ante um panorama tão complexo, eles devem se sentir como que num estado de confusão emocional. Essa confusão piora o desempenho deles e prejudica o resultado da empresa. Possivelmente se veem como vítimas e culpados ao mesmo tempo.

— Tem razão, eles precisam muito de ajuda. Como poderiam ser ajudados?

— De imediato poderíamos oferecer a alguns deles – por exemplo, os que estão mais expostos às tensões da administração ou os que tenham mostrado dificuldades no desempenho – a oportunidade de algumas entrevistas individuais e privativas, nas quais possam se abrir e exteriorizar suas percepções; desabafar, em outras palavras. Esse trabalho deveria ser individual porque cada um deles tem uma história de vida diferente e uma percepção particular sobre o mundo, o ambiente da empresa, expectativas, ou seja, cada um deles vê o mesmo contexto de forma diferente dos outros. Nesse espaço, eles poderiam ser ajudados a entender a complexa equação emocional que integram, como ela interage com a realidade objetiva do dia a dia e, sobretudo, entender um pouco mais a si próprios, enfim, ser ajudados a pensar. No mínimo, obteremos um ganho certo, que é facilitar a eles uma descarga controlada das tensões internas no espaço da entrevista. De outra maneira, se nada for feito, as tensões irão aumentando gradualmente até ultrapassar sua capacidade para contê-las, podendo vir então a ser descarregadas nos processos, de maneira indesejável, seja fazendo o que não devem ou deixando de fazer o que deveriam.

— Pelo que consigo entender, esse seria um trabalho, digamos, escondido, e somente o senhor estaria a par do andamento de cada caso.

Rafael detectou, nessa observação, como uma situação não alinhada na forma tradicional de administrar o poder suscitava no presidente um embrião de resistência.

— Possivelmente, o senhor se sinta inseguro para iniciar um trabalho invisível sobre o qual não iria ter controle, devido, entre outras razões, ao compromisso ético de privacidade das entrevistas com os participantes. Compreendo como isso é difícil... a ideia funciona como se estivéssemos olhando para uma árvore grande e frondosa. Embora as raízes não sejam vistas, elas existem e configuram o seu mecanismo de sustentação e nutrição. A árvore seria a sua organização. Até hoje têm sido empenhados muitos esforços para cuidar do tronco e da folhagem, mas, como as raízes estão enfermas, a árvore não se recupera. A ideia é agora trabalhar nas raízes.

— Pode iniciar esse trabalho. Por favor, mantenha-me informado sobre o progresso e também me avise se houver algo que eu possa fazer para ajudar durante a marcha.

Celestino passou nesse momento por uma mudança catastrófica. O efeito na equipe, como era de se esperar, não foi instantâneo, mas gradual. Foi surgindo conforme os colaboradores constatavam atitudes novas em Celestino. Com a concordância do presidente, Rafael organizou então uma agenda de entrevistas psicossociotécnicas com as pessoas-chave no desafio.

O novo processo de trabalho para consecução da homologação ISO desenvolveu-se, como é de praxe, identificando-se os aspectos do sistema Estamper que necessitavam ser consolidados, definindo-se grupos de trabalho, traçando-se cronogramas, monitorando-se o cumprimento dos aspectos técnicos. Os participantes receberam apoio técnico e pessoal. A homologação ISO 9000 da Estamper foi outorgada pela instituição competente oito meses depois dessa conversa entre Rafael e Celestino.

Sentindo-se fortalecido pela bagagem de conhecimentos técnicos e de psicologia, Rafael consagrou o seu empenho profissional ao desafio de fazer essas entrevistas. Desta vez sim, fazia pleno sentido. Afinal, ele havia identificado um norte para sua ocupação profissional pela ressignificação do sofrimento das pessoas para transformá-lo em resultados para elas e a empresa, especialmente as médias e pequenas. Tendo constatado que as entrevistas seriam um dos seus principais recursos para a tática de ajuda a que se propunha, preparou-se para enriquecer a dinâmica buscando mais conhecimento psicológico.

Capítulo 12. O papel da entrevista

Entrevista com Camilo, gerente de produção

Camilo[25], assim como todos os principais executivos da Estamper, já havia assistido ao seminário Interfaces da Qualidade e tinha conhecimento de que a entrevista com Rafael abordaria não somente as questões operacionais, mas também as relacionais, além de aspectos psicológicos.

Era experiente na função de gerente, que desempenhava havia 10 anos, tendo resistido bem a diversas tempestades.

Chegou pontual na sala da entrevista, cumprimentou Rafael estreitando a mão, sem olhá-lo nos olhos e sentou-se à sua frente. Rafael notou no seu semblante ansiedade e possivelmente algum receio. Ficou em silêncio esperando que Rafael tomasse a iniciativa de falar.

— Obrigado, Camilo, por vir na entrevista. Ela durará uma hora e começarei explicando algumas características. Em primeiro lugar, quero dizer que tudo o que dissermos neste espaço tem absoluta privacidade. Quer dizer que não será revelado por mim para ninguém, incluindo Celestino. Portanto, se eu lhe inspirar confiança, terá a oportunidade de falar livremente sobre tudo que quiser, o que o agrada e o que o incomoda na Estamper, ou coisas da sua vida pessoal, você escolhe o assunto. Aquilo que gostaríamos e que não nos atrevemos a dizer no contexto do trabalho ou da família, pois poderia ter consequências indesejadas. Eu lhe escutarei sem julgar nem avaliar. Tratarei apenas de entendê-lo. O meu objetivo não é fazer a sua cabeça, ou lhe dizer o que fazer. O meu intuito será apenas o de buscarmos juntos mais luz para o assunto, ou para as questões, que preocupem você. Normalmente atribulados

[25] Nome fictício.

pelas demandas do trabalho, vemos os problemas a partir de um vértice e às vezes essa visão não oferece saídas, mas se mudarmos de vértice podem aparecer outras soluções. A minha proposta, se você concordar, seria a de pensarmos juntos. Para isso poderei apresentar algumas hipóteses que você pode ou não aceitar. Se aceitar, poderemos pensar um pouco sobre essa hipótese. Se você não as encontrar plausíveis, as abandonaremos e construirei outras. Durante esse tempo você ocupará o centro da minha atenção. Para prosseguir com a entrevista, gostaria de lhe perguntar se está de acordo.

— Sim, mas não sei o que dizer.

Camilo fica em silêncio e Rafael aguarda alguns segundos antes de retomar a palavra.

— Entendo que não esteja habituado a um momento como este. Talvez lhe pareça uma situação estranha. Como já exerci uma função similar à sua, sei que é difícil e sujeita a muitas exigências nem sempre coerentes com a realidade como nós a vemos. Mas você é o dono deste tempo e pode usá-lo como quiser, inclusive para ficar em silencio.

Camilo continua em silêncio. No parecer do Rafael, com o silêncio ele quer passar a sensação de estar calmo, mas também sinaliza algum desafio ao entrevistador. Olha nos olhos de Rafael em momentos fugazes, mas a maior parte do tempo o seu olhar está perdido na distância. A ansiedade se revela na leve oscilação da perna. Rafael sente que Camilo não o rejeita e está disposto para a entrevista, no entanto, sem confiar muito no interlocutor. Rafael sente esse silêncio pesado e mantém o seu olhar no rosto de Camilo durante um ou dois minutos, após os quais este decide falar.

— Ouvi você falar durante aquele seminário e me parecia que você nos queria levar para outro mundo, onde a vida fluiria de uma maneira quase espiritual, impregnado pelo pensamento dos filósofos e psicólogos. Era como se tivesse entrado num fim de semana de *spa*, num ambiente sereno e pacífico, despreocupando-me da dura realidade. Mas depois, quando acabou o seminário, a minha preocupação voltou. E aqui estou, na dura realidade, espremido pelas exigências enormes de produção, de qualidade e de cumprimento de prazos, que seriam perfeitamente aceitáveis, até seria a razão de eu ser gerente, se por outro lado me dessem os recursos de que necessitaria para poder atendê-las. Mas eu vivo num torvelinho de solicitações descabidas. As compras dos materiais que precisamos demoram demais. O setor de Engenharia nos culpa por defeitos nas peças que na realidade são oriundos de falhas de projeto deles. O setor de Qualidade só reclama e não nos ajuda em nada. RH então, nem se fala, temos uma altíssima rotatividade de pessoal e eles demoram uma eternidade para fazer as contratações necessárias. Por isso, devo utilizar muitas horas extras e dessa maneira os meus custos disparam. Mas talvez o problema mais sofrido esteja com o PCP[26], que trabalha com mudanças permanentes nas ordens de produção, o que me obriga a perdas de tempo enormes por *setup* das máquinas, o que atrasa o trabalho e reduz a produção. E essas são apenas algumas das complicações que me vêm agora na cabeça, sei que há mais! Eu me sinto como o capitão de um navio com o casco furado e que está afundando! Não há nenhum outro navio por perto a quem pedir ajuda. Ninguém olha nem se importa com as nossas dificuldades. A avalanche de problemas frequentemente me obriga a tomar ações correndo, sem poder pensar para evitar que o navio afunde de vez – o relato se acelera e o tom da voz aumenta. – Nessa hora, o contraste com o seu seminário é gigantesco! – e outra vez fica em silêncio e Rafael não interrompe.

Rafael sente ironia e algum descrédito pelo seu trabalho no seminário. Contudo, intui que Camilo não o desqualifica totalmente. Rafael se pergunta se o entrevistado não estaria testando a sua reação frente à crítica. Camilo continua:

— Por outro lado, já tivemos experiências com consultores. Esses caras acham que sabem tudo, ou pelo menos querem parecer isso. Eles vieram para nos dizer o que fazer, soltam as suas profecias e vão embora. Depois, quando os bons resultados que profetizavam não aparecem, saem dizendo que as suas recomendações não foram seguidas e igualmente recebem o seu pagamento. Assim a vida é fácil demais para eles! Nós, pelo nosso lado, ficamos com mais pendências surgidas das suas recomendações, às vezes tendo de dedicar tempo para justificar por que não as aplicamos, ou esperando que sejam esquecidas com o tempo, como acontece com a maior parte delas.

O semblante de Camilo se altera, agora ele parece revoltado. Na sua ira, o olhar insinua que possivelmente Rafael será mais um desses profetas. Por seu lado, Rafael se pergunta se ao falar e ser ouvido na sua angústia, por trás da sua revolta, Camilo se sentisse algo aliviado e disposto a ouvir. Sua expressão é inquisitiva e desafiante, como se esperasse que Rafael resolvesse o enigma que o acomete. Afinal, não é para isso que ele veio na Estamper? Camilo fica em silêncio esperando a réplica. Rafael respeita o silêncio durante um ou dois minutos, durante os quais está organizando a integração

[26] PCP – Planejamento e Controle da Produção.

entre as suas próprias emoções e o pensamento. Certamente Camilo tem presentes as respostas dos outros consultores quando interpelados dessa maneira. Rafael percebe o desafio de lidar com a hostilidade do Camilo. No seu íntimo, sente-se ofendido e atacado, com vontade de revidar, mas, tomando consciência desse sentimento, sabe que se desse vazão a ele destruiria as possibilidades de mudança. Rafael diz:

— O seu relato revela uma realidade bem complicada para o setor de produção. É realmente muito difícil lidar com tantas coisas desfavoráveis. Tenho consciência disso. A partir dessa ótica também imagino que você sente que as apresentações que eu fiz durante o seminário não condizem com a realidade que está vivendo. E que talvez por isso se sinta contrariado, até irritado! Compreendo a sua revolta. Imagino que você poderia estar pensando que para mim falar é fácil, mas que se eu estivesse no seu lugar teria que produzir um monte de ações para me defender e não me ateria aos pensamentos filosóficos que mostrei no seminário. E você teria razão! Quando se está num lugar como o seu, parece que a gente está sofrendo um bombardeio de problemas, cada um mais complicado que o outro. Parece que você se sente numa rua sem saída, com pouco espaço físico e psicológico para pensar.

Camilo fica algo surpreso com a resposta do Rafael, que, em vez de contrariá-lo ou aconselhá-lo, parece descrever e entender a situação dele.

— É isso – diz com desconfiança.

— Mesmo assim, vocês estão dando conta do recado, não é assim?

Camilo responde, ainda sem dar o braço a torcer:

— Sim, aos trancos e barrancos, até agora entre mortos e feridos vão se salvando todos. Porém, isso tem um custo de desgaste, desmotivação e desperdício de recursos e energias que poderiam ter sido mais bem usados!

— Outra vez, no meu entender, você tem razão! Realmente eu posso falar porque não estou no seu lugar. Se estivesse, seria difícil pensar – Rafael falava respaldado na verdade, pois sua experiência própria quando gerente era similar à de Camilo. – Precisamente por isso, porque ao não estar em seu lugar posso pensar como você pensaria se não estivesse nesse fogo cruzado, é que a entrevista, ou seja, a nossa fala, poderia acrescentar alguma ajuda para nós dois.

Camilo capta a sinceridade de Rafael e aguça o olhar para os olhos dele, expectante e com alguma incredulidade. Faz-se um silêncio que Rafael aproveita para organizar o seu pensamento. Pensa que Camilo se sente como se estivesse sendo vítima de uma confabulação celeste que iria fatalmente condená-lo.

— Você deve estar se perguntando como a nossa entrevista poderia ajudá-lo nessa batalha sem trégua.

Camilo confirma assentindo com um movimento de cabeça, mas sem arriscar uma concordância explícita. Rafael prossegue:

— Creio que você já falou a palavra-chave para esse proverbial alívio: pensar! Essa é a nossa principal ferramenta quando estamos numa função como a sua. No entanto, ela é frágil e fugidia. Pareceria como se toda a nossa energia estivesse sendo consumida num esforço para nos defender e nos fosse roubada a prerrogativa de pensar. Você tem razão de estar tão angustiado, pois isso não é nada produtivo.

— Sim, e pela sua descrição parece que você já passou por uma situação como essa – intui Camilo.

Rafael sente alívio promissor ante essa concordância:

— Quando a gente parte para a ação sem poder pensar, perde a perspectiva da realidade. Tanto da externa como da interna.

— Como assim?

— Vejamos por exemplo a perspectiva externa. Se atentarmos para a realidade das outras áreas, podemos supor que todas elas devem ter também uma vida difícil, não acha? Da mesma forma, devem enfrentar falta de recursos, ordens e contraordens etc., igual a você.

— Bem, isso sim, sem dúvida.

— Por exemplo, sem deixar de reconhecer as deficiências próprias de cada setor, não me estranharia que a área de Qualidade seja culpada por falhas de todos os outros setores da empresa, que a Engenharia seja demandada além da sua capacidade e da competência dos técnicos, que o PCP seja obrigado a mudar os programas de produção contrariamente ao seu desejo por exigências dos clientes que demandam uma flexibilidade que a empresa não tem, que o RH não consiga vencer a demanda da rotatividade devido a políticas de gestão arcaicas e demandas sindicais crescentes.

Camilo fica em silêncio, mas sua expressão é de concordância ainda meio forçada. Rafael sente que a hostilidade está se dissipando e pergunta:

— Não lhe parece que, dessa maneira, não seria natural que cada um dos seus colegas dos outros setores possa estar se entrincheirando no seu canto para se defender, do mesmo jeito que você? E que não estariam todos empenhados em escapar das balas? Não lhe parece que também eles não conseguem pensar direito?

— Sim, possivelmente.

— Nessas condições, quem puder pensar terá uma vantagem.

— O que você quer dizer? – agora parece bem interessado na conversação.

— Que em lugar de se concentrar apenas nos quebra-galhos que a realidade do seu setor o obriga a cuidar, e que mais parece com enxugar gelo, poderia identificar alguns dos problemas críticos das outras áreas laterais que são importantes para você. Isso não seria difícil para uma pessoa experiente, competente e que conhece toda a empresa tão bem como você.

A expressão de rechaço de Camilo se reflete no seu olhar e Rafael percebe que provocou uma mobilização.

— Se não consigo cuidar da minha horta, como você sugere que vou cuidar das dos outros?

— Sua objeção é muito lógica, porém acho que ela é limitante, como chover no molhado, e não nos tira do lugar. Explico: adotando uma postura diferente, você poderia mostrar ao colega responsável pela área em questão que se preocupou com o problema dele e oferece-lhe ajuda nesse problema. Mesmo que ela não resolva, valerá a intenção! Isso, em princípio, originaria surpresa, mas também uma disposição para a reciprocidade, além de respeito e admiração a você por ter sido quem primeiro tomou essa iniciativa de olhar da pele para fora e não apenas no seu feudo. Certamente, o resultado redundaria em facilitações ou menos transferências de responsabilidades das outras áreas para a área de produção. Duvido muito que alguém que veja uma iniciativa construtiva de ajuda com persistência, como essa, não se sinta obrigado a uma reciprocidade, ou ao menos à redução da hostilidade ou da indiferença. Acaso você não sente alívio ao perceber que alguém está disposto a compreender as suas dificuldades? Não há nada pior que estar só na desgraça.

Camilo mostra concordância, mas ainda está com um pé atrás. Rafael percebe que o gerente agora quer que ele exprima a sua ideia.

— E não estou sugerindo que você deva assumir os problemas das outras áreas além da sua. Não se trata de fazer mais, comprometendo energias que não tem, mas sim exercer uma habilidade política que é perfeitamente coerente com a sua inteligência. Tratar de estar junto aos outros chefes e ajudá-los a pensar. Talvez você encontre mais facilmente do que eles soluções para os problemas das áreas deles. Não me estranharia que a cabeça deles esteja embotada pelos mesmos problemas e não enxerguem a solução, precisamente por fazerem parte do problema. Creio que o mesmo ocorreria com você. Às vezes um olhar externo vê o que nós, que estamos dentro, não vemos. Possivelmente dessa junção de talentos surjam soluções para a sua área e as deles. Parece que o problema de todos é atuar cada um por si, e não em conjunto e harmonia. E estando cada um por si, o resultado poderia ser uma saturação geral.

Nesta altura, a entrevista flui naturalmente e Camilo se dá conta de que a sinergia poderia trazer para todos as soluções que individualmente não estavam conseguindo. Mais ainda, a sinergia ofereceria a ele uma oportunidade pessoal, pois ninguém havia pensado nisso, cada um cuidava de seu curral. Com isso, ele poderia estar na vanguarda dessa transformação. Aumentaria o seu prestígio na comunidade da Estamper.

— Você disse algo interessante, realmente posso e vou pensar nisso. Mas e sobre a perspectiva da realidade interna que você também falou?

— É na perspectiva interna da área de produção que não poder pensar pode causar mais estragos. Refiro-me aos seus subordinados, para os quais você é a referência. Se você se sente desestabilizado pela cascata de improcedências que o assolam, imagine eles! Certamente percebem, só de olhar para você, o seu mal-estar e a sua frustração permanente. E essa realidade que o afronta possivelmente não lhe deixe espaço nem tempo para ouvi-los, para estar presente nas suas preocupações, algumas delas reais, e outras criadas pelas fantasias deles, e que você poderia ajudar a dissipar. Talvez a alta rotatividade possa ter também raízes nisso.

— É verdade, nos últimos tempos tenho estado algo distante dos meus subordinados. E frente à situação que vivo, fui descuidando deles um pouco, sem me dar conta. Mas agora estou pensando... creio que descuidei do meu papel de líder.

— Se você pensar um pouco, verá que são eles os principais recursos com que conta para enfrentar esse enxame de demandas. Para ajudá-lo a contorná-las, eles devem se sentir confiantes em si próprios, nas suas forças e competências, sentir que são capazes de tomar algumas inciativas, não acha?

— Gostaria que fosse assim, mas eles se comportam passivamente, somente obedecem a ordens e olha lá...

— Pois é. Não lhe parece que essa postura deles também o sobrecarrega, pois deve resolver pessoalmente situações que eles poderiam perfeitamente resolver se estivessem estimulados? Saber que se errarem não serão castigados, reconstruir uma relação de confiança primeiro com você e a seguir com eles mesmos. Em outras palavras, ensiná-los a tomar decisões para as demandas mais simples, que são a maioria e tomam muito tempo, deixando para você as mais complexas. Para isso, deveriam ser estimulados e capacitados, contar com a sua presença e continência de maneira sistemática. Não lhe parece que isso daria mais forças e confiança a eles para serem mais proativos? Creio que a energia que dedicasse a isso lhe daria muito mais proveito que enxugar gelo (ou fazer furo na água). E você sabe disso, porque já provou ser um gerente inteligente e experiente, só que, assim como os seus colegas, as demandas inclementes estão corroendo o seu potencial de pensamento.

— Creio que tem razão no que disse sobre essa questão de usar mais o pensamento. E digo mais. Esse nosso papo me fez atentar para o fato de que a questão invade também a minha vida pessoal. Quero dizer que a qualidade da vida com a minha família também está ruim e pode ser que a razão seja a mesma.

Camilo entra em um silêncio que Rafael faz questão de respeitar. Depois continua:

— Por exemplo, também tenho estado distante dos meus filhos adolescentes, o que é muito ruim e perigoso, numa sociedade onde abundam as drogas e não há preocupação com os princípios. Eu, pelo meu lado, não tenho energia para falar com eles quando chego cansado em casa. E mais, cometo o absurdo de culpá-los por não irem bem na escola ou perturbarem a mãe deles. A entrevista me fez dar conta de que é melhor parar para pensar! Creio que é bem possível eu começar a fazer as coisas que surgiram na entrevista. Não sei como não me dei conta antes. Obrigado!

Rafael sente que está em contato com a mudança catastrófica que Camilo está experimentando. Ele parece comovido. Arruma a postura, estreita a mão de Rafael e se despede, agora olhando nos olhos dele.

Construindo o *background* para entrevistas

Dos diversos autores que Rafael conheceu no curso de psicologia, foi Carl Rogers (1902-1987), um psicoterapeuta que realizou importantes estudos sobre a sistemática das habilidades interpessoais, quem lhe ofereceu a melhor referência para o desafio. Os estudos de Rogers (1995), realizados na base da relação terapêutica, apontaram para o fato de que o crescimento do cliente é função de determinadas atitudes assumidas pelo terapeuta durante o processo psicoterápico. Rafael ficou impressionado pela qualidade e clareza da obra "Construindo a relação de ajuda" (MIRANDA; MIRANDA, 1988), que, apoiando-se na psicologia de Rogers, constrói os passos práticos para a condução da entrevista.

Esse livro ensinou-lhe que os efeitos resultantes da interação de ajuda com a pessoa ajudada seriam:

- *Mudança nos construtos*[27] *pessoais:* transformação ou flexibilização das crenças e dos valores que orientam o relacionamento do ajudado consigo mesmo e com o mundo à sua volta, inicialmente rígido.
- *Proximidade da experiência:* habilidade do ajudado de desenvolver o autoconhecimento por meio de um contato cada vez mais próximo com sua própria experiência.
- *Entrega ao relacionamento:* confiança do ajudado em relação ao facilitador, de modo a gerar uma abertura progressiva com a evolução do processo de ajuda.

[27] Construto: criação mental. Em psicologia, pelo Dicionário Houaiss, é "objeto de percepção ou pensamento formado pela combinação de impressões passadas e presentes".

- *Mudança na expressão dos problemas:* evolução do conteúdo das verbalizações do ajudado, passando a expressar, progressivamente, mais conteúdo interno (referente à própria pessoa) e menos conteúdo externo.

Uma boa notícia para a missão que Rafael se impôs foi que alguns pensadores da área da psicologia argumentavam que, embora esse estudo de habilidades interpessoais tivesse sido desenvolvido por Rogers para profissionais da psicoterapia, suas conclusões poderiam ser utilizadas por outras pessoas significativas (pais, professores, profissionais da saúde, consultores, facilitadores etc.), aquelas pessoas que normalmente exercem influência marcante na vida dos outros. Rafael, então, adotou essa referência não apenas pelas afirmações desses pensadores, mas principalmente pela sua própria experiência dos fracassos que testemunhou nas tentativas de aplicação de sistemas de qualidade que exigiram transformações culturais.

Outra boa notícia que animou Rafael era que a habilidade para conduzir o processo de ajuda podia ser aprendida. No entanto, ela lhe impunha algumas demandas, como saber ajudar a si mesmo; ter boa dose de autoestima; mostrar disponibilidade interna para ajudar o outro; ter capacidade para sentir e transmitir afeto pelo ajudado; aprender e utilizar habilidades de ajuda.

Rafael percebeu que essas demandas apontavam para o autoconhecimento e estariam relacionadas com seu processo pessoal de terapia.

Aprendeu então que se se propusesse a entender uma pessoa, deveria primeiro olhar o seu corpo para depois ouvir suas palavras, pois o primeiro estaria em maior consonância com a verdade. A obra "O corpo fala", de Weil e Tompakow (2015), ajudou-o a dar os primeiros passos na compreensão da linguagem corporal. Assim como o seu corpo comunicaria mensagens ao ajudado, a recíproca seria também válida. Observar é o requisito para poder ver o outro. A observação constata algumas coisas visíveis no ajudado – aparência, maneira como está vestido, gestos, expressão fisionômica, agitação, postura etc.

No seu processo de preparação para conduzir a relação de ajuda, outra questão se tornaria decisiva: a coerência entre os aspectos corporal e verbal. Aprendeu que esse seria o item mais revelador na relação de ajuda. Muitas vezes o que traz para o facilitador a verdadeira compreensão sobre uma pessoa é aquilo que vê e não aquilo que escuta.

Observar refere-se a captar as mensagens não verbais, escutar é captar as verbais, extraindo e preservando na memória os conteúdos mais importantes do que foi manifestado. Associando as mensagens verbais às não verbais, Rafael aumentaria as possibilidades de entender realmente o outro. Escutar significa comunicar mais uma vez o desejo de ajudar, diziam os conhecedores das habilidades para ajuda.

A arte da ajuda apontava que frequentemente o ajudado necessita apenas ser escutado para que possa organizar as ideias, os sentimentos e a experiência. Nesse caso, a presença de Rafael e a disponibilidade para parar e escutar levaria o entrevistado a dizer coisas, antes de mais nada, para ele mesmo. Ao falar, o ajudado iria escutando a sua própria voz interior e colocando em ordem os seus pensamentos que, represados, estavam confusos. O mero falar poderia às vezes trazer um alívio imediato. Mais uma vez veio-lhe à mente a experiência na Metalead com o casal em dificuldades no matrimônio.

Alguns preceitos sobre a arte de aprender a escutar (MIRANDA; MIRANDA, 1988) balizaram as suas primeiras experiências, por exemplo:

Tudo o que ele escutasse deveria ser sentido como verdadeiro. Durante a entrevista, deveria ter em mente que qualquer coisa dita pelo ajudado tem uma razão de ser. No contexto da entrevista, não existe "mentira" no que ele diz. Se algum fato não corresponder à realidade objetiva, não caberia a Rafael desmentir ou discordar do ajudado. No momento da construção de vínculo, o seu papel não seria mostrar ao ajudado o que é certo ou errado, verdade ou mentira, mas apenas estar ao seu lado e compreendê-lo. O que ele lhe disser seria o que precisa dizer. Muitas vezes seria o que o ajudado mesmo precisa acreditar para sobreviver no meio alienante da organização, e sua esperança é que o facilitador acredite também. O que ele disser é, antes de tudo, a sua verdade, a forma como ele vê a empresa, seu entorno, seu chefe, e é nessa verdade que o facilitador deverá acreditar se quiser ajudá-lo. Rafael pensava quão útil teria sido ter tido a escuta de alguém capacitado quando exercia sua função de gerente e projetava suas frustrações nas figuras de autoridade da Metalead.

Segundo estudou, Rafael deveria também prestar atenção à maneira como o ajudado fala. O conteúdo verbal irá acompanhado pela entonação da voz, altura, intensidade, ritmo, pausas e respiração. Uma mesma frase, dependendo de como for dita, pode comunicar sentimentos muito diversos. Por exemplo: falar depressa poderia transmitir ansiedade, falar baixo poderia significar vergonha, a respiração ofegante poderia significar emoção. Pode-se dizer "sim" com raiva, e a mensagem será de censura e não de permissão ou concordância.

O que é importante para o ajudado se repete em sua fala, é o tema central que vai e volta, e, por isso, Rafael deveria ficar atento aos tópicos que o entrevistado selecionasse. Também seria dito com grande intensidade – alterando a voz, fazendo uma pausa etc.

Na técnica do trabalho de engenheiro, as mensagens são explícitas e bastante objetivas, mas no processo de entrevista de ajuda as mensagens implícitas são tão ou mais relevantes. A explícita é um conjunto de palavras objetivas e audíveis para quem escuta; é o que parece que o outro está querendo transmitir. A psicologia de ajuda sugere que o propósito da mensagem explícita seja esconder alguma outra mensagem que a pessoa, por alguma razão, não pode comunicar diretamente. Essa é a mensagem implícita, a verdadeira mensagem que deverá ser garimpada. Por exemplo: "gozado, quando se trata de pedir colaboração, ou sacrifícios a mais dos funcionários, a diretoria sempre está acessível...". A pessoa aqui estaria comunicando falta de reciprocidade da diretoria para com as suas necessidades. Ou: "aqui dentro, a corda arrebenta no ponto mais fraco...". A mensagem seria que a pessoa percebe abuso de poder hierárquico, falta de diálogo democrático ou inibição das iniciativas. Ou, "... e eu já ouvi dizer que a qualidade começa pela alta direção". Essa mensagem denotaria que o seu emissor sente falta de comprometimento da direção. A mensagem implícita às vezes sinaliza resistências. No último caso, o sentimento que a pessoa experimenta poderia se manifestar numa projeção: "é a atitude deles (dos que têm o poder), e não a minha, que impede a consecução do objetivo".

Não foi difícil concluir que saber escutar é uma das mais importantes habilidades – e é mesmo uma arte – no âmbito das relações humanas. É uma arte bem diferente daquelas que Rafael havia aprendido na aplicação técnica dos conhecimentos científicos próprios da engenharia. Em uma relação de ajuda, escutar não significa apenas ouvir, mas sim lidar com sentimentos durante o processo de escuta – os do ajudado e os do ouvinte. Trata-se de ouvir empaticamente os seus sentimentos em sintonia com os do ajudado, isso expresso e refletido permanentemente na dinâmica mutante da sua fisionomia como facilitador ao longo da entrevista. Isso envolveria mover os músculos da face para denotar surpresa, dor, alegria, esperança etc., em sintonia com o que está sendo manifestado pelo ajudado. Nesse processo, a obra "Construindo a relação de ajuda" (MIRANDA; MIRANDA, 1988) sinalizava para Rafael algumas atitudes relevantes no seu papel de facilitador:

Deveria aprender a ficar calado. Isso é difícil, pois o silêncio provoca ansiedade – especialmente para um engenheiro treinado para logo descobrir respostas. Suportá-lo exige bom autocontrole, mas dá espaço ao ajudado para poder falar.

Rafael não deveria interromper. Para a psicologia de ajuda, quando o ajudado fala, segue uma linha de raciocínio com início, meio e fim. Se o facilitador cortar essa linha, dispersará o ajudado e o afastará do foco do problema. O facilitador deverá discriminar o momento em que o ajudado, expressando-se verbal e corporalmente, não apenas cede espaço para o facilitador, mas também lhe pede que fale. Pode nesse caso ser aberto o espaço para a interpretação. É o ajudado quem administra o espaço da fala, usando-o ou cedendo-o de acordo com as suas necessidades.

Deveria suspender julgamentos. Rafael, como todas as pessoas, tinha um sistema de valores, princípios e crenças – a respeito de si mesmo, dos outros, da vida e do mundo que o cerca – direcionando sua vida. Tal sistema é composto de coisas que julgava certas e aceitava, e outras que julgava erradas e rejeitava. A entrevista propiciadora da relação de ajuda o levaria ao encontro entre dois sistemas de valores, o seu e o do ajudado. Se durante a entrevista ele julgasse, de acordo com o seu sistema de valores, as manifestações do ajudado, rotulando-as como certas ou erradas, boas ou ruins, em vez de simplesmente ouvir, estaria avaliando o relato e, portanto, ouvindo a si próprio. Julgar seria então incompatível com a postura de aceitação incondicional e de empatia que a construção de vínculo afetivo e a capacidade de ajuda demandam. Isso não quer dizer que Rafael devesse abandonar seu sistema de valores, mas apenas deixar de levá-lo em conta durante o encontro com o ajudado, sendo humilde para recordar que ele não é dono da verdade. Em vez de impor seu sistema de valores ao outro, a missão que o facilitador se propõe é ajudá-lo a construir (ou reconstruir) o seu próprio.

Rafael deveria aprender a responder ao conteúdo das mensagens e também ao sentimento. A experiência dos praticantes apontava que com frequência o ajudado só consegue verbalizar na entrevista um relato confuso da sua própria experiência, no qual os elementos relevantes aparecem misturados com os que não o são. A sua tarefa seria descobrir a essência ou tema central em torno do qual as pessoas fazem os seus relatos, às vezes longos e confusos. A sua resposta de conteúdo deveria ser reflexiva – refletindo o que é fundamental e abandonando o secundário, e não apenas uma repetição do dito pelo ajudado. Por exemplo: "você está me dizendo que não encontra espaço para dizer o que pensa" ou "parece-me, então, que agora o mais importante é apagar os incêndios, em vez de implantar sistemas sofisticados". Essas frases resumem e organizam o que o ajudado disse. Deveriam ser sempre menores que a colocação do ajudado, evitando apropriar-se do espaço que é só dele.

Assim, Rafael iria revelar ao ajudado a sua compreensão e lhe confirmaria que realmente o escutou com toda a atenção. Mais importante que dar uma resposta "correta", seria nesse momento a percepção por parte do ajudado do autêntico empenho de Rafael em compreendê-lo, mesmo que desse uma resposta "incorreta" – aquela que não captou a essência. Dizia a psicologia que quando o facilitador responde do ponto de referência do ajudado, e não do seu próprio, transmite uma aceitação incondicional que leva o ajudado a se sentir mais livre na relação, pois adverte que, nesse espaço – diferentemente do dia a dia na empresa -, não será reprovado ou criticado, diga o que disser. Quão diferente e mais produtiva teria sido a trajetória de Rafael na vida corporativa se tivesse tido a ajuda que agora se propunha a prestar, pensava então.

Na entrevista de ajuda, iria emergir uma outra variável que tinha pouca ou nenhuma relevância para os problemas típicos da engenharia, mas que agora seria importante: o sentimento que experimenta o ajudado e que poderia não ser explícito ou comunicado a Rafael, muitas vezes porque nem o próprio ajudado sabe identificá-lo, uma vez que geralmente não se está habituado a entrar em contato com o próprio íntimo.

É impossível imaginar a vida dentro da empresa como um simples desenrolar de eventos neutros sem sentimentos que os acompanhem. Ao construir o vínculo, e outra vez contrariamente à experiência de Rafael como engenheiro, o que será mais relevante não são os fatos, mas como as pessoas se sentem diante deles. Talvez um dos principais objetivos da relação de ajuda seja permitir às pessoas se sentirem de modo diferente frente a situações que não irão mudar. Por essa nova ótica, Rafael se apercebeu de que os mesmos eventos podem estimular sentimentos diferentes em pessoas diferentes ou até na mesma pessoa em momentos ou circunstâncias diferentes. Isso, que não era condizente com a sua cultura racional como engenheiro, estaria relacionado ao conhecimento emocional, ou arquivo psicológico, no qual as pessoas acumulam a memória emocional de suas experiências. Seriam as ideias que as pessoas têm das coisas, construídas com mitos, narrativas e experiências anteriores, e não as próprias coisas, que as levariam a experimentar sentimentos diversos. Os sentimentos, pensou Rafael, são reprimidos na cultura da empresa, mas isso não significa que desapareçam. Ficam na interioridade da pessoa, mesmo que ela não saiba, provocando-lhe um sofrimento geral e difuso. Em alguns casos, tal repressão acaba em explosão ante um estímulo qualquer (MIRANDA; MIRANDA, 1988).

O alívio que a relação de ajuda pode proporcionar ao favorecer a expressão dos sentimentos facilitaria ao ajudado a construção de uma resposta menos enviesada para a resolução dos problemas que fazem parte de sua vida e sua missão na empresa. Outra vez, a experiência pessoal de Rafael na relação corporativa identificava-se plenamente com esse postulado. Por isso, continuou a se preparar para dar ajuda na luz que a psicologia derramava, ciente de que poucas são as pessoas que sabem ou podem expressar os seus sentimentos – ele não era exceção. Rafael não somente deveria aprender a detectar esses sentimentos, como também deveria discriminar o momento exato de comunicá-los ao ajudado. Se o entrevistado ainda não estivesse pronto para escutar, a compreensão poderia continuar a ser comunicada através das respostas de conteúdo.

Para responder ao sentimento, deveria adquirir a habilidade de captar o que o ajudado está sentindo em alguns momentos da entrevista e comunicar isso a ele, para assegurar que o compreendeu. Nesse processo, haveria vários níveis de sentimentos, do mais superficial ao mais profundo, várias categorias (alegria, tristeza, raiva, medo, confusão) e, por último, diferentes intensidades (forte, fraca, moderada). Por exemplo, para a categoria de *tristeza*, uma intensidade forte pode ser "arrasado", uma fraca seria "contrariado"; para *raiva*, "enfurecido" (intensidade forte), "irritado" (fraca).

A somatória das duas respostas, ao conteúdo e ao sentimento, seria o esperado da intervenção de ajuda de Rafael. Nessa fase, ele deveria comunicar ao ajudado que compreende, ao mesmo tempo, como ele está se sentindo e por que se sente assim. Por exemplo: "você se sente arrasado porque, apesar de todo o seu empenho, a auditoria de qualidade evidenciou falhas primitivas na sua área" ou "você está irritada porque sente que as suas recomendações não foram levadas em conta".

Na sua vivência na Metalead e na Estamper, Rafael percebeu que as respostas mais frequentes que as pessoas dão umas às outras são de dois tipos: simpática e antipática. Quando se expressa uma resposta simpática, procura-se ser agradável a quem fala, mas a experiência do outro perde o foco, pois o afã de complacência leva o ouvinte a postergar o critério de realidade, ou seja, a resposta remete ao sentimento e não ao conteúdo. Decorre de um certo embaraço diante do relato da outra pessoa e tenta interrompê-la ou aliviá-la. A resposta antipática é desagradável e crítica. Faz a pessoa se sentir arrependida de ter começado a falar. Por exemplo: "está vendo o que aconteceu por você fazer aquilo? Eu já tinha falado várias vezes para você...".

Poucas vezes Rafael havia testemunhado nas empresas e nas instituições em que interagiu, e até reconhecia agora que nem ele mesmo praticava, a resposta empática, a que comunica ao ajudado que se é capaz de sentir como ele. Empatia não se limita apenas a se colocar no lugar do outro, como vulgarmente se diz, é mais do que isso, é sentir o que o outro sente. Ela comunica compreensão de quem escuta e, firma a psicologia de Rogers, é indispensável na construção do vínculo de ajuda que tem lugar na entrevista.

Baseado no que aprendeu da psicologia de ajuda e na sua experiência corporativa, Rafael imaginou um caminho tentativo para responder ao conteúdo e ao sentimento. Primeiro trataria de identificar o sentimento, a seguir o conteúdo, para depois responder na forma: "você está se sentindo... porque...".

A perspectiva psicológica ofereceu a Rafael alternativas para confirmar ou não a validade de sua resposta. Ela seria deduzida da reação do ajudado. Se a resposta "funcionasse", ele denotaria concordância e continuaria se aprofundando nas suas experiências ou queixas. Se o ajudado recusasse a resposta ou interrompesse o relato, seria sinal de que não se sentiu compreendido. Mas, mesmo se a resposta fosse recusada, prevaleceria como positiva a percepção de que Rafael estaria sempre empenhado em compreender e ajudar. Às vezes, diz a psicologia de ajuda, ao corrigir a expressão desacertada do facilitador, o ajudado descobre o seu verdadeiro sentimento, até então ignorado. A Rafael surpreendia o fato de que uma prática tão óbvia e promissora fosse totalmente ignorada não apenas por ele mesmo, nas suas experiências na Metalead, mas em geral no mundo corporativo.

Na prática da entrevista, as respostas de Rafael nunca deveriam ser enunciadas como afirmações taxativas. Ao contrário, elas deveriam emanar de uma atitude de humildade, que não deveria perder de vista o fato de que a verdade pertence somente ao ajudado. A psicologia ainda recomendava como boa prática de ajuda começar as respostas com: "parece-me que...; quem sabe, você está se sentindo...; não tenho certeza, mas percebo que você se sente..." (MIRANDA; MIRANDA, 1988). Assim, Rafael sentiu-se equipado para adentrar a trilha da ajuda.

A técnica na qual Rafael se orientou apoiava-se em três instrumentos: a *informação*, o *esclarecimento* e a *interpretação* propriamente dita (ETCHEGOYEN, 1987).

A informação se refere a algo que o ajudado desconhece e deveria conhecer, com referência a conhecimentos extrínsecos, a dados da realidade do mundo – por exemplo, os efeitos e mudanças que a globalização, ou seu oposto, a nacionalização, produz no cotidiano do gerenciamento de uma organização.

O esclarecimento procura iluminar algo que a pessoa sabe, mas vagamente. O conhecimento existe, porém, diferentemente da informação, aqui a falha é algo mais pessoal; não falta um conhecimento extrínseco, mas há algo que o ajudado não percebe claramente por si mesmo. No caso dos entrevistados da Estamper, seria, por exemplo, o seu papel pessoal na disseminação da visão, da missão e da política da qualidade da organização.

A interpretação se refere a algo que pertence ao ajudado, mas do qual ele não tem conhecimento. Funciona como uma informação veraz, desinteressada e pertinente que se refere ao receptor. A interpretação seria uma explicação que o facilitador dá ao ajudado, a partir do que este lhe comunicou, para lhe oferecer um novo conhecimento de si mesmo, ou seja, está destinada a propiciar um *insight*, que, algumas vezes, pode ser imediato e, outras, vem como consequência de um processo interpretativo envolvendo mais entrevistas, dependendo da intensidade das resistências (KETS DE VRIES; MILLER, 1989). Esse *insight* seria um ponto de partida e um forte catalisador do processo de mudança catastrófica. A interpretação seria também uma nova conexão de significados, que informa e dá ao ajudado a possibilidade de organizar uma nova forma de pensamento (BION, 1963, *apud* ETCHEGOYEN, 1987).

Além de explicação e nova conexão de significados, a hipótese comunicada é operativa porque pode promover alguma mudança, que é o que iria permitir a Rafael testá-la. Agora surgia um importante desafio, pois isso não queria dizer que todas as hipóteses interpretativas que ocorressem a Rafael seriam comunicadas ao ajudado. Algumas vezes elas poderiam não ajudar por estarem além da sua capacidade de aceitação, ou por ele não estar ainda preparado para recebê-las, por serem inoportunas ou impertinentes. Nesse caso, o efeito poderia até ser o contrário do desejado, aumentando ainda mais as resistências. Aqui, a experiência do facilitador tem peso relevante, e nesse campo Rafael tinha pouca. A sua atitude deveria ser desinteressada, pois ele se propunha dar ao ajudado, com afeto – em uma relação de vínculo emocional cuidadosamente construída -, elementos de juízo para que o ajudado pudesse mudar, sem exercer outra influência que a do conhecimento. A interpretação é uma hipótese – que pode ou não ser confirmada e aceita pelo ajudado – e nunca pode ser uma afirmação taxativa, que aponte para uma postura onipotente ou arrogante do facilitador. Nas falas de Rafael, a expressão "como se..." seria mais pertinente. Por exemplo, "...me parece que você está sentido *como se* fosse vítima de uma confabulação". A situação real se transforma, então, em uma situação "*como se*" que exige atenção e compreensão. O ato que produz essa transformação é a interpretação. Por exemplo: "você reage como se eu fosse... o seu chefe, ... o seu subordinado, ... o seu presidente, ... seu pai etc." (TARACHOW, 1963).

A intuição de Rafael teria um importante papel na interpretação, que é mais uma arte que uma ciência. A interpretação nas entrevistas atrai a atenção do ajudado para sua própria atividade interior, propiciando a mudança catastrófica. O ajudado pode, por exemplo, ver que era ele mesmo que produzia algum fato que até aquele momento acreditava vivenciar passivamente.

A psicologia da ajuda prevenia Rafael no sentido de que o ajudado poderia aceitar as suas interpretações se, em primeiro lugar, reconhecesse dentro de si que o que o facilitador interpreta é verdadeiro. Em segundo lugar, tivesse atitude emocional positiva com respeito ao facilitador, favorecendo a adoção de atitudes menos céticas com respeito ao que o facilitador expressa. Por último, as interpretações seriam aceitas como consequência de uma identificação com o facilitador. Se a pessoa se sentir isolada, abandonada, precisando desesperadamente ser entendida (ou seja, ser conhecida), como amiúde acontece nas empresas, uma interpretação feita nesses moldes poderia ser fonte de satisfação imediata e reduzir a angústia do colaborador.

A missão provocava ainda mais os paradigmas cartesianos na formação de Rafael: além de estar à procura de todos os fatos, informações ou indícios que pudessem ser significativos, o facilitador deveria empregar a "atenção flutuante", de Freud, ou seja, "escutar com a terceira orelha", tentando "ler nas entrelinhas" ou ver por baixo (no sentido da palavra inglesa *understand*) para compreender em profundidade o que poderia ser "a verdade" ou "o sentido" da existência de uma pessoa. O facilitador não se surpreende com nada, não julga e permanece aberto ao sentido. Exerce seu papel de detetive (KETS DE VRIES; MILLER, 1989) para encontrar a chave, ou as chaves, que lhe permitam compreender (LAPIERRE, 1995).

Ocorria a Rafael associar a missão a que se propunha com a obra clássica "A Arte Cavalheiresca do Arqueiro Zen", de Eugen Herrigel (1992). Pareceu-lhe encontrar um notável paralelo entre sua missão e o tiro com arco. Na introdução, escrita por Daisetz Teiaro Susuki, adverte-se que "para ser um verdadeiro mestre no tiro ao arco, o domínio técnico é insuficiente. A técnica deve ser superada, de forma que o aprendido se torne uma arte desaprendida, emanada do inconsciente". Para Herrigel, filósofo alemão que estudou essa arte marcial no Japão durante vários anos, o tiro deve se espiritualizar para alcançar o seu alvo com harmonia e perfeição. Tal estado somente se atinge depois de um longo, penoso, repetitivo e exaustivo exercício que finalmente pode levar à introjeção da técnica. Só então, "...esquecidos por completo de nós mesmos e livres de toda intenção, nos adaptemos ao acontecer: a execução de algo exterior desenvolve-se com toda espontaneidade, prescindindo da reflexão controladora". O tiro ao arco suscita "uma luta do arqueiro contra si mesmo, que o penetra nas últimas profundidades... no fundo, o atirador aponta para si mesmo e talvez em si mesmo consiga acertar" (HERRIGEL, 1992).

Em um livro posterior, "O Arqueiro Zen e a Arte de Viver", Kenneth Kushner (1988), continua as reflexões de Herrigel e sinaliza o fato de que nenhum arqueiro, por mais habilidoso que seja, consegue manter o arco e a flecha perfeitamente imóveis. Mesmo nos disparos feitos pelos mestres, pode-se notar certa oscilação na ponta da flecha quando o arco está totalmente esticado. Mesmo quando o tremor é muito pequeno, já é suficiente para representar a diferença entre acertar e errar o alvo. O arqueiro precisa "decidir" de alguma maneira em que momento do ciclo de oscilações ele deve soltar a flecha. É impossível, no entanto, descrever adequadamente como isso acontece, pois tudo é feito por intuição.

Capítulo 13. Diálogos da capacidade negativa

Um dos maiores desafios para Rafael na Estamper[28] foi sua contribuição para o sucesso da área de Garantia da Qualidade, da qual Marcos era gerente, na consecução da homologação ISO 9000. Para a gerência da área de Gestão da Qualidade de qualquer empresa, o projeto de homologação ISO 9000 já seria um soberbo desafio. No caso da Estamper, Rafael sabia que a empreitada seria ainda mais difícil, pois o setor ficou bastante desanimado por ter assumido a vanguarda dessa cruzada nas outras tentativas, que resultaram infrutíferas.

Como em qualquer organização, a função desse setor exigia desenhar, implantar, coordenar e manter atualizado o sistema de qualidade. Essa responsabilidade se decompunha em tarefas como: administrar documentação e arquivos; redigir, digitar, codificar, validar e distribuir padrões, procedimentos e instruções de serviço; fornecer subsídios e orientações a todas as áreas sobre assuntos de qualidade; dirimir questões associadas a interpretações das normas de qualidade; suprir e coordenar o treinamento e a capacitação geral de todo o pessoal de fábrica, tanto sobre o gerenciamento do sistema quanto sobre as questões instrumentais da qualidade; coordenar o sistema de auditorias internas e representar a empresa perante os clientes, intermediando em todas as negociações concernentes à qualidade.

Para desempenhar essas tarefas, a equipe constituía-se por um gerente, três engenheiros, uma supervisora de treinamento, dois auxiliares e uma estagiária. Funções tão amplas e complexas exigiam não somente conhecimento, capacitação e experiência – que o grupo possuía -, mas também uma grande flexibilidade e habilidade

---

28 Este relato que descreve transformações pessoais por meio do *coaching*, na experiência conduzida por Rafael na Estamper, já foi publicado em outra obra do mesmo autor (LISONDO, 2004). Com algumas mudanças na redação e maior detalhamento dos sentimentos presentes no diálogo entre Rafael e Marcos, é reproduzido aqui porque oferece uma boa referência na realidade prática do que se pode esperar de imersão na capacidade negativa dentro do cosmos industrial.

relacional para lidar com os conflitos inevitáveis oriundos das exigências que a Garantia de Qualidade devia exercer com todas as áreas produtivas e administrativas.

A história da empresa, levantada por Rafael a partir dos relatos de vida, reportava uma imagem de insucesso e uma posição nada confortável para a área de Garantia da Qualidade, que havia coordenado esses processos. O papel de bode expiatório reservado para ela estava respaldado por um amplo consenso das outras áreas da empresa.

Devido ao intenso desgaste que a área vinha sofrendo, Rafael encontrou uma equipe retraída, encapsulada, defensiva e descrente – em vez de proativa, entusiasmada e motivadora, como deveria ser pela natureza das suas funções.

Tal maneira de trabalhar era estafante, desmotivadora e gerava aversão ao sistema, que passou a ser percebido como um castigo, em vez de uma esperança.

Nessas condições tão adversas, a área de Garantia da Qualidade lutava desesperadamente para manter atualizado o sistema que havia criado e, para tanto, devia auditar, cobrar, insistir, criticar e, às vezes, expor falhas das outras áreas. Como é óbvio, o trabalho das pessoas da Garantia da Qualidade não contava com a simpatia dos outros colegas, que as percebiam antes como fiscais ou policiais pouco propensos a compreender a realidade das áreas, em vez de marinheiros de um mesmo barco. Como consequência, intensas resistências vedavam qualquer disposição dos outros para adotar as atitudes e empreender as ações necessárias para que a Garantia da Qualidade pudesse coordenar a empreitada. Parecia que os seus componentes tinham sido superados pela magnitude desproporcionada das barreiras, mas não por falta de competência técnica ou de fé no sistema. Embora desgastada, a área de Garantia da Qualidade não poderia deixar de ser a residência simbólica do processo de mudança.

Marcos, o seu gerente, era um engenheiro com boa informação em sistemas de qualidade e alguns anos de trabalho na empresa, na qual tinha desempenhado algumas funções gerenciais. Havia uns dois anos, coordenava a Qualidade. A sua vivência lhe permitia capitalizar um rico e útil repertório de experiência gerencial e um vasto conhecimento das particularidades da organização. Tinha feito cursos no exterior sobre matérias inerentes à qualidade, como estatística para engenheiros, e era também auditor líder homologado. Era uma pessoa entusiasta, que inspirava confiança, e com boas aptidões para a liderança construtiva. Na época do início do trabalho com Rafael, dizia-se bastante desanimado pelas feridas que tinha acumulado nas experiências anteriores – muito sofridas e sem sucesso – e também pelas características culturais da sua empresa, que, no seu parecer, não condiziam com o progresso da gestão da qualidade.

A perspectiva de integração das capacidades positiva e negativa suscitou-lhe interesse, curiosidade, surpresa e também alguma descrença. Mesmo assim, apoiou o processo de implementação do sistema da qualidade – cuja coordenação permanecia sob sua responsabilidade – porque lhe parecia diferente e explorava aspectos que as experiências anteriores não tinham levado em conta, e ele intuía como fundamentais para o sucesso. A sua capacidade positiva era alta, mas sentia receio de ingressar na capacidade negativa porque, embora achasse interessante, fazia-o se sentir muito inseguro. Por outro lado, estava convencido de que os métodos tradicionais não tinham dado e não iriam dar resultados na sua empresa. Marcos inspirava em Rafael a impressão de um idealista defendendo a pureza da engenharia aplicada com finalidades nobres. Alguns dos diálogos que manteve com Marcos ficaram salvos na memória de Rafael:

— Li em algum lugar que um cínico é apenas um idealista frustrado. Você não imagina como tenho medo e faço esforços para não virar cínico, pois creio que cada vez sou menos idealista! Mas não é fácil, passo o dia fingindo otimismo e crença na mudança, mas no meu íntimo cada vez acredito menos. Ainda bem que posso abrir isso para você.

Algo surpreso com a abertura espontânea de Marcos, Rafael compreende que o outro está a ponto de não suportar mais a crise. Compreende que seu papel nesse momento é acolher e conter empaticamente o sofrimento e a angústia do colega, para que, ao desabafar em um ambiente protegido, ele possa recuperar a sua energia emocional. Rafael o ouve com empatia e respeita seus silêncios. Depois de alguns instantes em que Marcos mantém a vista fixa nos seus olhos, Rafael fala:

— Parece que você se sente num beco sem saída, dividido pela vontade de desistir e o afã de vencer o desafio, que, mais do que da Estamper, parece seu.

— É duro reconhecer que tudo o que estudei, me preparei... – Fica novamente em silêncio por alguns momentos. – Mas não me resigno a me dar por vencido. Creio que, se abandonar a luta, a derrota não será apenas da Estamper... será minha!

A resiliência de Marcos anima a disposição de Rafael para ajudá-lo. Depois do desabafo, Marcos volta a transitar na trilha dos fatos.

— Você já aplicou esse método de trabalho em alguma outra empresa antes da nossa? Quais foram os resultados?

Habituado ao processo de pensamento por meio de evidências, Marcos procurava um apoio na realidade concreta. Ainda não se sentia convencido e nem seguro de si mesmo para o pulo ao desconhecido.

— Você precisa de uma confirmação que lhe ofereça segurança na decisão de empreendermos juntos essa caminhada. Mas não é possível lhe oferecer a segurança que você deseja, porque, como estamos lidando com a capacidade negativa, que significa aventurar-se no desconhecido e no imprevisível, e mesmo existindo um caso no qual a proposta tivesse dado certo, isso não garantiria que este resultado poderia ser extrapolado para a sua empresa, ou para qualquer outra, e também dar certo ou vice-versa. Pelas características do modelo, tudo depende das circunstâncias e da habilidade com que iremos interagir em cada situação particular, *ad hoc*. Não é possível fazer predições, nem sequer conheço estatísticas que nos oferecessem mais certeza. E os casos de que disponho, embora possam ser animadores, não são suficientes para convencer uma mente capaz de conclusões estatísticas, como a sua. Embora eu possa me colocar no seu lugar e compreender a sua situação, não posso oferecer-lhe certeza, mesmo porque isso seria uma contradição com respeito à teoria na qual esta proposta está estruturada. Por enquanto, a única certeza de que dispomos é que o método tradicional, que poderíamos chamar de positivista, não funciona. Mais do que olhar para os dados objetivos da realidade, a sua decisão deverá buscar apoio na sua vontade de luta, na sua coragem para abandonar o conhecido e enfrentar o incógnito, na confiança em você mesmo e na que a minha pessoa o inspire como guia e parceiro nessa caminhada. O risco faz parte e não pode ser eliminado.

A atitude de Rafael, que não promete certezas nem milagres, mas compreende o seu sofrimento, inspira Marcos a ousar.

— Creio que você já sabe que, embora eu tenha algum receio, pois a situação é para nós completamente nova, a minha decisão já foi tomada. Espero não estar equivocado, de todas maneiras, e, como você diz, a outra solução que conhecemos não deu certo.

O semblante de Marcos mostra que sua conexão com a experiência de fracasso parece operar com força. Ele prossegue:

— No entanto, os fatores que ocasionaram o fracasso ainda existem. Por exemplo: sinto como se houvesse uma disputa, em vez de uma união, entre a Garantia da Qualidade e o resto da empresa. E, diante disso, nós também acabamos desenvolvendo mais a nossa habilidade para nos proteger do que aquela que precisaríamos para implantar e ajudar, como deveria ser a nossa função.

Marcos vê o problema operando da pele para fora, ocasionado pelas outras pessoas. Rafael fica calado, esperando que o gerente se aproprie de todo o tempo que necessite para ser ouvido empaticamente na expressão de suas angústias. Marcos então continua:

— Creio que as pessoas se escondem dentro das suas áreas e fazem somente aquilo que creem que não podem deixar de fazer porque senão ficariam expostas... e ninguém é bobo! Mas, quando não estamos por perto, dão aos subordinados instruções para resolver de imediato, e o mais rápido possível, os problemas da produção, ou do que quer que seja, deixando de lado os procedimentos e as rotinas da qualidade. Parece-me que estamos fazendo apenas uma encenação, uma comédia... ou melhor, um drama, "só para inglês ver"! Se você atentar para o nosso sistema, encontrará uma coleção de quebra-galhos. Depois somos nós que devemos correr atrás do prejuízo, pôr a cara frente aos clientes e prestar contas pelo andamento do sistema.

E outra vez parte para o apelo emocional. Novamente Marcos fica dono do silêncio. E retoma:

— Você não imagina quão intenso e desgastante é o nosso ritmo de trabalho na Garantia da Qualidade, a vida não é mole para ninguém. Trabalhamos até 12 horas por dia. Às vezes, sinto também que a própria direção não nos compreende e complica o nosso trabalho. Por exemplo, quando acionada por alguém que esteja premido pelo cumprimento de algum prazo que ele próprio deixou de administrar, tolera, para cumprir compromissos de faturamento ou de entregas, que algum procedimento da qualidade seja postergado ou colocado em *by-pass*.

Rafael percebe na fala de Marcos um grupo cindido em guetos e alianças – dinâmica da qual a própria direção participa – e confirma assim a identificação de um dos mais sérios obstáculos para a consecução do objetivo de transformar a gestão. Marcos continua:

— Uma outra dificuldade está na capacitação de algumas das pessoas que comandam as áreas para o uso do sistema da qualidade e as suas ferramentas. Inclusive algumas das gerências, que ainda não entenderam, por exemplo, o conceito de controle estatístico de processo e a importância de conhecer e atuar nas causas especiais de desvios ou no conceito de prevenção de falhas de processos (FMEA)[29]. Eles veem esses estudos como uma perda de tempo que, na realidade, servem apenas para justificar a nossa presença e cuja única consequência real é atrasar a produção. Eles não têm a fé suficiente para resistir às pressões e às críticas que acham que irão receber se, por atenderem a alguma das exigências da Qualidade, deixarem de atender a alguma outra que julguem mais concreta, habitual ou imediata, como o faturamento, uma data de entrega, a redução aparente de um custo etc. Creio que eles têm medo das críticas que poderiam receber – ou até já receberam – do nosso presidente, a quem, por outro lado, não saberiam explicar e, menos ainda, defender as necessidades que o sistema da qualidade demanda. Nós, às vezes, não sabemos o que fazer, porque temos consciência de que, com essas atitudes, jamais iremos conseguir as evidências que o sistema de qualidade exige e, portanto, continuaremos também sem conseguir a homologação ISO 9000, que já estamos perseguindo há mais de um ano.

Marcos fica expectante e cindido, aguardando a reação de Rafael ante essa sensação de desamparo. Por um lado, espera que o problema abata também o consultor para confirmar que não é só ele o incompetente e, por outro, deseja que Rafael consiga encontrar uma saída para ir em frente com o desafio. Antes de imaginar alternativas para transformar a realidade, Rafael se embrenha na dinâmica de emoções que envolve Marcos.

— Você se sente neutralizado frente ao imbróglio que deve enfrentar para poder realizar o seu trabalho. Por um lado, conhece muito bem as demandas que o sistema da qualidade impõe e sabe que, mesmo se houvesse compreensão, convencimento e boa vontade de todos, ele exigiria um grande esforço adicional e total dedicação para atendê-las, dadas as características da sua empresa e dos seus produtos. Sem existir o convencimento, então, a questão parece insolúvel.

---

[29] *Failure Mode and Effect Analysis* é um método utilizado para prevenir falhas e analisar os riscos de um processo, por meio da análise de causas e efeitos para identificar as ações que serão utilizadas para inibir as falhas.

— É assim! – diz com a resignação de um prisioneiro injustiçado, com consciência de que vai ser submetido a um castigo inevitável.

— Todavia, como as pessoas não estão convencidas, e algumas delas nem suficientemente preparadas, ao que também se soma uma baixa possibilidade de diálogo, alguma desconfiança e ressentimento, a situação se complica mais. Também se percebe alguma incoerência da direção, que não lhe estaria dando o apoio incondicional que você esperaria, por exemplo, na resolução dos conflitos típicos das situações de implantação da qualidade, como o clássico dilema entre produção e qualidade.

Rafael, colocando-se no lugar de Marcos, descreve a paisagem sistêmica que o colega poderia estar experimentando, com o intuito de que este se sinta compreendido, ao menos por Rafael. Então faz uma pausa para que Marcos possa confirmar que Rafael está entendendo a situação dele e não tratando de desqualificá-la ou de relativizá-la. Depois segue:

— Ainda mais: o seu grupo se percebe sozinho, pregando no deserto, com poucas forças para sensibilizar os seus colegas sobre as necessidades da qualidade. Tenho a impressão de que você se sente como se estivesse na areia movediça, afundando-se em cada movimento, ou num labirinto para o qual não encontra saída. Talvez já até tenha dúvidas sobre se a Qualidade seria possível, ou não, na sua empresa. Quem sabe o espectro do fracasso o faça se perguntar até onde investir suas energias no programa, frente a um retorno tão pequeno.

Rafael exprimiu uma resposta que envolvia o conteúdo e o sentimento que permeavam Marcos, que responde:

— É isso! – seus olhos brilham ao se ver compreendido.

Logo depois, Marcos fica triste pela sua sofrida situação. Rafael aposta que a tristeza demonstrada por Marcos poderia estar relacionada com uma autocrítica sobre as atitudes que endossou e decide explorar esse veio:

— Pareceu-me, quando você fala, que uma das coisas que mais o frustram é a situação adversa e complexa que o impede de ajudar os colegas. Pelo tom da sua voz no relato, não me pareceu que você estivesse com raiva deles, apesar da indiferença ou agressividade deles para com você e o seu time como representantes da Qualidade.

Quem está com raiva não consegue evitar que isso transpareça no modo de falar, entonação, inflexões da voz – aqui Rafael capta uma comunicação não verbal de Marcos ("o tom da voz..."), que enriquece a compreensão e o diálogo e amplia o horizonte de percepção dos próprios sentimentos do ajudado. – Talvez você não tenha encontrado até agora nenhuma outra alternativa senão a de se defender, mas creio que não se sente bem se escondendo e, se pudesse, se encontrasse uma maneira, gostaria de ajudá-los, não apenas por altruísmo, mas também porque tem consciência de que essa é a sua – e a nossa – mais nobre missão.

Marcos toma contato com os seus sentimentos despercebidos e descobre que eles são mais tranquilizadores do que medonhos. Rafael percebe certo alívio na voz do Marcos.

— É verdade, não tenho mágoas deles e creio que tampouco os meus subordinados tenham ressentimentos irreversíveis, embora soframos todos bastante com isso.

— Pensando agora nas pessoas com as quais vocês interagem, você acha que essa hostilidade está dirigida a você ou ao seu grupo?

Marcos fica uns segundos em silêncio, aparentemente pensando em algo que não lhe tinha ocorrido questionar antes. Até esse momento, via a si e sua equipe como vítimas em permanente fogo cruzado. Não lhe havia ocorrido que esse cenário poderia ter sido criado por eles mesmos devido a uma leitura parcial da realidade que viviam. As emoções podem obnubilar a percepção da realidade.

— Em geral, não me parece que seja assim, pode ser que exista algum caso particular isolado, mal resolvido, mas na realidade creio que nós recebemos o impacto dos protestos como qualquer outro que estivesse no nosso lugar receberia.

Nessa altura, Rafael sente que Marcos está muito disposto a ouvi-lo. A sua expressão facial comunica a Rafael nitidamente que quer que ele fale. Esse é um ponto importante do diálogo para Rafael levar em conta, e a partir de agora sua fala terá um viés mais factual e menos emocional.

— Com certeza, para eles a Qualidade não tem sido uma experiência agradável, enfiada goela abaixo e sem levar em conta as suas dificuldades; como foi feito até agora, somente poderia gerar medo, antipatia e exacerbar as resistências deles. No entanto, talvez eles estejam dispostos a compreender, se forem abordados de uma maneira que eles aceitem.

— É verdade. Sempre se esperou que eles estivessem dispostos a entender as necessidades da Qualidade e da empresa. Investiu-se muito no programa, em técnicas, em maquinarias de última geração, mas poucos esforços têm sido feitos para conhecer as necessidades deles. Como alguns têm formação insuficiente ou, pior ainda, não têm formação alguma, devem ter medo de não poder atender às demandas e certamente veem a Qualidade como uma ameaça ao seu emprego – e a nós também, obviamente. Você acha que eles poderiam mudar se alguém pudesse ajudá-los?

A capacidade negativa permitiu que Marcos se questionasse se a dificuldade para mudar seria uma consequência das limitações dos outros ou da falta de capacidade para ajudá-los. Começavam a ser esboçadas as condições mentais para que o problema pudesse ser transferido de fora para dentro. Rafael diz:

— Você já intui a minha resposta, e ela coincide com a sua: é sim. Porém, é possível que você espere que esse alguém seja eu, o que não é adequado. Para que seja efetiva no longo prazo, a ajuda deverá provir de você e da sua equipe.

— Entendo, e não me falta vontade, mas não saberia como fazer. Como lhe disse, já tentamos e não deu certo.

Marcos revela alguma frustração no seu semblante e fica expectante pela resposta do Rafael. Este, por sua vez, não esboça uma resposta diretiva, como Marcos deseja, e decide consolidar a assimilação das premissas da origem do problema.

— Eu também não, no momento, mas isso não é importante. Antes que tratemos do como fazer, é fundamental que se cumpram algumas condições: em primeiro lugar, que você e a sua equipe tenham claro que, se eles não puderem ser ajudados – seja por causa das limitações deles ou nossas –, o programa não terá chance nenhuma de sucesso.

— Concordo.

— Em segundo lugar, que vocês estejam autenticamente dispostos a ajudá-los e sejam capazes de esquecer os desencontros do passado, mesmo expondo-se a colher frustrações em troca do seu empenho. Vocês são fortes e estruturados, certamente mais do que muitos deles, e têm grandeza de espírito suficiente para relativizar e passar por cima das ofensas. Creio que vocês apenas precisam de alguma orientação sobre como lidar com os aspectos psicológicos da interação, e, para isso, estarei junto; conclui-se que cabe a vocês ajudá-los e não o inverso.

Rafael visa dissipar a expectativa de soluções externas, messiânicas, que possivelmente estejam instaladas na mente de Marcos ou de sua equipe.

— Tem razão, é preferível se expor a viver escondido ou se defendendo.

— Em terceiro lugar, antes de pensar em como ajudá-los, é necessário saber do que eles precisam, e não apenas supô-lo por nossa conta. E, para isso, temos de nos colocar no lugar deles, em vez de pedir para que eles se coloquem no nosso lugar, como tem sido feito até agora. Por exemplo: talvez, por esse caminho, cheguemos à conclusão de que, mais do que nosso conhecimento, eles necessitariam da nossa paciência e afeto para fazê-lo acessível ao seu grau de preparação técnica e gerencial. Cumpridas essas condições, pode ser que o "como" surja naturalmente.

Rafael pôde construir essa fala a partir de sua experiência real como gerente e líder na Metalead, onde a convivência com os funcionários o obrigou a mudar seus paradigmas. Na bagagem, ele não tem apenas experiência adquirida cognitivamente, mas sim a experiência emocional no sentido de Lionel Stapley, já mencionado antes neste livro.

— Nunca, até agora, tínhamos encarado a questão dessa maneira. O que você diz me fornece material para refletir e depois conversar com a minha equipe sobre essa perspectiva, que, embora não saiba bem por quê, me anima para ir em frente.

Uma mudança catastrófica estava acontecendo na mente de Marcos. Ele estava se dando conta de que, a despeito do seu hábito racional de engenheiro, se quisesse vencer o desafio deveria agora mergulhar no desconhecido, sem ainda ter enxergado o "como", estimulado pela sua intuição, pela fé em si mesmo e pelo apoio e compreensão de Rafael no seu papel de *coach*.

— Você tem razão quando reprova a postergação da qualidade frente aos compromissos cotidianos de faturamento, prazos a serem cumpridos etc. por algumas pessoas, especialmente a diretoria. Ao tomar essa atitude, essas pessoas estão transmitindo que, para elas, em alguns momentos, a qualidade não está em primeiro lugar, como gostaríamos que estivesse, e como acreditamos firmemente que deva estar.

— É verdade!

— Creio que você tem consciência de que censuras, críticas ou reclamações sobre este proceder deles pouco adiantarão, e os seus efeitos, se algum aparecer, serão de curto prazo, para depois voltar tudo ao que era.

Marcos assentiu com a cabeça.

— Em vez disso, pode ser conveniente tecermos algumas hipóteses sobre o porquê de eles sentirem e agirem assim. Parece-me que seria ingênuo supor que o façam por ignorância ou por comodismo, mesmo devido à hierarquia das pessoas das quais estamos falando, que inclui o próprio presidente. Quem sabe a atitude parta de uma falta de confiança não explícita, não na teoria da qualidade, cujos bons resultados no Japão e no mundo eles conhecem, mas no nosso sistema de qualidade, o qual veem ainda mais como uma promessa do que como uma realidade. Pelo que você disse há pouco, e embora não caiba nem ajude culpar a Garantia da Qualidade nem ninguém, o nosso sistema apresenta falhas que dariam motivos para eles se sentirem assim.

— É verdade.

— Pelo contrário, as demandas do dia a dia são concretas e inexoráveis e, se não forem atendidas, não haverá sistema nem empresa... acontece que é com elas que a qualidade deve primeiro disputar e, depois, conquistar o seu espaço.

Rafael fez uma pausa durante a qual Marcos ficou pensativo e depois continuou:

— Parece óbvio que, para o sistema de qualidade ganhar esse espaço, antes deverá conquistar a confiança da comunidade da empresa sobre a sua eficácia e eficiência. Mas não teria sentido falar em confiança no sistema sem falar na confiança nos homens que o criaram e o mantêm.

— E no seu parecer, nós não infundimos essa confiança.

— Qual a sua opinião autocrítica, levando em conta que estamos falando da percepção dos seus colegas a respeito da eficácia e eficiência da Garantia da Qualidade, e não fazendo um juízo de valores sobre a equipe em termos de honestidade, conhecimento, dignidade, seriedade ou lealdade?

— Que não, pelo menos não o suficiente. Creio que você tem razão, se tivéssemos mais prestígio, a qualidade teria outra resposta de todos. Interessante, até agora achava que a postergação da qualidade era uma falha deles e que nada podíamos fazer para mudar essa situação, mas agora você devolveu o problema para nós ao dizer que ela acontece porque nós não inspiramos confiança.

Outra vez, a mudança catastrófica quebrou as crenças consolidadas e abriu uma nova perspectiva para o pensamento de Marcos, que resultou na possibilidade concreta de transferir as causas das dificuldades do ambiente externo para a realidade interna da sua área e também da sua pessoa. Rafael prossegue:

— Não afirmo que seja somente por isso, mas também por isso. Há uma quantidade de fatores, muitos dos quais nunca iremos conhecer e sobre os quais não temos controle, que poderiam estar levando a postergar a qualidade, em vez de colocá-la no primeiro lugar.

— É possível que existam outros fatores sim, mas creio que devemos nos concentrar na parte que nos cabe, que surgiu agora na nossa conversa e que se refere a construirmos outra imagem da Garantia da Qualidade e redesenhar o nosso papel frente aos colegas da Estamper. Deverei pensar agora o que posso fazer para mudar essa percepção.

— Creio que essa sua postura pode ser mais gratificante para você e sua equipe. No meu parecer, não terão de trabalhar mais, mas trabalhar de maneira diferente. O que você acha?

— Esse *insight* ilumina duas perspectivas para mudança, uma interna e outra externa. Creio que internamente, na gestão da minha própria área, devo rever a minha postura de liderança. Talvez eu tenha me deixado cooptar por uma espécie de pessimismo e descrença que reina no nosso entorno. Por isso, devo ter descuidado também do desânimo e da falta de motivação da minha equipe. Por mais que eu nunca tenha verbalizado isso, é possível que eles o tenham captado na minha fisionomia ou nas minhas atitudes. Pelo ponto de vista da relação do papel da Garantia da Qualidade com as outras áreas, penso que também há possibilidades de mudar bastante. Poderíamos começar nos concentrando menos na auditoria e mais na ajuda para a resolução de problemas de qualidade. Um exemplo seria a utilização na prática das ferramentas da Qualidade. Partimos do pressuposto de que os responsáveis das áreas operativas estariam familiarizados com elas e usando-as rotineiramente, pois fizeram alguns treinamentos, mas é possível que não seja bem assim. Aparece aí uma boa possibilidade de ajudarmos. Também podemos ajudar numa questão que os pega bastante, que é análise e solução de não conformidades. Como você sabe, essa é uma atividade que demanda dedicação, concentração, persistência e tempo, pois parte de uma investigação do problema, das suas causas, antecedentes, do uso de métodos de solução científica de problemas, atualização de cronogramas e interação com o cliente interno ou externo. Na agitação do dia a dia, concentração, persistência e disponibilidade de tempo são difíceis. Em lugar de cobrar e esperar que eles resolvam sozinhos as não conformidades que pipocam nas suas áreas, poderíamos mostrar nossa disposição para atuar junto com eles. Mesmo que não possamos pôr o sistema em dia, creio que eles nos sentirão mais parceiros.

A situação evocava em Rafael experiências que ele mesmo, exercendo papel semelhante ao de Marcos, havia vivido na Metalead, e, como ele, sentira-se em uma rua sem saída. Naquela época, custou muito a Rafael mudar de vértice para enxergar o problema por outra ótica. Agora via que Marcos estava chegando muito mais rápido às mesmas ideias que ele, a duras penas, teria construído para abordar o problema. Marcos era tão competente quanto ele. E como para Marcos, sozinho, era difícil pensar! Foi ele mesmo quem encontrou um caminho e chegou mais rápido porque teve um espaço e um acolhimento onde pôde descontruir e reconstruir o seu pensamento. Para conseguir os resultados, faltava apenas enxergar o problema por outro vértice.

— Creio que você encontrou um caminho. Se transitar por ele, construir a confiança da comunidade em você e na sua equipe, não será uma tarefa muito difícil, porque a matéria-prima é boa. Eu, por exemplo, confio em vocês, na sua garra e nobreza. Talvez você se pergunte: se é tão fácil, por que nós não a construímos até agora?

— Sim, me pergunto.

— Creio que isso se deva ao fato de nunca terem atentado para a sua importância e o seu potencial transformador. Até agora, isso foi pouco relevante no processo de implantação da Qualidade e, portanto, não foi objeto de um investimento sério. Até o momento, a implantação se concentrou nos aspectos técnicos e racionais do sistema, mas as questões éticas e afetivas passaram despercebidas e foram descuidadas. Parece que foi assim nas tentativas anteriores.

— Tem razão, é uma outra maneira de pensar, que a nossa formação não nos ensinou.

A perspectiva da capacidade negativa permitiu a Marcos expandir as fronteiras das suas limitações, dando espaço para o pensamento e transformando o seu dilema original em problema. O dilema o enfrentava com uma encruzilhada, já o problema lhe oferecia inúmeros caminhos alternativos. A mente de Marcos teria, a partir dessa mudança, condições muito melhores para liderar a difícil transformação cultural, o que realmente fez com bons resultados, contribuindo grandemente para que a sua empresa conseguisse, alguns meses depois desse diálogo, a tão almejada homologação ISO 9000.

Mas, para conseguir essa evolução, Marcos, em momentos cruciais da sua trajetória de engenheiro, assim como Rafael, teve de relativizar a sua perspectiva de pensamento de base racional para ceder espaço a uma outra que levasse também em conta as questões da natureza afetiva humana. Nesse trânsito, não pôde se poupar de enfrentar sofridos momentos de dúvida, incerteza e provisoriedade. Nesse processo, a ajuda para pensar que lhe foi oferecida, e que ele soube aceitar, teve real importância, mas foi a sua coragem para a imersão no desconhecido que fez diferença significativa na sua vida e na sua empresa.

Esse diálogo e as consequências dele confirmaram a Rafael que havia encontrado um sentido para a missão profissional que adotou. Sentiu alegria de transformar a sensação de náufrago de Marcos em uma possível, embora difícil, perspectiva de realização. De fato, Marcos conseguiu imprimir à sua área um impulso eficaz e teve um papel decisivo na coordenação dos trabalhos que resultaram na homologação ISO 9000 da Estamper.

Capítulo 14. *Coaching* e *mentoring* – Um estudo de caso

A história

Rafael acreditava cada vez mais que a eficácia do seu papel como *coach* estava vivamente relacionada à integração das capacidades positiva e negativa. Na sua nova experiência profissional podia explorar de muitos modos a dinâmica entre esses fatores, como ocorreu no caso exemplar de Edson, a quem prestou ajuda.

Edson, um engenheiro com especialização em TI, na época com 36 anos, casado e com dois filhos, era supervisor do sistema de informática de uma importante corporação bancária. A sua função era essencial, pois a organização dependia, como é obvio, da qualidade e da presteza da informação para garantir a realização dos negócios *on-line*. Uma falha poderia custar muito dinheiro.

Edson havia passado por várias experiências laborais como empregado de empresas nas quais "não se tinha encontrado". Sua história na informática havia começado de maneira singular. Havia 15 anos, em um dos seus primeiros empregos, uma pequena empresa onde desempenhava tarefa burocrática e pouco motivadora, o proprietário indagou aos empregados se alguém sabia lidar com computador. Edson afirmou que sabia. Não era verdade; ele sabia, sim, que não gostava do que fazia na função em que estava. Era nessa época muito jovem e não tinha ainda formação técnica. Aventurou-se em sua capacidade negativa e empenhou-se em estudar vigorosamente os meandros da informática, seus hardwares e softwares. Saiu-se bem. Começou a partir daí a cursar engenharia. Esse salto no escuro iria influenciar e definir sua trajetória profissional dos anos subsequentes.

Edson, no entanto, não se estabilizava nos empregos, mesmo conseguindo resultados. Em vez de cuidar da construção de relacionamentos, refugiava-se na individualidade e na racionalidade – frequentemente, na racionalização[30]. Tinha dificuldade para

---

[30] Racionalização, para a psicanálise, é um mecanismo de defesa que consiste em encontrar falsas boas razões para justificar os próprios fracassos ou reduzir a dor das frustrações.

expressar e receber afetos na vida profissional e familiar. Concentrava-se na perspectiva técnica, na capacidade positiva. Não se atrevia a estabelecer relacionamentos e comunicar afetos, tinha medo e não sabia nem como começar. Temia ficar vulnerável ou ridículo ao expor sua nudez afetiva. Por isso não criava apegos e vivenciava apenas parcialmente a realidade da gestão, que ficava então árida, sem o sabor de aventura condizente com o imprevisível enigma próprio do relacionamento humano. A vida interior contrastava, no entanto, com a exterior, pois Edson era capaz de empatia, identificava-se com as outras pessoas, sentia alegria e compaixão, curtia teatro e literatura humanística. Mas a criação de vínculos ficava impedida pelo temor que lhe ocasionavam os afetos.

A cada período de três anos, aproximadamente, ocorria como que uma saturação, disse Edson a Rafael na primeira sessão de *coaching*. Edson sentia-se angustiado e ansioso nas sucessivas situações de emprego nas quais não encontrava realização. Buscava então outra colocação e demitia-se da anterior, como se acreditasse que uma nova empresa lhe traria oportunidades de realização ainda não identificadas por ele. Esperava que as empresas lhe mostrassem seu caminho, em vez de assumir que suas escolhas eram responsabilidade dele. A dificuldade no exercício da capacidade negativa resultava em dispersão, na necessidade de fazer algo (no caso, mudar de emprego) para não enfrentar a incômoda realidade interna de não saber o que fazer. Aterrissou, por fim, na instituição bancária na qual trabalhava quando procurou *coaching*.

A falta de capacidade negativa: consequências

Nas fases iniciais do trabalho com Rafael, Edson relatou uma crise com um subordinado, responsável pelo setor de TI em uma sucursal do banco, distante da matriz onde ele e sua equipe trabalhavam, mas que estava sob sua responsabilidade final. O subordinado anterior, indicado por Edson, havia se demitido, deixando acéfalo o grupo que conduzia. O fantasma do descontrole atiçou a ansiedade de Edson, que, então, logo recomendou a promoção de um técnico muito competente da sua equipe central para cobrir a coordenação de TI na sucursal. Esse técnico, no entanto, não tardou em cometer falhas expressivas de coordenação que puseram em risco o sistema da sucursal e, dizia Edson, o prestígio dele próprio, assim como o de toda a equipe. Ele reconhecia que o técnico estava falhando, mas não percebia a sua responsabilidade nisso. E qual seria sua responsabilidade? – perguntava-se na sessão com Rafael. Era ter indicado o técnico sem refletir emocionalmente, comandado pela necessidade de remover sua própria ansiedade frente a uma situação que julgava fora de controle e, portanto, o mortificava. Rafael, percebendo as respostas de Edson contaminadas pela emoção, desorganizadas, decidiu recorrer à razão na leitura da realidade como fator de equilíbrio. Na reflexão serena do processo de *coaching*, convidou o *coachee* a relacionar as competências que aquela função exigia, confrontando-as com as do técnico. Em conjunto, estabeleceram este quadro:

Exigências da função	Adequação do técnico
Alta competência técnica	Atendia plenamente a este requisito
Administração de conflitos, ambiguidades e incertezas	Não estava preparado neste requisito
Cultura da sucursal em divergência com os pressupostos da cultura central. Ciúmes, disputas e competitividade corporativa eram habituais	Também não estava preparado para transitar nessa fronteira intercultural.
Liderança da equipe de TI da sucursal	Não tinha experiência nem conhecimentos na arte de liderar pessoas
Habilidade relacional e política para lidar com os clientes internos da filial e da administração central	Carecia dela

Indagado por Rafael sobre seus sentimentos frente a essa conjuntura, Edson percebeu no processo de *coaching* que estava irritado e frustrado com o subordinado. Este parecia estar desperdiçando uma ótima oportunidade e decepcionando-o. Nesse contexto, compreendeu – com uma mistura de surpresa, frustração e, por fim, alívio – os subterfúgios do funcionamento inconsciente da projeção. Pois não era o técnico que havia falhado, mas o próprio Edson ao fazer uma indicação inadequada. Essa avaliação objetiva agora lhe parecia gritantemente óbvia. Passou então a se irritar com ele próprio. Se pudesse, até se puniria.

— Por que não fiz essa análise antes de atuar? – perguntou-se.

Aventou a hipótese de que, para não ter de suportar a ansiedade, partiu para a ação. Faltou-lhe a capacidade de tolerar o não saber e poder pensar. Por outro lado, tinha consciência de que, quando em paz, sabia pensar! Falhou a capacidade negativa, ou seja, não houve espaço mental para o não fazer reflexivo, que, por meio da fé nas próprias competências, possibilita a criatividade.

Cogitou que talvez conviver com a falta do coordenador durante o tempo que permitisse encontrar uma pessoa mais preparada para a função teria originado menos inconvenientes na filial e no departamento de TI. Essa descoberta o abalou. Mas esse intervalo sem controle era impensável para ele naquela época. Com tal percepção, entrou em contato com a dinâmica que até então comandava suas decisões e o embate com as consequências.

Mais ainda, descobriu no processo de *coaching* que mesmo ele não estava preparado para algumas das demandas que a situação exigia do seu técnico – por exemplo, liderança, habilidade política, gestão de conflitos e de ambiguidades. Estava então frente a uma desagradável constatação. Agora, contrariado consigo mesmo, percebia-se injusto e culpado. Constatou que esperava do subordinado feitos para os quais ele próprio não tinha habilidade, que teria de desenvolver para progredir na carreira. Por essa percepção da realidade, ficou estabelecido um alvo do processo de *coaching* para crescimento pessoal e profissional: desenvolver a capacidade de pensar em situações de ansiedade. Rafael sentiu o prazer da realização pessoal, inspirado pela eficácia da ajuda oferecida ao cliente.

Na empresa, Edson conseguiu contornar a conjuntura da sucursal ajudando o seu técnico com um plano de contingência para as questões operativas, o que foi relativamente fácil para ambos, pois eram muito competentes na técnica de TI, ou seja, na capacidade positiva. Paralelamente, Rafael lembrou que já havia tido situações parecidas quando fora gerente na Metalead.

Edson aumentou a frequência às sessões de *coaching* para melhor compatibilizar sua vida interna com a realidade externa e resolver as questões de interface relacional. Enfrentou diretamente as situações que envolviam competências para as quais seu técnico não estava preparado, ao mesmo tempo ensinando e aprendendo com ele. Corajosamente, buscou administrar nessa oportunidade a integração entre razão e emoção.

Estabelecendo objetivos

Edson demonstrou, logo no início do processo, seu comprometimento com uma perfeição olímpica e radical; onipotente. Rafael as intuía como um refúgio ou resguardo diante das emoções – uma ilusão de perfeição oceânica mais do que a busca de aprimoramento para fazer melhor o que já se faz bem. Buscaria perfeição na qualidade técnica para compensar a imperfeição que sentia na área interpessoal? Rafael sentia que seu *coachee* também fazia pairar sobre ele próprio sua expectativa de perfeição. Somente alguém perfeito poderia ajudar alguém que pretendia ser perfeito.

Quando procurou Rafael para esse trabalho, Edson não tinha clareza sobre as suas pretensões. Talvez o objetivo inicial da procura fosse descobrir o que queria. Estava frustrado e confuso na sua relação com o banco (onde já estava havia dois anos), que, por um lado, possibilitava a aplicação das suas competências e, por outro, era asfixiante: havia pressão por redução de custos, dificuldade em conseguir objetivos com seu time, cultura empresarial que ele percebia imediatista, competitiva e individualista, da qual se sentia prisioneiro. Procurou o *coaching* porque tinha consciência de ter um potencial de competências que não estava podendo trazer à tona. Talvez sua reprovação do individualismo na corporação o tenha levado a perceber o efeito que poderia estar causando no seu entorno o seu próprio individualismo e a buscar, no *coaching*, alguma alternativa para superá-lo. Intuía que sua frustração estaria mais relacionada com ele mesmo do que com a instituição.

A leitura que Edson fazia desse contexto sugeriu a Rafael que o cliente estivesse em contato com seu próprio mundo interior, um bom prognóstico para o processo. Edson era também coerente com seus princípios ao contratar e pagar os honorários do *coach* com seus recursos de assalariado, embora existisse a possibilidade de ser subsidiado pelo empregador. Só quando o trabalho estava muito avançado, ele veio se inteirar dessa possibilidade. Outro indicador de bom prognóstico.

Para iniciar, estabeleceram alguns objetivos como melhorar a sua qualidade de vida por meio de um processo exploratório que permitisse identificar as amarras que o impediam uma interação mais leve e eficaz com o entorno profissional e familiar e ainda, se possível, delinear algumas maneiras para contorná-las. Por sua vez, a melhoria na qualidade de vida resultaria em melhor qualidade na administração da dinâmica razão-emoção.

Outro objetivo foi trazer à tona o que o emprego naquela instituição significava para ele. Nesse sentido, Edson também estava confuso e ambíguo: por um lado, pensava em mudar de emprego; por outro, queria melhorar seus resultados e, por fim, cogitava preparar-se para abrir uma empresa própria para soluções de informática. Por isso, foi firmado também o objetivo de construir uma visão de futuro para sua vida profissional. O trabalho com Edson transformou-se em *mentoring*, pela sua extensão e pelos objetivos de desenvolvimento profissional e pessoal.

Desenvolveu-se em sessões quinzenais de duas a três horas de duração e estendeu--se por dois anos.

Em um intervalo entre dois encontros, Edson enviou um e-mail para o mentor detalhando as percepções sobre si próprio: eram reveladoras de grande dificuldade para suportar a frustração. Ela provocava nele uma insuportável ansiedade, da qual buscava aliviar-se por meio de atuações e dispersões. Essa dificuldade de base emocional, Rafael cogitava como um déficit de capacidade negativa. Fundamentavam sua hipótese manifestações como a apresentada nesta mensagem de e-mail:

> *-Dificuldades e problemas para lidar com cobranças me causam sentimentos negativos como raiva, indiferença, vingança, retaliação. Quando as coisas não saem como eu quero me irrito e me frustro. Emergem sentimentos negativos [dispersão em reações emocionais: raiva, vingança etc.].*
>
> *-Pressão leva a pensamentos de desistência.*
>
> *-Me vejo fugindo do turbilhão de pensamentos, medos, anseios, imagens, sons internos.*
>
> *-Retração nessas situações, tendência a buscar isolamento [aqui a defesa contra a ansiedade aparece como uma resposta emocional: o isolamento].*
>
> *-Busco calar a voz interior e os pensamentos mantendo a mente ocupada todo o tempo: lendo, estudando, trabalhando, deixando a TV ligada a noite toda, buscando problemas para resolver.*
>
> *-Tanto busco fazer sempre algo diferente, crescer, mudar e evoluir que no final das contas não percebo que fiquei preso em um beco sem saída, em um labirinto onde vou viver o tempo todo na expectativa de encontrar uma saída que não existe, onde as paredes não são reais, mas sim criadas por mim mesmo?*
>
> *-Mais um ciclo de três anos se aproxima, a força da necessidade de mudança aumenta mais e mais. Isso vem ocorrendo há tempos: começa em julho e culmina em outubro e novembro, período de minhas últimas trocas de emprego [dispersão na ação].*
>
> *-Voltou a sensação de que o ambiente está me fazendo mal, que drena minhas energias e que preciso me livrar desse peso e dessa angústia.*
>
> *-As pessoas que não aprendem rápido como eu ou não querem aprender e sair de sua zona de conforto me irritam.*

> *-Necessidade de estar no controle da situação, saber tudo que acontece.*
>
> *-Necessidade de mudar continuamente. [dispersão na ação].*

Edson intuía que alguns aspectos arcaicos de sua personalidade poderiam estar associados a essa dificuldade em dar respostas adequadas à realidade e em cuidar da qualidade de vida. Sinalizava tal intuição em outro e-mail:

> *-Contato com minhas próprias resistências quando algo me é imposto ou conflita com uma iniciativa minha em andamento.*
>
> *-Medo de viver, de conhecer coisas e pessoas novas, de mudar de rumo, fazer diferente.*
>
> *-Parar para me ouvir!*
>
> *-Acredito que as pessoas não gostam de mim.*
>
> *-Querer ser o melhor e fazer o melhor me torna escravo.*
>
> *-Qual a origem dessa necessidade de aceitação, de ser o centro das atenções, venerado, respeitado, querido? Eu não me conheço, não sei quem sou e o que estou fazendo aqui.*

Estava aqui a matéria-prima inicial para o trabalho de *coaching*. O desenvolvimento de capacidade negativa está relacionado ao fortalecimento da autoimagem em uma perspectiva de equilíbrio (ou harmonia) com a realidade. Resulta em interação adequada entre o mundo externo e o interno. É uma espécie de *trade-off* entre a autoconfiança (ou fé em si mesmo) e a correta leitura da realidade externa. Isso quer dizer: a adequada percepção de si próprio, dos próprios potenciais, competências e limitações, permite ao indivíduo assumir papéis que lhe são pertinentes e obter respostas condizentes consigo. Traz capacidade de se mimetizar de acordo com as circunstâncias, na metáfora do camaleão (SIMPSON; FRENCH; HARVEY, 2002). Não era o que acontecia com Edson. Posturas onipotentes oscilavam entre outras de baixa autoestima e impotência, sempre com vestes rígidas. Elas emanavam da sua dinâmica emocional evocada pela realidade externa, porém frequentemente dela defasada. Manifestavam-se como irritação ante as cobranças, ilusão de perfeição, alternando-se com carência afetiva, necessidade de ser aceito, medo de viver, dificuldade para aceitar o novo.

Sintoma: falta de presença?

Em certa ocasião, Edson relatou a Rafael que, culminando uma longa conversa com um dos seus subordinados, produto do processo de *coaching*, pediu-lhe um *feedback* perguntando: "como eu poderia ajudá-lo mais?".

Depois de alguns instantes de reflexão, o funcionário respondeu: "você poderia estar mais perto".

Ele então replicou: "não transfira para mim as suas responsabilidades!"

Foi uma interação não empática que levava incluída uma interpretação pessoal de Edson e não necessariamente a realidade interna que o funcionário tinha se aventurado a comunicar.

Quando relatou esse diálogo no processo de *mentoring,* apercebeu-se da sua inabilidade e pareceu frustrado ter por proferido essa resposta precipitada e algo hostil. Mostrou-se confuso, culpado e arrependido, como se a resposta tivesse sido autogerada e saído por conta própria e não pela vontade dele. Rafael sugeriu que ensaiasse outras maneiras de se manifestar nessa situação, e no contexto da sessão ele o fez de maneira muito diferente:

> *Talvez a abordagem teria sido mais produtiva no sentido de alcançar a aproximação que eu estava tentando com X se, em vez do que lhe disse, falasse: OK, mas o que você quer dizer com estar mais perto? Onde e no que você me vê distante? Intuo que o que você quereria é mais feedback, com maior frequência. Estou certo?*

O relato revelou que um dos fatores adversos no exercício de liderança por parte de Edson era a *falta de presença*, questão crucial para o desenvolvimento de uma liderança mais eficaz. Esse episódio também lhe permitiu entender o papel psicológico do *feedback* como confirmação, reorientação e continência. Além disso, Edson refletiu sobre seu próprio papel como chefe-pai, papel que não estava exercendo na medida certa e cuja falta pode produzir desorientação nos subordinados. "Como se desprende da filosofia de Martin Buber", disse Rafael, "nós buscamos intensamente a confirmação dos outros, porém podemos suportar a sua rejeição; já sermos ignorados é insuportável e nos produz desamparo e alienação". Desamparando um subordinado, nós o deixamos por conta do seu potencial de capacidade negativa. Frequentemente ela não é suficiente e a oportunidade profissional malogra. Era o que fazia Edson, sem pensá-lo, porém, sabendo-o (BOLLAS, 2009).

Mais uma evidência das consequências da falta de presença no exercício da função gerencial apareceu em outro relato. Durante uma sessão, Edson contou que foi solicitado a auxiliar um dos setores do banco que estava processando os dados com velocidade aquém da requerida, o que afetava os clientes externos e internos. O estudo do problema realizado por ele e sua equipe concluiu que o hardware em operação estava desatualizado e devia ser trocado por outro mais moderno. Tratava-se de comprar uma quantidade importante de *desktops* e servidores, com seus respectivos softwares. Isso representava um investimento de vulto para a corporação. Edson desenvolveu uma análise crítica pertinente, que culminou em um belo projeto. Defendeu com perícia a ideia do investimento e conseguiu que a direção da empresa o aprovasse. Satisfeito, acompanhou o processo de cotação e compra dos equipamentos. Delegou a instalação para os seus colaboradores.

Dois meses mais tarde, recebeu dos seus clientes internos – os usuários – uma veemente reclamação de que, embora uma melhoria significativa tivesse sido prometida e o investimento correspondente fosse aprovado e realizado, a lentidão no processamento continuava. Quando investigou as circunstâncias, descobriu que os equipamentos ainda não tinham sido instalados pela sua equipe e isso o deixou envergonhado. Em uma sessão de *coaching*, declarou-se muito frustrado, quase traído, com muita raiva da situação que ele via como falta de responsabilidade e de lealdade por parte dos colaboradores. Eles haviam justificado o atraso alegando sobrecarga de serviços de manutenção, imprevistos e urgentes, que os teriam dispersado do objetivo principal. Por sugestão de Rafael, ambos repassaram o histórico do evento e então encontraram falhas no processo de delegação. A mudança, relativamente complexa, exigia a preparação de um cronograma que desmembrasse o conjunto em subtarefas, responsabilidades (quem faria o quê), limites de tempo e definições, além de convalidação da qualidade esperada para o serviço. A empreitada exigia definir como a qualidade seria medida, estabelecer um processo transitório de testes para entrada em serviço e um plano de contingência para eventuais falhas, além de outros procedimentos. Nada disso havia sido feito. Também teria sido importante acordar entre ele e os colaboradores um método e uma frequência de prestação de contas para as subtarefas de cada um. Poderia ser, por exemplo, reunião semanal rápida com cada envolvido, na qual Edson tomaria contato com as ações realizadas e os obstáculos reais ou imaginários que o projeto enfrentava. Poderia agir a tempo para removê-los, solicitando ou oferecendo ajuda. Isso teria evitado a desagradável surpresa de se inteirar da falha por meio do cliente. Em outras palavras, ele deveria ter aplicado a filosofia PDCA. Isso exigiria de Edson, entretanto, algo que naquele momento não fazia parte dos seus hábitos: disciplina e rotina de interação técnica e emocional com os colaboradores. Ele optou pela passividade, esperando que os colaboradores, por conta própria, se organizassem, definissem tempos e qualidades das tarefas, as avaliassem etc. No *coaching*, deu-se conta de não ter dado à equipe o necessário gesto de confiança. O que fez mais parecia uma aposta, uma espécie de roleta russa. Foi percebido como ausente pelos seus subordinados, que estavam longe de se sentirem responsáveis pela não conformidade.

Em uma sessão que se concentrou no frustrante evento, Edson percebeu que a mudança envolvia riscos na continuidade e na qualidade do processamento dos usuários. Esses riscos poderiam originar ansiedade nos seus funcionários ante o perigo de serem responsabilizados por um eventual desastre. Como já foi dito, a cultura reinante na época no banco não era de aprender com os erros, mas de caça aos culpados. Eles poderiam ter apelado inconscientemente à defesa de protelar a instalação. O que comoveu Edson, porém, foi a percepção de que a paralisia era a maneira que os colaboradores encontraram para fazê-lo tomar contato com o desamparo a que estavam submetidos. Era essa a resposta deles ante o abandono do gestor. Embora ele tivesse delegado a tarefa, ele próprio não demonstrou comprometimento nem com ela nem com os subordinados. Ele teria acalmado a ansiedade e evitado a dispersão se estruturasse a tarefa e definisse limites em conjunto com a equipe. A irritação de Edson evidenciava, mais uma vez, sua defesa por meio da projeção, nos outros, de uma responsabilidade que era sua. Sofreu quando assumiu na sessão que, naquele evento, havia adotado o papel de desertor quando o adequado teria sido o de defensor. Rafael, então, convidou-o a aventar qual imagem os colaboradores poderiam ter formado dele, o que rendeu outra revelação desconfortável:

> *A minha passividade pode ter sido interpretada por eles como arrogância ou, no mínimo, comodismo.*

Embora dolorosa, essa experiência emocional serviu para Edson compreender o papel adequado que deveria assumir dali em diante para conseguir resultados por meio de pessoas, se quisesse evoluir na carreira e inspirar a disposição dos seus colaboradores. O evento resultou em rico descobrimento: a eficácia exigida pela função no gerenciamento dos sistemas estava diretamente relacionada a uma presença muito mais expressiva e, ainda por cima, ao gerenciamento interno e emocional da interação entre as capacidades positiva e negativa. Para Rafael, o caso sinalizou uma área da mente de Edson que precisava ser cuidada.

O processo de *mentoring* levou o cliente a refletir e identificar os papéis que estaria desempenhando na sua função de supervisor. Ele cogitou:

> *Creio que tenho assumido o papel de sargento controlador na relação com os meus subordinados e mestre de obras frente aos meus superiores e pares.*

Apesar de não ser nada gratificante, essa percepção foi muito valiosa porque permitiu o contato com uma realidade de si próprio até então despercebida, com a qual não desejava mais conviver. A nomeação dos papéis permitiu-lhe inferir a forma como deveria estar sendo visto pelas outras pessoas: arrogante! Refletiu:

> *Na realidade, essa minha soberba visa mascarar a minha insegurança. Talvez trate de compensá-la com "acrobacias solitárias" devido à minha falta de autoconfiança para conseguir resultados através da equipe por duas razões: a equipe imatura e minha imperícia gerencial.*

Na intimidade do processo de *mentoring*, no qual não se sentia exposto, a sua coragem lhe possibilitava descobrimentos transformadores de si mesmo que lhe ofereciam um rumo para seu trabalho interno.

A história de falta de presença

Mesmo para quem não está familiarizado com psicologia, não seria difícil aceitar a hipótese de que os problemas de Edson eram emocionais e não apenas cognitivos ou intelectuais. Ele era inteligente, com um bom potencial cognitivo[31], notoriamente capaz de raciocínio paralelo – que consiste em organizar a informação em conjuntos seriais de causa e efeito separados, para então tratar as informações de cada um dos processos paralelos, identificando relações importantes com os outros, o que significa trazer à consciência o modo como um processo impacta o outro. Gostava muito de estudar.

---

[31] Potência cognitiva se refere à força potencial do processo cognitivo e representa o máximo nível de complexidade da tarefa que uma pessoa pode controlar em determinada etapa do seu desenvolvimento (JAQUES; CLEMENT, 1994).

Mas na sua vida interior havia muitos pontos cegos onde se incubavam mistérios e encarnavam fantasias que depois o assombravam. O mais intrigante era a sua ausência (emocional e às vezes física) em momentos críticos que demandavam fortemente a sua presença total – física e emocional. Às vezes, a ausência também ocorria no *mentoring*, do qual desaparecia durante alguns períodos.

A hipótese de que isso tudo tenha começado na infância é muito convidativa, pois Edson teve naquela época uma relação difícil com os pais. Ambos estavam ocupados em suas profissões. Rafael cogitou que rever a influência das relações da infância, especialmente com o pai, nas respostas que seu cliente estava dando como adulto poderia chegar a um maior entendimento da realidade vivida por Edson.

Os momentos mais lembrados da infância ele passou com a avó, que lhe prodigava amor incondicional. Amor incondicional pode ser patológico, porque o amor sábio inclui também não gostar, não querer, irritar-se. Em alguns momentos, frustrar e marcar limites é a verdadeira forma de amar. A incondicionalidade no amor abre espaço para o narcisismo. Dar liberdade incondicional, sem restrições, ou deixar uma criança fazer o que quiser não é bom. A criança pode perceber como ausência e ter sentimentos de desamparo, como maneira de fugir de uma situação de extrema angústia. A criança desamparada pode desenvolver onipotência. Possivelmente esse foi um fator adverso para o processo de elaboração do narcisismo infantil e favoreceu em Edson a consolidação de uma autoimagem engrandecida e equivocada que, na adolescência, possivelmente ocasionou problemas de socialização. Os seus colegas não o achavam tão destacado quanto ele imaginava ser, o que implicou diversas humilhações e rancores enfrentados com a retração. O resultado foi solidão e baixa autoestima, sentimento de vítima compensado na ilusão de onipotência.

A falta de presença dos pais pode ser um fator influente na qualidade do desenvolvimento emocional da criança. David Armstrong, estudioso da dinâmica das organizações que contribui com a escola da Tavistock, refere o pensamento de Anne Alvarez sobre a questão. Ela é uma destacada psicanalista britânica com importantes contribuições no estudo e tratamento de crianças portadoras de autismo. Esta aludiu à asserção de Freud de que é o desprazer que nos educa e nos introduz à realidade. Cedo o bebê descobre que não é o senhor nem de sua mãe e nem do universo. W. Bion, refletindo as observações de Freud na luz das postulações de Melanie Klein, ofereceu um modelo de dois estágios para a gênese da aprendizagem. No primeiro estágio, a preconcepção (algo assim como uma expectativa primitiva do objeto[32]) encontra-se com a realidade para que a concepção possa nascer. No segundo, a concepção encontra-se com a frustração (o que representa a ausência do objeto ou da satisfação dele derivada) para que um pensamento possa vir à luz. Ou seja, pensamos quando nos sentimos frustrados pela falta de algo que desejamos. Bion concentrou-se mais no segundo estágio do que no primeiro (LISONDO, 2004). A percepção de Alvarez, derivada de muitos anos de pesquisa com crianças com profundos distúrbios emocionais e cognitivos, levou-a a ver essa realidade de outra forma. Para ela, os distúrbios nessas crianças não estavam muito (ou principalmente) ligados a ansiedades de perda ou frustração por falta do objeto desejado, conforme a lógica do segundo estágio de Bion, pois a criança não sentiria falta do que nunca teve. Estavam mais ligados à ansiedade e ao desespero por encontrar esse objeto (a falta de presença – primeiro estágio). Para Alvarez, a vivência da criança era como se ela não tivesse a experiência de constância e estabilidade de um objeto (pai, mãe etc.) internalizado com o qual se identificar, projetar, amar, odiar, conhecer, sentir falta... segundo Armstrong, ela argumenta que o estabelecimento de presença é uma conquista no desenvolvimento normal da díade pais-filho. Uma conquista prazerosa, porém, exigente, não passiva e cocriada no interjogo entre eles e no qual a criança começa a entender refletiva, cognitiva e emocionalmente os "quês" e os "como" do seu objeto (os pais). Armstrong, baseado em sua experiência e pesquisa, propunha expandir essa premissa de Alvarez para o campo das organizações, nas quais identifica dilemas e desafios próprios da liderança que poderiam ser analisados segundo essa mesma perspectiva. Ele sugeria que é parte da função de liderança servir ao mesmo processo de "trazer a presença" no interjogo com os outros de forma refletiva, cognitiva e emocional dos "quês" e os "como" do objeto organizacional (ARMSTRONG, 2005). Objeto organizacional pode ser qualquer um que compõe o sistema e promove envolvimento emocional. São objetos organizacionais, por exemplo, o grupo, o chefe, a direção, um departamento, um processo industrial ou administrativo etc. Para Rafael, essa abordagem condizia com a realidade que Edson relatava sobre a infância e também descrevia o estilo que ele próprio estava imprimindo nas suas relações com os outros: falta de presença. Também era compatível com os frutos que estava colhendo, pensava Rafael.

Portanto, seria natural que Edson abrigasse uma memória infantil inconsciente de ressentimento dirigido ao pai. Quando "presente", o pai até ensaiava colocar limites ao filho. Entretanto, Edson não percebia consistência nesses limites, uma vez que não

---

[32] Objeto, a partir da ótica da psicanálise, pode ser uma pessoa, uma coisa, um evento.

eram acompanhados pelo pai (que o deixava a maior parte do tempo aos cuidados da avó). A relação de competição com o pai foi marcante e cedo Edson decidiu desligar--se da sua tutela e seguir um rumo profissional oposto ao que o pai tinha seguido e que almejava para ele. O progenitor tinha trabalhado na área administrativa de uma grande empresa estatal durante toda a sua vida ativa. A figura da mãe apareceu pouco nas sessões de *mentoring*. Quando se iniciou o processo de *coaching*, o diálogo com o pai era escasso ou quase inexistente.

Outro e-mail enviado no começo da travessia dizia assim:

> *Depois do nosso encontro no sábado, sinto como se lembranças, emoções e sentimentos decantados no fundo de um recipiente tivessem sido agitados e se tornassem em suspensão, tornando a água turva. Isso é esperado no nosso trabalho?*

Resposta de Rafael também via e-mail:

> *O trabalho de coaching deve ser mobilizador, sim. Se a proporção for suportável para você, poderemos estar otimistas, pois estamos buscando a sua verdade. Isso, às vezes, parece desestabilizador. No entanto, estou caminhando junto com você nessa aventura.*

No dia seguinte, replicou para Rafael com o seguinte e-mail:

> *Eu me dei conta hoje que não sou capaz de lembrar de uma única situação onde qualquer coisa que eu tenha feito tenha sido reconhecida pelo meu pai. O que sempre houve foram cobranças, críticas, nada nunca estava bom do jeito que ele queria.*
>
> *Ele sempre foi a minha referência e percebo que o que tenho buscado mesmo que inconscientemente é a sua aprovação, reconhecimento, que eu seja motivo e orgulho, mostrando para ele do que sou capaz, sozinho.*
>
> *Interessante que a cobrança que imponho a mim mesmo e aos que me cercam (esposa, filhos, amigos, colegas, subordinados) reflete a relação do meu pai em relação a mim, ou seja, tenho sido incapaz de sentir os outros, reconhecer suas realizações e pontos positivos.*

Rafael sentia a situação de seu *mentee* como se distintas facções dele mesmo estivessem cindidas dentro da sua alma, onde se digladiavam numa longa guerra civil. Cogitou que para ocorrer uma reconciliação entre essas partes deveria primeiro acontecer uma reconciliação com o pai interiorizado e com o pai real, nos quais Edson projetava a sua infelicidade. Sem pensar, ele os colocava no lugar de espectadores imaginários para os quais fazia todas as suas proezas.

É lógico que a correção das distorções que a vida deixou na personalidade de Edson, para produzir uma adequada interação entre o seu mundo interno e a realidade externa, demandaria um processo de terapia, pois a instalação desses paradigmas pessoais era muito arcaica e eles operavam no seu inconsciente com grande força. No processo de *mentoring*, Edson percebeu e aceitou essa realidade e, corajoso, incluiu terapia no seu plano de vida futuro.

A caminho...

A identificação e a decantação inicial das emoções mais perturbadoras foram mais rápidas do que Rafael esperava. A tática de *mentoring* se afirmou como intensa escuta empática e perguntas abertas que levaram à construção de hipóteses. Quando estas refletiam aspectos verdadeiros da sua realidade interior, Edson entrava em uma experiência emocional que produzia *insights* ou mudanças catastróficas. Por exemplo, certa ocasião Edson disse que se propunha conversar com a esposa, com quem o diálogo também era escasso. Rafael perguntou:

— O que pretende conversar com ela?

— Alinhar objetivos.

— O que isso quer dizer?

Ele ficou em silêncio e depois disse que não sabia... percebeu que estava tratando uma relação íntima na linguagem administrativa: "alinhar objetivos". Em vez disso, poderia ter explorado o porquê do diálogo entre eles ser pobre e estar se extinguindo, ou por que razão algumas manifestações da esposa o irritavam, ou quais as posturas dele que a frustravam, ou ainda como viam o desenvolvimento dos filhos adolescentes. Edson não sabia como tratar do diálogo em uma relação afetiva, ou tinha medo disso.

Em outra sessão, entusiasmado, relatou:

— O meu filho maior está namorando pela primeira vez.

— Como se chama a namorada?

— Não sei – respondeu contrariado com ele mesmo.

Rafael pontuou que Edson já havia comentado que sabia os nomes das esposas e namoradas dos seus subordinados. Isso levou o *mentee* a notar o lugar que a relação familiar ocupava na sua realidade emocional. Havia um contrassenso, pois ele realmente amava sua família – mais, obviamente, que seus subordinados. Sentiu-se incomodado, porém valorizou essa percepção de si próprio: a de não saber comunicar o seu amor. Na sessão seguinte, não somente trouxe o nome da namorada do filho adolescente, como relatou que os convidou, junto com o outro filho, para assistir a um jogo de futebol em um restaurante, onde lhes ofereceu pizza e refrigerantes. Relatou que a experiência tinha sido gratificante. Rafael entendeu esse movimento como um processo psicodinâmico de reparação.

Aos poucos, Edson foi se atrevendo a adentrar no diálogo familiar, o que para ele representou uma tremenda prova de capacidade negativa. O processo de *mentoring*, então marcado pela constância da presença, lhe dava as forças e o ponto de apoio de que precisava para vencer essa barreira interna.

Em outro e-mail dizia:

> *Escrevi algumas reflexões que gostaria de compartilhar com você para conversarmos na sexta-feira:*
>
> *- Valores:*
>
> *Excelência, aprendizado, desafio e comprometimento são valores fundamentais na minha vida, a partir do momento que em dada situação mesmo que por um infinitésimo de segundo passe pela minha cabeça a possibilidade de corromper um deles que seja em troca de um salário, a minha essência pessoal e profissional deixa de fazer sentido e isso me consome.*

Na sessão da sexta-feira Rafael aventou uma hipótese a partir deste e-mail: Edson estabelecia uma relação severa e frustrante com a realidade que invertia o sentido dos valores. Em lugar de representarem uma referência, um guia, os valores eram por ele colocados no lugar de deuses ferozes e exigentes que o escravizavam. Outra derivação ou reprodução da relação com o pai, que simbolicamente representava esses valores. Edson aceitou a hipótese e pareceu aliviado.

> *- A voz interior*
>
> *Quando eu acredito que estou no caminho a voz interior retorna e me segura, como uma âncora que é lançada ao mar. O conflito interno é muito forte, como se o que fizesse fora não refletisse o real objetivo ou missão da minha existência. Em alguns momentos faz sentido, em outros nada parece valer a pena.*
>
> *A cada dia o trabalho me exaure, consome todas as minhas energias emocionais, físicas e espirituais. Tenho dúvidas se serei capaz de transpor esse patamar de dúvida e dor, saber o que quero e ao mesmo tempo ter as energias sugadas e que me tiram a ação. Qual é o meu limite??*

Edson estava dividido e ambivalente, havia dentro dele forças de movimento e ação, às quais outras, de freio, se opunham. E ele não sabia a qual delas dar crédito. Este era outro momento crítico para a capacidade negativa, pois se confrontavam atitudes de dispersão (fazer algo, sem saber bem o quê), por um lado, e, por outro, atitudes que pareciam fazer melhor leitura da realidade e que poderiam gerar o espaço para pensar (a âncora na realidade, no mar tormentoso da sua ansiedade) – o *mentoring* representaria esse espaço. Ele percebia agora o descompasso entre o mundo da realidade externa e o mundo interno. Em referência à teoria do objeto transicional de Winnicott, pode-se dizer que essa transição – simbolizada pelo ursinho de pelúcia como objeto transicional (e não como fetiche) que permite à criança uma passagem menos traumática da realidade interna para a externa – na infância do *mentee* foi traumática. Rafael considerava a hipótese de que o *mentoring* funcionasse como um processo transicional, criando espaço para o desenvolvimento da capacidade negativa.

Transcorrido aproximadamente um ano de *mentoring*, Edson cogitou que, embora tivesse se sentido durante muito tempo excluído da sua família paterna, talvez ele próprio fosse quem a excluísse, principalmente o pai. Quem sabe não teria tido coragem para se reaproximar por temor de ser rejeitado, mas quiçá esse temor, instalado no seu mundo interno, fosse infundado no externo. Mais tarde, veio a comprovar que esse era o caso. O pai estava agora aposentado e ministrando consultoria autônoma para uma cooperativa afim com a sua experiência profissional. Edson ofereceu-lhe ajuda no seu campo de expertise e o pai a aceitou de muito bom grado, oferecendo-lhe em contrapartida uma afetuosa relação pautada em diálogo espontâneo e frutífero, o que Edson custava a acreditar que estivesse acontecendo. A partir daquele momento, passou a visitar os pais com maior frequência e passou a sentir-se mais leve. Disse a Rafael:

— Agora ambos estamos aprendendo, um do outro; um com o outro.

Conquista e medo

A evolução de Edson, na perspectiva da sua autopercepção, elaboração das emoções e mudança da qualidade e eficácia nas respostas, impulsionou a sua carreira naquela corporação e, um ano depois iniciado o processo, ele foi promovido para uma função gerencial com abrangência internacional no setor de informática do banco. O anúncio de sua promoção foi também eliciador de ansiedade. Mas desta vez a ansiedade foi mais bem administrada. Sentia-se dividido: por um lado, estava satisfeito e, por outro, sentia medo.

A satisfação decorria de constatar seu progresso, o medo também. Sentia medo de crescer, medo de não ter competência gerencial condizente com o novo cargo. Por experiência própria, Rafael sabia que o medo não é necessariamente contrário ao desenvolvimento. Trata-se de uma questão cujas proporções podem se manifestar de diversas maneiras: há o medo paralisante e o preventivo. O primeiro liga-se ao terror da falha e às consequências para uma autoimagem grandiosa. O segundo está ligado à realidade, parte da limitação humana, e busca a realização possível. Edson e Rafael trabalharam essa situação e concluíram que essa preocupação era sensata e alinhada à exigência de contínuo aprimoramento. Isso para o *mentee* não era um empecilho, pois gostava muito de estudar. O que na realidade inspirava medo nele era crescer, que significa um exercício intenso e quase permanente da interação das capacidades negativa e positiva na direção do aumento do seu horizonte de incerteza (JAQUES; CLEMENT, 1994).

Como rescaldo do passado, a relação com os pares se tornava agora mais ameaçadora. Edson sabia que queria e iria fazer um bom trabalho e que isso possivelmente o levaria a se destacar; deveria então lidar com os ciúmes dos outros, manifestados em ataques, como via frequentemente acontecer no banco. Essa leitura permitiu que chegasse a um ponto de inflexão no processo de *mentoring*, no qual se consolidava sua evolução. Ele distinguiu duas motivações:

a) No contexto dos seus fantasmas primitivos, prevaleceria o narcisismo, para demonstrar sua excelência aos pais interiorizados e obter em troca amor e reconhecimento dos que a sua fantasia infantil se sentia carente. Nesse caso, os ataques decorrentes dos ciúmes, inevitáveis, provocariam feridas profundas e dolorosas, como as que havia experimentado na adolescência.

b) No contexto profissional, o avanço significava destacar-se na consecução de uma missão coerente e plenamente assumida com a instituição, com seus princípios pessoais e com seu time. Nesse caso, os ataques dos outros poderiam provocar alguns arranhões, mas o sentido de construção do grupo e a fidelidade à sua missão relativizariam as ofensas e manteriam a gratificação.

Transição e transformação

Mentor e *mentee* estavam frente a um desafio importante: como conduzir a transição para a sua nova função? Agora Edson estava ciente de que a mais importante ameaça poderia ser produzida por ele mesmo: a ansiedade que envolvia o perigo de atuações e dispersão – de consequências funestas – que poderiam prejudicar não apenas a carreira naquela corporação, mas sua evolução profissional. Rafael sugeriu uma tática para os primeiros dois meses, nos quais a principal postura de Edson seria: observar! Observar! Observar!

Observar o quê? Relações sistêmicas da organização – pessoas, métodos, recursos, rituais, crenças etc. – a partir de diferentes perspectivas. Ou seja, tratar de encontrar cadeias de relacionamento distantes no tempo e no espaço (frequentemente, as coisas não são como parecem), efeitos colaterais, jogos de transferência de responsabilidades, pautas da cultura institucional com premissas declaradas e premissas implícitas, conflitos de poder. Deveria observar também o papel que o seu próprio departamento de TI desempenhava no jogo de poder da instituição. E observar, claro, a si próprio: estar atento às próprias emoções e sentimentos; identificar o que estava sentindo em cada ocasião relevante. Aquele era o momento propício para esse aprendizado, pois demandava o tempo e a leveza que ele não teria depois, no fragor da batalha.

> *Quando comecei este trabalho achava que através do estudo, do trabalho e da perseverança todo o desconhecido passa a ser conhecido. Hoje me dou conta que a complexidade da vida invalida essa premissa. Percebo que há desconhecidos que nunca conhecerei: o desconhecido externo e o interno! É a isso que se refere a capacidade negativa?*

Surgiu então uma interessante metáfora que, embora clássica, no processo assumiu o status de um descobrimento: Edson percebia sua tendência para a inflexibilidade no gerenciamento e, no entanto, ele deveria funcionar como um rio que se adapta ao seu leito e gradualmente até o transforma para chegar ao seu destino e repetir o ciclo. O alvo então ficou definido: ser mais líquido! Agora contava para isso com uma percepção diferente de si próprio, o que denotava uma vantajosa evolução: antes, diante de um estímulo, ele produzia uma reação emocional; agora conseguia pensar antes de atuar.

Mais do que uma mudança, no processo de *mentoring* Edson viveu uma transformação. Obviamente, o processo de transformação é mais demorado e sofrido que o de mudança, mas as conquistas decorrentes são mais duradouras e até irreversíveis. Rafael sabia que nos processos de *coaching* e *mentoring* a ênfase deve ser dada à transformação, mais do que à mudança. A transformação exige que o *coachee* exercite seu autodomínio (autoridade sobre si próprio), enquanto a mudança exige apenas que seja seguidor competente (LAWRENCE, 2006).

Essa transformação estava propulsionada por um diferente processo de pensar. E que tipo de pensamento é o que está em jogo no processo de transformação? Pela perspectiva psicológica, alguns autores distinguem os tipos 1 e 2 de pensamento. O "pensamento 1" exige um pensador e a ele deve a sua existência. Pode ser possuído, manejado, remanejado, explicado, esclarecido ou interpretado (exegese) e justificado. Os pensamentos do tipo 1 são culturalmente aceitos e preservados. Já o "pensamento 2" não é produto da ação de pensar. Pensamentos desse tipo não requerem um pensador para ter existência. O pensador é necessário, sim, mas para acolhê-los e divulgá-los – como se fosse um aparelho de TV. O pensamento 1 corresponde ao pensado e o "pensamento 2", à ação de pensar. Pensamentos do tipo 2 emergem de uma experiência emocional que lhes confere presença e que começa de maneira difusa. Eles partem de um não sabido, de algo não pensado; e são sentidos como limitação, frustração, mistério ou terror. Quando esse "não sabido" começa a tomar forma, é como se passasse a se comunicar com o pensador (LAWRENCE, 2006).

Evidentemente, esse processo de pensamento, ligado à transformação, provoca ansiedade e demanda disposição emocional para tolerar a frustração e permitir que ele se desenvolva. Tal é a capacidade negativa. É nesse momento que o processo de *mentoring*, desempenhando uma função de índole terapêutica, pode contribuir por meio de uma relação (vínculo) de qualidade.

Também a atitude de Edson frente à questão da excelência se transformava: em vez de pontual e concentrada, começava a ser boa "o suficiente" ou "o necessário". Ele não precisava mais ser magistral em todos os aspectos críticos da sua missão pessoal e profissional. Entendia agora que o seu arcaico afã onipotente o levava a se enroscar no perfeccionismo. E também entendia que, na perspectiva da sua história pessoal projetada na complexidade da sua atual função, a perfeição seria ao mesmo tempo sedutora e utópica. Na metáfora da Odisseia, a perfeição estaria funcionando como o canto das sereias. Esse foi outro dos seus interessantes descobrimentos sobre si próprio.

Outra fonte importante de luz para a gestão de *mentoring* pode ser encontrada na percepção que Winnicott desenvolveu em seus extensos estudos das relações primevas de pais e filhos (POOLEY, 2004). Ele afirmava que ser pais "suficientemente bons" é bem mais benéfico do que ser pais excelentes. De fato, a busca de perfeição, paradoxalmente, não propicia a criação de um ambiente em que a criança aprenda a assumir riscos, errar, sobreviver se deixada sozinha e ver que desespero e esperança vivem de mãos dadas. Dificulta, também, aprender a pensar por si própria e sobre os outros. É somente em ambiente capaz de aceitar erros que as pessoas aprendem a tolerar e elaborar as suas experiências, a refletir sem serem compelidas a atuar na acepção psicanalítica (que se pode entender como reagir) (POOLEY, 2006). Isto é, "suficientemente bom" é também um bom estimulante para o desenvolvimento da capacidade negativa e, com ela, para a evolução da criatividade e da transformação.

O processo de pensar resultou noutro descobrimento que ajudou Edson a lidar com a sobrecarga de serviço e de responsabilidades que de praxe o agoniava. Em vez de dizer "não", partiria para uma nova tática centrada em menos "sim" espontâneos (não solicitados) que surgiam até então como uma necessidade de compensação para sua baixa autoestima, sua já conhecida necessidade de agradar para ser aceito e respeitado. Edson se deu conta de que uma proporção expressiva do fardo era por ele mesmo produzida.

Ele sempre soube que conseguir resultados por meio de pessoas é crucial e descobriu, depois de muito penar, uma importante realidade da sua gestão, declarando na sessão:

> *A minha maneira de chefiá-los era: aqui está o problema e aqui a solução. Façam acontecer! Esta postura, dou-me conta agora, é escravizante e não propicia a evolução.*
>
> *A postura que pretendo assumir a partir de agora é diferente: aqui está o problema; vocês são capazes de resolvê-lo, mas eu os ajudo se necessário.*
>
> *Esta maneira me parece mais evolutiva, a minha missão de líder será auxiliá-los para lidar com a dúvida e o desconhecido externo e interno. Quem sabe eles me ajudem, sem sabê-lo, a debelar mais um pouco o meu próprio desconhecido interno e externo.*

A sua capacidade de empatia estava se desenvolvendo. Ele se surpreendia com o enorme potencial existente nas penumbras de sua vida emocional e que pouco tinha aproveitado.

Sua relação com Rafael no processo de *mentoring* também evoluiu. No início, esperava dele a perfeição e a infalibilidade que exigia de si próprio. O mentor logo percebeu que essa expectativa augurava um resultado nefasto para o trabalho, atribuindo-lhe um papel profético ou messiânico que, se caísse na armadilha, não poderia sustentar. No contrato inicial foi excluída a infalibilidade, assim como a premissa de que Rafael soubesse e ele não. Partiram de outra hipótese: o objeto do trabalho seria sua vida profissional e pessoal intermediadas, algumas vezes, pela realidade emocional – desconhecida para ambos. Aprenderiam juntos, portanto.

Como foi mencionado, o trabalho de *coaching* e *mentoring* que Rafael realizou com Edson prolongou-se por dois anos. Nesse tempo, Edson realizou importantes descobrimentos sobre a dinâmica que operava nas interfaces da razão e da emoção. Através de muitos momentos de "dar-se conta", diversos obstáculos com raízes inconscientes e conscientes foram desconstruídos e Edson pôde seguir a enfrentar os desafios que o devir da sua vida profissional continuou a lhe oferecer, com maior eficácia na utilização do seu potencial relacional e cognitivo. Foi como se pudesse, a partir dessa experiência, ver a vida como uma aventura e não um confinamento nas sombras absorventes do seu isolamento.

Revelação ao invés de salvação

O processo se projetou no âmbito do "sabido não pensado", segundo o que foi proposto por Christopher Bollas na área da psicanálise e foi direcionado por D. Armstrong à liderança. Para Armstrong, trata-se de trazer à tona, no nível organizacional, algo conhecido na vida emocional e na vida imaginária da organização, mas é resistente a qualquer formulação. É algo primário, vivido apenas como uma sombra, mas que, uma vez formulado como pensamento, paradoxalmente, faz grande diferença na compreensão das decisões e ações. O conceito não faz as coisas mais fáceis; não mostra o que fazer. Revela sentido, entretanto, e visa que o *mentee* compreenda e se relacione com a organização que ele tem interiorizada (LAWRENCE, 2009). A partir dessa perspectiva, o trabalho de *mentoring* se pauta na busca de revelação em vez de salvação. O mentor não acenou com fantasias de resgate que são próprias de promessas terapêuticas salvadoras e, obviamente, utópicas. A visão de revelação está centrada na ideia de que o *mentee* pode, e deve, assumir responsabilidade e autoridade para desemaranhar a natureza da realidade por si próprio, para gerenciar-se nos seus papéis e nos seus próprios sistemas. As preocupações do mentor com essa postura de revelação estão dirigidas ao infinito – o inconsciente –, ao efeito patológico da convivência social, ao sabido não pensado, aos fenômenos sociais que a perspectiva da racionalidade traz à tona (LAWRENCE, 2009). Rafael sentiu avolumar o peso de sua responsabilidade.

A revelação não é suficiente: o papel decisivo do *coach* ou mentor

Rafael não se deixava seduzir pela expectativa de que as reflexões que até então tinha encadeado levassem à conclusão de que o crescimento está pautado apenas no fluxo de composições ou estruturas mentais inconscientes para o domínio consciente. Sabia, por experiência própria, que trazer à consciência relações mentais sepultadas e adormecidas no inconsciente não é suficiente para produzir a transformação necessária à evolução que o *mentoring* se propõe facilitar. Esse desenvolvimento deve ocorrer ao mesmo tempo em que se enfrentam a ansiedade, a dor e a destrutividade. Para que a transformação seja um processo contínuo que se renove e atualize a si próprio com criatividade e desenvolvimento, o *mentee* deveria sempre continuar se formulando questões, perscrutando e desmantelando estruturas mentais existentes para construir outras (BIRAN, 2006).

O *mentee* quase sempre busca um lugar seguro para considerar questões do balanço entre o trabalho e a vida. Também busca um caminho para conectar a cultura pessoal com a organizacional, aliar crenças e convicções éticas com uma tarefa primária. Para David Armstrong, tarefa primaria é fundamentalmente uma noção instrumental ligada ao conceito de objetivos ou metas externas da organização, sejam implícitos ou explícitos. Seu foco está no resultado final realizado ou buscado. Por esse conceito, o dia a dia do trabalho é visto apenas pela ótica do resultado final. Como se, por exemplo, o objetivo de um jogo fosse somente ganhar (ARMSTRONG, 2005).

Em síntese, tarefa primária é aquela que uma organização deve desempenhar para sobreviver ("tarefa primária" é a razão da presença de um trabalhador na sua função), que lhe confira sentido. O ajudado abriga a esperança que nasce do desejo de que algo novo e diferente possa emergir para melhorar o seu funcionamento (desempenho) e as suas expectativas. Essa necessidade de trabalhar com esperança (e com o seu parceiro, o desespero) está no cerne da relação de *mentoring*. Em outras palavras, a mobilização presente na parceria em que esperança e desespero podem ser contemplados é a base do relacionamento de *coaching* e *mentoring* (POOLEY, 2004).

Um dos fatores cruciais no êxito da ajuda por esse processo é a qualidade da continência que o *coach*, ou mentor, deve oferecer ao *coachee*, ou *mentee*. Rafael sabia que a sua habilidade consistia em se manter calmo ante situações estressantes ao tempo que, mesmo estando o *coachee* abalado e ansioso, pudesse perceber em si uma honesta preocupação e real interesse na direção de ajudá-lo a resolver as dificuldades enfrentadas. E interiorizou a decisiva percepção de que, como *coach* ou mentor, enfrentaria uma tarefa exigente e complexa. Por um lado, deveria ser continente da ansiedade, raiva, depressão, excitação que estão presentes no *coachee* ou *mentee*, para ele continuar a sua caminhada. Simultaneamente, deveria conter a sua própria tensão e ansiedade ante essas mesmas emoções, além da ansiedade causada pela não compreensão imediata da complexidade de alguns problemas, assim como pela falta de caminho para a solução. Também deveria estar consciente e atento para os seus próprios limites. Era preciso evitar a tendência de julgar e aconselhar, e lidar com a sua própria frustração. O profissional ainda deve distinguir entre a experiência que é originalmente sua da que recebe do *coachee* ou *mentee*. A continência no *coaching* é um fator decisivo para que o processo transicional possa acontecer e produzir transformações. Mais ainda, Rafael também percebia que estava aprendendo sobre si mesmo. No processo de *coaching*, o *coach* não é neutro. Ele também entra com suas emoções, que podem surgir como consequência das evocações que o *coachee* elicia na sua própria vida pessoal.

Capítulo 15. Conclusão

Chegando ao fim deste livro, pode ser que o leitor mais habituado a obras de administração tenha encontrado dificuldade para identificar uma aplicação concreta, na vida como ela é. Talvez ele tenha chegado a este ponto com a impressão frustrante de que a narrativa parece se dispersar em várias etapas da vida profissional de Rafael, Celestino, Edson, sem fazer recomendações ou mesmo oferecer conclusões que possam ser diretamente aplicadas. E eu, autor, estaria de acordo com ele!

A lealdade com o leitor, que me tem acompanhado até aqui, exige que me estenda no esclarecimento dos sentidos que me inspiraram quando escrevi esta obra. Como esclareci no primeiro capítulo, meu desejo foi dissecar meu processo de transformação como gestor corporativo e fazer um chamado para refletir.

Alguns livros de administração, como vários dos citados na obra, escolhem um foco e se concentram nele pormenorizando os detalhes, apurando análises e oferecendo conclusões ou recomendações sobre alguma questão particular, nos modelos do pensamento científico. Existem livros que, por exemplo, colocam o foco na questão da estratégia, da liderança, da gerência, da gestão de grupos, da qualidade etc. Não é o caso deste, onde o autor propõe ao leitor um passeio pelas várias etapas de sua vida profissional e, por isso, não tem um único foco. Ao contrário, discorre sobre vários acontecimentos que guardam relação entre si no tempo e na mente do autor. A vida não se detém em eventos e nem em personagens únicos, é um contínuo em que os novos fatos e pessoas vão absorvendo, dissolvendo ou ressignificando os anteriores. Pode-se afirmar que o âmago deste livro aponta mais para uma modesta, mas não simples nem despretensiosa, apreensão da vida organizacional através da experiência vivida.

Em vez de expor teorias, relato minhas escolhas e vivências, compartilhando os resultados que obtive na aplicação pessoal (às vezes acertada, outras vezes falha) de diversas teorias propostas por importantes estudiosos da liderança, da gestão, da consultoria transformacional, do *coaching* e do *mentoring*. É por isso que o propósito do livro é um convite para a reflexão não apenas de outros profissionais da gestão no exercício pleno da atividade, mas também de jovens estudantes que escolhem as trilhas da gestão, ou das pessoas que cogitam se enveredar nelas. Teria sido muito útil para Rafael ler uma obra como esta quando estava estudando engenharia ou quando, já no exercício da profissão, participava de cursos de aperfeiçoamento gerencial.

Não é seu intuito oferecer recomendações para bom desempenho gerencial, de liderança, nem como *coach* ou consultor. Também não proponho que as pessoas procurem auxílio de *coaching*, de terapia, que estudem psicologia e aprendam psicanálise ou cursem especialidades ou pós-graduações ligadas às suas carreiras. Isso, se surgir, deve partir de um achado pessoal. Talvez algumas pessoas não necessitem de nada disso.

Não foi meu intuito tratar do "a fazer" do leitor, o que provavelmente se encontra no centro das suas preocupações, como esteve durante grande parte de minha vida. É bem verdade que ter "o que fazer" acalma a ansiedade frente às incertezas que a vida corporativa impõe. O propósito deste livro, no entanto, é inspirar o leitor a diminuir seu foco nessa inquietação, que é legítima, e atentar para uma outra: uma inquietação mais subliminar e frequentemente negligenciada, mas que, como se depreende do sofrimento no relato, convém que subordine a primeira. Trata-se de obter maior conhecimento, familiaridade, interação e aprimoramento do seu próprio "ser" profissional e pessoal. Estou, desta maneira, conclamando a capacidade negativa do leitor. Na experiência narrada foi a questão existencial (do ser) do autor que desvelou algumas incógnitas sobre a direção do seu "a fazer". Metaforicamente, às vezes, a luz intensa (ou seja, o fazer) nos ofusca ou até nos cega; e apagando-a podemos ver mais. Por exemplo, quando o sol se esconde e não há nuvens é descortinado um firmamento de estrelas antes invisíveis, que nos impõe uma conotação diferente e mais ampla para nosso papel no universo.

A obra começa colocando seu foco na trajetória do desenvolvimento de Rafael como engenheiro, como gerente, como consultor e como *coach*. Nesse caminho, o personagem central que vai se transformando é o próprio Rafael. Tal processo tem o seu ápice na crise da meia idade, quando ele questiona o sentido da sua vida profissional e muda de trajetória para incorporar mais conhecimentos humanísticos e explorar outras trilhas do cosmos corporativo.

A partir daí, o autor apresenta outros cenários, experiências e atores que passam a assumir o papel central. Agora ele se valerá do aprendizado e traquejo adquiridos na sua odisseia pessoal para focar na função de ajuda. Ele próprio, embora esteja sendo o agente originador das transformações dos outros atores apresentados, permanece menos visível, como nos bastidores, no relato que privilegia os outros personagens – como se Rafael tivesse saído de cena para ceder lugar aos seus clientes, continuando bem presente através da sua influência nas ações dos ajudados. É no resultado dessas ações que se avalia a eficácia de Rafael como agente de ajuda.

Assim, na sequência, o livro desloca os holofotes na direção do protagonista Celestino, que é presidente de uma empresa familiar onde Rafael assume o papel de consultor e *coach*, onde usará o aprendizado adquirido na sua própria experiência de gestão. Desfilam ali vários atores entremeando as suas características e os anseios individuais com a cultura da Estamper. Talvez surpreenda a profusão de detalhes que o autor expõe sobre a vida e a trajetória de Celestino. Isso parte do convencimento de Rafael de que o sucesso do processo de ajuda está relacionado a um considerável conhecimento da história, dos desejos, das convicções, dos valores, da qualidade das relações importantes e das particularidades pessoais do ajudado. Graças à ajuda de Rafael, Celestino descobre e adota novas maneiras de se relacionar com sua equipe, suspendendo algumas atitudes nocivas à motivação e ao comprometimento, tão importantes em qualquer grupo de trabalho. Nesse rastro, alguns episódios de consultoria individual e grupal podem oferecer referência para outros profissionais de gestão e de ajuda. Um deles particularmente significativo para o cerne da obra é o diálogo que Rafael mantém com Marcos, o gerente de qualidade (registrado no Capítulo 13), e se refere à experiência da capacidade negativa. Embora ciente dos seus limites, aqui o foco do livro pretende privilegiar a representação da complexidade da cena corporativa com seus mitos, fantasias, pressupostos culturais, hostilidades, conluios e dinâmicas grupais tecidas na interação com a consultoria. Também é apresentada a mobilização (especialmente a ansiedade) que tal panorama emocional impõe ao profissional de ajuda e os recursos que Rafael teve de descobrir e empregar para contorná-la. Essa experiência, cujo objetivo, ou tarefa primária, era obter uma homologação do sistema de qualidade da empresa, teve êxito.

O autor pretendeu revelar, através da história de Celestino e da Estamper, uma estratégia prática e bem-sucedida de ajuda de consultoria no desafio da transformação de alguns vetores adversos da cultura organizacional que permeavam aquela fase da vida dessa empresa.

Outro momento se centra em uma experiência de *coaching* e *mentoring* individual com abordagem psicodinâmica e sistemas. Edson, o protagonista, que é um engenheiro de TI (tecnologia da informação), procura ajuda de *coaching* para contornar sentimentos de falta de realização profissional.

O processo o leva a vários descobrimentos que lhe permitem se dar conta de que o problema manifesto na área profissional tem raízes na vida interior pessoal e no domínio do inconsciente. Uma sucessão de paradigmas disfuncionais do comportamento é evidenciada e vários são superados no processo de *coaching*. Evidentemente, a experiência precursora de Rafael na vida corporativa teve uma importante agregação de valor para o desenvolvimento profissional de Edson, como descrito no relato.

O processo de ajuda é encerrado quando transcorrem dois anos. O leitor poderia senti-lo como inacabado, e teria razão! Edson poderia ter continuado por mais tempo, quem sabe anos, e possivelmente outros descobrimentos poderiam ter sido garimpados, como um trabalho que nunca acabaria. Porém, o progresso conseguido no tempo de trabalho, ponderado através do autoconhecimento do *coachee*, foi consistente. Ao concluir, Edson estava bem mais preparado para caminhar por si só. Seguiu sua vida profissional enfrentando os inacabáveis desafios com outra qualidade de realização e menor desgaste.

Mesmo assim, nenhum processo de *coaching* poderá garantir o sucesso futuro do *coachee*, porque ele está condicionado a fatores externos e também ao acaso. Como na Odiseia de Homero, o processo de *coaching* se concentra mais no caminho, onde ocorrem o aprendizado e as transformações, do que na chegada do herói a Ítaca, que é o seu destino. A experiência de *coaching* se assemelha mais com uma ponte do que com uma estação terminal no devir da vida. O seu resultado poderia ser expresso pela diferença de autoconhecimento do *coachee* entre o início e a conclusão. Essa proposição é válida para qualquer processo de ajuda de *coaching* ou *mentoring* na perspectiva psicodinâmica e sistemas.

Como já foi dito, este livro conversa com outro que escrevi anteriormente, e o expande. Em "Mudança sem catástrofe ou catástrofe sem mudanças" (LISONDO, 2004), ensaiei a aplicação na vida organizacional do conceito de mudança catastrófica de W. Bion. Neste aqui, descrevo o fluxo e as consequências da mudança catastrófica na vida profissional do próprio autor e depois nas dos outros protagonistas da história. Como um desdobramento dessa teoria, abordo a aplicação do conceito de *capacidade negativa*, um recurso de significativo valor na trilha da gestão, com vários exemplos da vida corporativa.

A obra apresentou três perspectivas de abordagem da gestão. Visou mostrar aplicações práticas do *approach* psicodinâmica e sistemas, que, no meu parecer, permite construir hipóteses instigantes para maior compreensão e melhor gerenciamento da complexidade que atravessa a vida corporativa.

Apelando a uma metáfora de pesquisa do laboratório com microscópio: geralmente os autores de livros técnicos se posicionam no ocular e observam e descrevem com a maior neutralidade possível os fenômenos que percebem na lâmina de provas que está na platina. No caso deste livro, é o autor que se coloca na lâmina sobre a platina, e o leitor, a partir da lente ocular, pode observar as interações do autor com o seu ambiente, confrontando-as com as suas próprias convicções, experiências e conhecimento teórico.

Referências bibliográficas

ARMSTRONG, D. Emotions in organizatiosns: disturbance or intelligence? *In*: HUFFINGTON, C. et al (eds.). **Working Below the Surface:** the emotional life of contemporary organizations. London: Karnac, 2004.

ARMSTRONG, D. Making present: reflections on a neglected function of leadership and its contemporary relevance. *In*: ARMSTRONG, D. **Organization in the mind:** psychoanalysis, group relations, and organizational consultancy. London: Karnac, 2005.

ARMSTRONG, D. **Organization in the mind:** psychoanalysis, group relations, and organizational consultancy. London: Karnac, 2005, p. 127.

BION, W. R. **Attention and Interpretation.** London: Tavistock Publications, 1970.

BIRAN, H. Organizational Role Analysis: Using Bion's Binocular Vision. *In*: NEWTON, J.; LONG, S.; SIEVERS, B. (eds.). **Coaching in Depth:** The organizational role analysis approach. Karnac: London, 2006, p. 87.

BOLLAS, C. **La sombra del objeto:** Psicoanálisis de lo sabido no pensado. Buenos Aires: Amorrortu, 2009.

BUBER, M. **Eu e Tu.** São Paulo: Cortez & Moraes, 1979.

CORREA, C. **Vicente Falconi:** o que importa é resultado. Rio de Janeiro: Primeira Pessoa, 2017.

CSILLAG, J. M. **Análise do valor:** metodologia do valor. São Paulo: Atlas, 1985.

DAMÁSIO, A. **O mistério da consciência:** do corpo e das emoções ao conhecimento em si. São Paulo: Companhia das Letras, 2001.

DEMING, W. E. **Qualidade:** a revolução da administração. Rio de Janeiro: Marques Saraiva, 1990.

DESCARTES, René. **Discurso do Método.** (Coleção Os Pensadores). São Paulo: Abril Cultural, 1979.

ETCHEGOYEN, R. H. **Fundamentos da técnica psicanalítica.** Porto Alegre: Artes Médicas, 1987.

FRENCH, R. Negative capability: managing the confusing uncertainties of change. **Journal of Organizational Change Management**, vol. 14 n. 5, 2001, p. 480-492, MCB University Press, 0953-4814.

GHIRARDI, J. G. **O mundo fora de prumo.** São Paulo: Almedina, SP, 2011.

GITTINGS, R. (ed.). **The letters of John Keats:** a selection. Oxford: Oxford University Press, 1970.

GOULD, L. J.; STAPLEY, L. F.; STEIN, M. **The Systems Psychodinamics of Organizations.** London: Karnac, 2001.

HAWKINS, P.; SMITH, N. **Coaching, Mentoring and Organizational Consultancy:** supervision, skills and development. 2nd. ed. Maidenhead, Berkshire: Open University Press, 2013.

HERRIGEL, E. **A Arte Cavalheiresca do Arqueiro Zen.** São Paulo: Pensamento, 1992.

HIRSCHHORN, L. **The Workplace Within:** psychodynamics of organizational life. MIT Press, Cambridge, Massachusetts: MIT Press, 1990.

JAQUES, E.; CLEMENT, S. **Executive Leadership:** a practical guide to managing complexity. Malden, Massachusetts: Blackwell, 1994.

JAY, A. **O Homem S. A.** São Paulo: Edibolso, 1971.

KETS DE VRIES, M. F. R.; MILLER, D. **The Neurotic Organization.** San Francisco: Jossey-Bass, 1989.

KUSHNER, K. **O arqueiro zen e a arte de viver.** São Paulo: Pensamento, 1988.

LAPIERRE, L. **Imaginário e Liderança.** São Paulo: Atlas, 1995.

LAWRENCE, G. W. Executive coaching, unconscious thinking, and infinity. *In*: BRUNNING, Halina. **Executive Coaching:** Systems-psychodynamic perspective. Karnac, London: Karnac, 2006, p. 103.

LAWRENCE, G. W. Social dreaming as a tool of consultancy and action research. *In*: SIEVERS, B.; INTERNATIONAL SOCIETY FOR THE PSYCHOANALYTIC STUDY OF

ORGANIZATIONS. **Psychoanalytic Studies of Organizations:** contributions from the International Society for the Psychoanalytic Study of Organizations (ISPSO). London: Karnac, 2009, p. 108.

LISONDO, H. R. **Mudança sem catástrofe ou catástrofe sem mudanças:** liderando pessoas para o processo de mudança. São Paulo: Casa do Psicólogo, 2004.

LODI, J. B. **A Empresa Familiar.** São Paulo: Pioneira, 1978.

LONG, S. (ed.). **Transforming Experience in Organizations:** a framework for organisational research and consultancy. London: Karnac, 2015.

MARQUES, J. C. Pensamento de grupo: o risco de decisões equivocadas e a diversidade de perspectivas na solução de problemas. **Psicol. Argum.**, Curitiba, vol. 27, n. 57, abr./jun. 2009, p. 141-149.

MIRANDA, C. F.; MIRANDA, M. L. **Construindo a relação de ajuda.** Belo Horizonte: Crescer, 1988.

MUNDO CARREIRA. O que é e para que serve o programa housekeeping? **Mundo Carreira**, 30 mar. 2015. Disponível em: <http://mundocarreira.com.br/sem-categoria/o-que-e-e-pra-que-serve-o-programa-housekeeping/>. Acesso em: 05 fev. 2021.

POOLEY, J. Layers of meaning: a coaching journey. *In*: BRUNNING, Halina. **Executive Coaching:** Systems-psychodynamic perspective. Karnac, London: Karnac, 2006, p. 123.

POOLEY, J. Layers of meaning: a coaching journey. *In*: HUFFINGTON, C. et al. **Working Below the Surface:** the emotional life of contemporary organizations. London: Karnac, 2004, p. 173.

REZENDE, A. M. **Bion e o futuro da psicanálise.** Campinas: Papirus, 1993.

ROGERS, C. R. **On Becoming a Person.** New York: Mariner Books, 1995.

ROSTRON, S. S.; SAMPAIO, D. M.; VAN RENSBURG, M, J. **Business Coaching International:** transforming individuals and organizations. London: Karnac, 2009.

SCHEIN, E. H. **Cultura organizacional e liderança.** São Paulo: Atlas, 2009.

SIMPSON, P.; FRENCH, R.; HARVEY, C. E. Leadership and Negative Capability. **Human Relations**, [0018-7267(200209)55:10], vol. 55, n. 10, 2002, p. 1209-1226.

SOR, D.; SENET, M. R. **Cambio Catastrófico:** psicoanálisis del darse cuenta. Buenos Aires: Ediciones Kargieman, 1988.

TARACHOW, S. **An Introduction to Pychoterapy.** Madison: International Universities Press, 1963.

VANSINA, L. S.; VANSINA-COBBAERT, M.-J. **Psychodynamics for Consultants and Managers.** West Sussex: Wiley-Blackwell, 2008.

WEICK, K. E.; SUTCLIFFE, K. M. **Managing the Unexpected:** assuring high performance in an age of complexity. San Francisco: Jossey-Bass, 2001.

WEIL, P.; TOMPAKOW, R. **O Corpo Fala:** a linguagem silenciosa da comunicação não verbal. Petrópolis: Vozes, 2015.

WHEATLEY, M. J. **Leadership and the new science:** discovering order in a chaotic world. San Francisco: Berrett-Koehler, 1994.

YALOM, I. D. **Existencial Psychoterapy.** New York: BasicBooks, 1980.

YAMPEY, N. **Psicoanálisis de la cultura.** Buenos Aires: Paidós, 1981.